面向 2035 中国区域高质量发展前沿研究系列

共享增长与繁荣

数字化时代
区域政策创新与
战略转型

孙志燕　著

中国财经出版传媒集团
中国财政经济出版社
北京

图书在版编目（CIP）数据

共享增长与繁荣：数字化时代区域政策创新与战略转型／孙志燕著. --北京：中国财政经济出版社，2024.4

ISBN 978-7-5223-2939-0

Ⅰ. ①共… Ⅱ. ①孙… Ⅲ. ①区域经济发展-经济发展战略-研究-中国 Ⅳ. ①F127

中国国家版本馆 CIP 数据核字（2024）第 055265 号

责任编辑：吕小军　　　　责任校对：张　凡
封面设计：思梵星尚　　　　责任印制：张　健

中国财政经济出版社 出版

URL：http：//www. cfeph. cn

E-mail：cfeph@ cfeph. cn

社址：北京市海淀区阜成路甲 28 号　邮政编码：100142

营销中心电话：010-88191522

天猫网店：中国财政经济出版社旗舰店

网址：https：//zgczjjcbs. tmall. com

中煤（北京）印务有限公司印刷　各地新华书店经销

成品尺寸：170mm×240mm　16 开　20 印张　288 000 字

2024 年 4 月第 1 版　2024 年 4 月北京第 1 次印刷

定价：50.00 元

ISBN 978-7-5223-2939-0

（图书出现印装问题，本社负责调换，电话：010-88190548）

本社质量投诉电话：010-88190744

打击盗版举报热线：010-88191661　QQ：2242791300

序

经过40余年的快速发展，我国已成为世界第二大经济体。按照现价美元计算，2022年国内生产总值（GDP）占世界的比重约为17.7%；人均GDP为1.27万美元，已进入上中等收入国家行列。但从国内各地区的发展来看，2021年，在295个地级及以上城市中，人均GDP水平最高的城市是最低城市的11倍；近70%的城市尚未达到全国人均GDP的水平，这些城市常住人口规模占城市人口总量的比重约为58.4%。[①] 如何加快这些落后地区的发展，如何促进技术进步和国家的繁荣发展公平惠及所有地区的居民，是我国实现全体人民共同富裕、全面建成社会主义现代化强国过程中需要破解的重要议题之一。

区域政策一直是我国宏观经济管理中重要的政策工具，在不同历史发展阶段都发挥了重要作用。进入数字化新时代之后，区域经济发展的核心要素、新要素跨区域流动的趋势和空间聚集形态，以及区域经济发展范式和地区之间的联系都在经历深刻而长远的变化。传统经济学中的“默认”项不再存在，部分区域政策工具的有效性明显减弱，新的区域发展问题亟须构建新的区域政策体系。在此背景下，本书以数字化时代区域政策的创新和区域战略的转型为主题，

---

① 数据来源：根据世界银行数据库、《中国城市统计年鉴》（2022年）相关数据计算。

对新一轮技术革命对区域经济的影响，数据、碳、技术等新要素所带来的区域经济发展新范式，以及我国重大区域战略在数字化时代的转型等重要话题进行了相对系统全面的研究，部分成果已经以国务院发展研究中心调研报告、期刊论文等形式发表。

本书从要素跨地区流动和要素空间组合的维度构建了区域经济研究的一体化框架。全书研究内容共分五篇。

第一篇主要从历史演变和区域经济发展理论的角度，对工业化和数字化转型中各国“区域”发展所表现出的一般性、普遍性、趋势性的变化规律进行讨论。工业化时期一国国内地区差距演变呈现出的“倒U”形曲线、人口向大城市集聚的普遍规律都随着数字化转型出现或强或弱的“逆转”。我国区域发展不仅面临着数字技术的替代效应、网络效应和价值分配机制重构引发的区域新问题，经济增长和技术的周期性变革、人口和产业的结构性变化等中长期因素，以及气候变化、疫情等不确定风险因素相互叠加也给区域发展带来了前所未有的新挑战。

第二篇重点从区域发展要素变革的角度，对数字化时代区域政策设计的总体思路、关键问题和核心政策目标进行了讨论。在新的发展阶段，无论工业化、城镇化水平高低，每个地区都不可避免地要适应数字化、绿色化、人口老龄化等“多化”驱动的经济社会转型。数据、技术、碳等经济发展新要素的资产化程度不断加深，已广泛而深入地参与到了区域经济发展之中，区域发展在数字技术的推动下呈现出特有的“平台化”趋势，由此带来了地区差距扩大机制的重大改变。鉴于此，区域政策一方面要构建数字经济空间布局的再平衡机制，对冲区域分工新机制的平台极化效应；另一方面要把握数字经济发展生态的内在逻辑，在地区间构建更加公平、包容的发展协调机制，促进各地区都能够在新技术进步中获得发展新机会，共享数字化转型的红利。

第三篇从我国新发展阶段产业结构层面的变化，利用夜间灯光数据对区域发展中“新问题区域”和生产力空间格局变化的新趋势进行分析。数字化时代“后生产”社会的转型导致部分地区被动去工业化，环绕中心城市的圈层分化相对于南北城市之间的分化更需要引起政策的重视。基于新兴技术而形成的新技术产业在空间上具有更强的集聚趋势，相对落后地区尚未充分参与到新技术产业的分工体系之中。新技术产业对地区生产率和高质量就业的乘数效应，对地区差距形成了“放大”机制。本书提出我国应超越传统工业化时期生产力布局的思路，充分借鉴美国等发达国家的经验，以技术分工为着力点推动新技术产业的均衡布局，在国家层面实施技术集群培育战略，更好地服务于国家新时期经济增长动力的转换和现代经济体系的构建，同时兼顾国家创新能力的整体提升和国内供应链、技术链的安全等长期发展目标。

第四篇立足于国家共同富裕和全面建设社会主义现代化的总体目标，对具有典型区域特征的重大区域战略在新发展时期的转型问题进行分析。区域发展战略与区域政策是一个国家区域发展的“四梁八柱”，是国家空间治理的总体架构。工业化时代，区域发展战略和政策的基本导向多是以“经济”增长的目标优先，对社会、环境问题的响应实际上是一个次优目标。进入数字化时代，地区发展机会的不平等、收入差距、环境公平等问题更加复杂，直接关系到国家“共同富裕”战略目标的实现。这就需要区域发展战略对社会问题做出更及时、更有前瞻性的响应，在国家人口、社会的结构转型、收入分配等领域发挥“再平衡”作用。

第五篇从国际、国内区域发展的新特征和宏观经济条件的变化，对未来区域经济和区域政策的研究提出了几点思考和建议。数字技术改变了生产和消费的内涵，新要素的供需曲线、价格机制形成的市场均衡等，区域政策要对这些底层逻辑的变化做出更快、更高效的响应。将高质量发展的基本逻辑和内在要求作为优化区域政策体系的基本准则，不仅要关注短期的增长目标，还需要关注“人民日益增长的美好生活需要”的长期发展目标。在国家宏观经济管理政策体系中，应将区域政策“前置化”，而不是等到宏观政策因缺少地区差异或地区针对性不够引发出各种区域问题之后，再利用区域政策去“补救”。为此，在数字化时代，不同政策工具之间、不同地区发展政策的取向一致性就变得比以往任何时候都重要，需要我们更加重视协调性的政策工具。区域经济研究要善用自然科学的系统思维，在明确数据因果逻辑基础上审慎使用大数据，避免“各照隅隙，鲜观衢路”的数据陷阱。

为深入了解我国不同地区在新技术变革和发展转型过程中面临的新问题、新挑战和新的政策诉求，本书在各章节的研究过程中，作者先后到内蒙古、四川、重庆、吉林、湖南、河南、广东、河北等地调研，得到了当地政府部门、企业和研究机构的支持，对我国区域政策的优化和区域战略的转型都提出了非常中肯的建议和意见。中国财政经济出版社吕小军老师为本书的出版提供了大量帮助，在此一并感谢。

2024 年 2 月

目　录

第一篇

数字化时代区域发展范式的变革

第1章　区域、国家经济增长与区域政策

“区域”是国家实现经济发展、社会进步的重要载体，所有经济社会活动都在某个区域发生，也都在某个区域延续直至终止。纵然是21世纪兴起的虚拟经济、线上经济或者无接触经济，也从未超越“区域”。区域和区域之间的异质性、同一区域在不同时间的异质性，以及区域之间各种关联关系……这些天然或非天然的“差异”在根本上决定了经济社会活动的地区差异性，而这种差异折射到地区和国家整体经济增长上的结果却是不确定的。正如著名经济学家、芝加哥经济学派的代表人物，1995年诺贝尔经济学奖获得者罗伯特·卢卡斯（1988）之问——“为什么各种类型的资本，无论是实物资本还是知识资本（技术和创新）没有流向某些地区？”[①]尽管该问题是从国家经济增长的角度提出的，但也反映了“区域”在国家经济增长中的重要性。卢卡斯的博士生保罗·罗默，2018年诺贝尔经济学奖获得者，从内生经济增长和知识溢出效应的角度讨论了区域经济增长对国家增长的重要性。罗默曾提出发展中国家实现增长的最重要途径是建设“特区城市”，对我国深圳的发展模式也表示出高度赞同。反过来，我们需要思考的问题是——在推动国家经济发展的过程中，为什么要关注“区域”？其必要性和重要性何在？本书将从历史发展和技术进步的维度对此问题进行讨论，以便读者能够超越传统“地理”或者“经济”的单一视角，更全面地认识和把握区域发展和区域政策的内在逻辑。

---

① Lucas Robert Jr. , 1988. On the mechanics of economic development. Journal of Monetary Economics, Elsevier, vol. 22 (1), pages 3 - 42, July.

1.1 “区域”概念的历史溯源

追溯历史，公元前5世纪的著名希腊历史学家希罗多德，坚称“土质松软的国家养育生性软弱的人民”，这是“地理决定论”的最早“启蒙者”。耶鲁大学的地理学家埃尔斯沃斯·亨廷顿也是该观点的坚定追随者，他曾在20世纪初收集了大量统计数据，证明他的家乡——康涅狄格州的纽黑文市具有出产伟人的地理条件。① 为什么会形成在当今现代社会看来有些幼稚，甚至有些荒诞的观点？根本的原因是在当时的发展条件下，地理对人类生活、对经济社会的影响堪称是决定性且不可控制的。人类为了生存，不断向更适宜的地理区域迁徙、流动、聚集。伊恩·莫里斯在其著作《西方将主宰多久：东方为什么会落后，西方为什么能崛起》中就提出了“幸运纬度带”之说。哥伦比亚大学的教授杰弗里·萨克斯将其定义为欧亚大陆北纬25度至北纬45度之间的区域。② 根据萨克斯的研究，幸运纬度带也是早期技术创新和远距离传播的起点。公元前3000年，幸运纬度带就已经采用以下早期技术：冶金学（当时正处于铜器时代，青铜器时代正在开始）、早期的文字，如埃及的象形文字、美索不达米亚的原始楔形文字和中国的早期象形文字、畜牧业、最早的驴和马的驯化、陶器制作、葡萄栽培（早在公元前5000年高加索地区，即今天的格鲁吉亚）等，甚至连车轮和战车也不例外地是在这些地方被最早发明和使用的。这些技术进步超过了当时在美洲、大洋洲和撒哈拉以南的非洲的技术发展（详见专栏1.1）。

在区域经济和区域政策的研究中，区域的概念通常包括三个维度：一是自然地理意义上的位置（Location），可以简单地将其理解为劳动力、企

---

① 伊恩·莫里斯著，钱峰译．西方将主宰多久：东方为什么会落后，西方为什么能崛起［M］．北京：中信出版社，2014.

② 杰弗里·萨克斯著，王清辉，超敏君译．全球化简史：地理、技术、制度［M］．长沙：湖南科学技术出版社，2021.

专栏 1.1 幸运纬度带

如此定义的幸运纬度占旧大陆土地面积的28%，但长期以来，其人口比例要高得多。例如，在公元100年，幸运纬度占旧世界总人口的64%。同期，在欧洲，幸运纬度占土地面积的30%，但该区域的人口占欧洲人口的48%；在非洲，幸运纬度占其陆地面积的14%，人口占比约为52%；在亚洲，幸运纬度占陆地面积的58%，人口占比约为71%。

在欧亚大陆的幸运纬度带，不仅产生了无数的创新，而且还扩散到整个东西狭长地带。幸运纬度带都拥有相对适宜的气候及运输路线，虽然偶尔会有鼠疫传播，但是这里没有热带病媒传播疾病，如疟疾等。幸运纬度带上的欧亚大陆长期以来共同拥有着相似的农作物、以马为基础的运输、地中海和印度洋上的航行、同属印欧语系的语言、远距离迁徙的人口、思想的传播等，甚至还共同受益于从西欧到中国东部沿海近1万千米的陆路长途贸易。

有趣的是，即使在过去两个世纪的化石燃料时代，幸运纬度带仍然保持着良好的运气。由于偶然形成的地质条件，幸运纬度带蕴藏着大量煤炭。原因很巧合：大约在1亿年前，今天幸运纬度带的大部分地区是热带沼泽。死去的动植物残骸被淹没在沼泽地里，随着地质年代的推移，它们变成了工业革命的核心动力——煤。

在美洲，更高的人口密度和更大的技术发展大都集中在赤道附近，即从墨西哥山谷到中美洲和南美洲的安第斯山脉地区。这个地区是伟大的奥尔梅克文明、玛雅文明、托尔特克文明、中美洲的阿兹特克文明和安第斯山脉的印加文明的发源地。这些文明在农业、石头建筑、天文学、历法和书写系统方面取得了惊人的进步，但它们远远落后于欧亚幸运纬度带地区的同时代人。美洲文明有书写系统，但没有字母，除了安第斯高地的美洲驼，没有役畜，没有轮式交通工具，冶金术也比欧亚大陆出现得更晚。

资料来源：摘编自杰弗里·萨克斯.《全球化简史》。

业或者自然资源、资本（区域发展主体）相对于其他参照物的地理坐标，即经济活动在哪儿?[①] 二是空间（Space），将时空的概念融入地理位置的实体概念之中，其含义更为立体、抽象、多元，既可以是政治空间，也可能是经济空间或者生态空间，或者是数字社会中的网络空间、虚拟空间；三是地方（Place），指的是一个具有人文意义、经济社会属性的特定区域，可能是一个具有明确行政边界的区域，也可能是若干个行政区的组合或者经济贸易关系连接的经济区域。地理学家 Tim Cresswell 曾用家具商店形象地解释空间和地方含义上的区别，即如果“空间”内布置安装了家具，就变成了“地方”；选择在什么地点，布置哪些家具、如何设计空间就相当于经济社会活动区位的选择，以及如何在一个空间内布局和运行。[②]

区域经济学正是从区域（并非单纯的地理空间）的视角，对经济社会发展内在逻辑规律进行探究的一门学科，更通俗的解释就是回答经济社会活动“在哪儿”“为什么在那”和“发生了什么”。[③] 美国经济学家埃德加·M. 胡佛（Edgar Malone Hoover）在其 1971 年出版的著作《区域经济学导论》（*An Introduction To Regional Science*）中给出了区域经济学的经典定义，并给出了区域经济学研究的三个“基石”（详见专栏 1.2）。如果用学术语言来解释，区域经济学是从空间的视角，研究一国范围内经济活动的空间布局、区域经济增长，以及不同区域之间经济联系等。[④] 该学科领域与地理学中的经济地理和人文地理分支有着非常重要的关联关系，某种程度上，区域经济学演化源于经济地理学，前者是从区域的角度研究经济学，而后者是从经济的角度研究地理学，但并非一个硬币的两面。

《牛津大学新经济地理手册》从经济地理发展的角度对不同历史阶段的发展进行了梳理总结。每一个历史阶段，区域经济学关注的重点都在变

---

① Coe N. M., Kelly, P. F., Yeung, H. W. C. (2013) Economic Geography: A Contemporary Introduction (London: Wiley).

② Cresswell T., Place: A Short Introduction, 3rd edition. Oxford: Blackwell, 2013.

③ Gordon L., Clark, Maryann P. Feldman, Meric S. Gertler, and Dariusz Wójcik. The New Oxford Handbook of Economic Geography [M]. Oxford University Press, 2018.

④ Michael L, Lahr. Regional Science, Regional Scientists, and State Policy [J]. International Regional Science Review, 2009 (1): 19-25.

专栏 1.2　区域经济学的经典定义[①]

经济系统是一个动态实体，发生在系统中的变化，其性质和结果都非常重要。这些变化影响个人的福利水平，并最终影响到国家的社会和政治结构。作为具有社会属性的生物，我们不能不对我们观察到的变化做出反应。对一些人来说，这种反应是被动的。经济发生了变化，周围的环境也不同，迫使他们适应新的现实。对其他人来说，经济体系的变化是一个挑战；他们试图了解导致变化的因素的本质，并调整自身的行为模式，或者试图改变其生活和工作的经济、政治和社会制度。在此背景之下，区域经济学代表一个可以理解经济系统空间特征的框架。基于此框架，用来识别影响经济活动空间分布的因素和空间分布的变化，以及这些变化对个人和区域可能产生的结果。

因此，区域或“空间”经济学可以概括为——“什么在哪里，为什么，结果是什么?”（What is where, and why, and so what）。第一个“什么”（what）包括各种类型的经济活动，不仅包括狭义上的工厂、农场和矿山等生产部门，还包括其他类型的企业、家庭以及私人和公共机构。“在哪里”（where）指的是与经济及其相关的活动的区位，其含义包括空间上的邻近性、集中、分散，以及空间格局的相似与差异等，还可以进行更加广泛讨论，例如，区域之间或地区等微观地理层面的讨论。后两个问题的回答则需要经济学家的专业能力和勇敢性的解释。

区域经济学是经济学中相对年轻的一个分支。该学科起步较晚，也反映出正式经济学专业中令人遗憾的趋势，即不同学科领域之间缺少联系，忽视了一些重要问题领域需要交叉混合的方法。一直到最近，传统经济学家都完全忽视了“在哪里”，在很多问题上都缺乏空间维度的分析。而传统地理学家虽然关注“在哪里”，但对人类的经济或社

---

① Hoover Edgar M., Giarratani, F. (1999). An Introduction to Regional Economics. Reprint, Edited by Scott Loveridge and Randall Jackson. WVU Research Repository, 2020.

会行为、制度供给方面又缺乏技术层面的解释，更多只是一种描述，并未回答“为什么（why）”。同样，传统的城市规划者也有明显的局限性，只专注于理想化城市布局状态之下的物理和美学维度的问题。

概括起来，对区域和空间经济问题的研究可以建立在三个基本事实之上：自然资源优势、集聚经济以及运输和通信成本。用更加经济学的语言来表达就是——不完美的要素流动性、不完美的要素可分性与商品与服务的不完美流动性。

资料来源：埃德加·马龙·胡佛，*An Introduction to Regional Economics* 第四版（1999 年）。

化。早在 1776 年，英国经济学家、哲学家亚当·斯密的经典著作《国富论》中就有对运费、距离、原料等对工业区位影响的相关论述。19 世纪，对区域经济的研究更多体现在商业地理之中，即地理因素对不同产品的起源和世界各地贸易方式的影响。至 20 世纪前 30 年，区域经济中关注的重点从关注经济活动“在哪儿”转移到“为什么在那”，主要是从自然环境、气候等因素来解释经济布局和社会发展格局形成的原因。1909 年，德国经济学家韦伯发表了《工业区位论》一书，提出了相对体系化的工业区位理论。在该著作中，对“工业区位”问题做了如下阐述，它是“经济活动的地区分布这个基本问题的一部分。在每个经济组织和技术经济演进的各个阶段中，一定存在着生产、分布、消费在‘某个地方’和‘何种方式’的问题。可以认为，在‘某个地方’和‘何种方式’生产、分布和消费都存在着规则”。①

从 20 世纪 20 年代末开始，区域经济的研究又重新回到了第一个问题的讨论，即“经济活动在哪儿？”最显著的变化是强调地区与经济之间的内在联系，并将自然环境因素作为解释经济增长的次要因素，而非首要因素。1940 年，德国著名经济学家奥古斯特·勒施（August Lösch）发表了区域经济学中的经典著作《经济空间秩序》（*The Spatial Organization of the*

① ［德国］韦伯著，李刚剑等译．工业区位论［M］．北京：商务印书馆，2009.

Economy)。[①] 首次提出应从经济整体的立场来看待区位和空间秩序的问题，“单个企业区位选择追求的是个体利润的最大化，在自由竞争的条件下，众多的个体力求争得机会，一头冲进该地区，企业数越来越多，利润空间越来越小，整个经济陷于绝境。为防止陷入这种无秩序的状态，需要政府为了公关目的，通过法律体系和经济政策使之区位选择有效化”。至20世纪50年代，研究再次递进回归到“为什么在那”，引入了更多量化的区位分析，是经济学与区域研究深度融合的阶段，构建了经济活动需求—供给的区位模型，将距离作为重要函数变量。20世纪后30年，区域经济学的研究不再局限于经济活动的空间分布，而是对区域现象背后的逻辑和规律开启了更深度的挖掘。20世纪70年代，在区域经济学中还兴起了社会科学中常用的“行为”学研究方法，用以研究不同的经济主体在区位选择决策和应对地区性不确定性中的经济行为。之后，区域经济学中出现了一个影响深远的转变，即融入了更多政治经济学的方法，关注的重点也不再是一个地区“纯粹”的经济发展，进一步延伸到了更多层次区域的社会和政治发展。20世纪90年代再度拓展，更多的文化因素也嵌入到区域发展的研究之中。[②] 如今，全球正在经历着一次前所未有的大变革——数字化、智能化转型，区域经济将何去何从？

总之，区域经济研究随着经济、社会复杂度不断提高，其研究方法和理论基础已在上百年的发展中不断积累、创新、拓展，如今已远远超出了经济学或地理学的边界范畴，广泛涉及社会学、管理学、城市规划、环境等多个学科，管理工程、运筹学、物理等学科的理论和方法也被越来越多地应用到区域经济和区域政策的研究之中。可以确定地预见，人工智能、大数据、算法等21世纪新兴前沿技术也会越来越多地应用到这一古老的经济问题研究之中。

---

① 奥古斯特·勒施著，王守礼译．经济空间秩序——经济财货与地理间的关系［M］．北京：商务印书馆，2013.

② Clark, G. L., Feldman, M., Gertler, M. S. and Wojcik, D. (eds). The New Oxford Handbook of Economic Geography [M]. Oxford: Oxford University Press, 2018: 48 - 49.

1.2 区域政策之“争论”

区域政策通常也被称作“地区导向型政策”。与一般性政策的区别在于区域政策是针对一个“地区”，而不是针对某个社会群体或者某个产业部门。最早产生于20世纪20—30年代，至今已成为多数国家经济政策体系的重要组成部分，① 但关于是否有必要实行区域政策的争论一直持续至今，在学术和政策领域并未形成广泛共识。根据有关文献，最早提出以“人”为导向和以“地区”为导向政策的是美国经济学家路易斯·温妮克（Louis winnick，曾在美国纽约市规划委员会和福特基金会任职）1966年提出的，他强烈反对国家实行地区导向型政策，认为这些政策效率低、无效，还会扭曲社会福利。② 2008年全球金融危机之后，部分地区相对于其他地区受到了更严重的冲击，有关区域政策的争论“热度”再次提高。争论的核心问题就是有限的政策资源是用于支持“人”还是“地方”？如果从经济增长的角度来看，区域政策背后的核心问题是——一个地区的经济增长和国家整体经济增长的关系是什么？

反对区域政策的观点通常认为：一是人口可以跨区域流动，贫困地区的人口可以流向更富裕的地区，“人”的贫困问题便因此可以得到有效解决；二是针对某个地区的区域政策会产生“虹吸”效应和“替代”效应。加州大学伯克利分校经济学教授 Enrico Moretti 对区域政策进行了大量评估性的研究，也是持反对观点中最具有代表性的经济学家之一。他认为，将公共资金投入那些发展欠佳的地区就相当于将“好”的资源浪费在“不好”的地区，一个衰落的地区被其他地区的发展所替代是历

① Edward L. Glaeser. Do regional economies need regional coordination? [R]. Working paper of NBER. 2007 - 2 - 1.

② Winnick L. 1966, Place Prosperity vs People Prosperity: Welfare Considerations in the Geographic Redistribution of Economic Activity, in Essays in Honor of the Sixty - Fifth Birthday of Leo Grebler, pp. 263 - 283, Real Estate Research Program, University of California, Los Angeles.

史发展的必然规律，而政策需要做的是帮助人们搬到未来更有前景的地区。[①] 此外，地区层面的经济增长与国家层面的增长不同。一个地区的增长会产生“虹吸效应”，将其他地区的资本、技术、劳动力等吸引过来，影响其他地区的增长。Enrico Moretti 教授以亚马逊公司第二总部在美国的选址为例，认为最终结果是被选择的城市实现增长，而其他城市将付出代价，也就是一个城市的增长替代了其他城市的增长。据 Enrico Moretti 估计，这种效应对国家整体的增长也是不确定的——或多、或少、或者不会产生影响。[②]

支持区域政策的观点通常有三个方面的理由：一是各地区的发展条件不同，统一无差异的政策并非最优选择；二是面向问题区域的针对性政策有利于实现地区之间的公平；三是地区政策有利于促进经济活动空间布局的重构，提高国家整体福利水平。根据一项针对巴西的研究，如果从受出口冲击严重的特定地区向外转移人口增加 20%，国家整体的福利水平可提高 14%。[③④] 普林斯顿大学的 Desmet 和 Rossi - Hansberg 曾做过一项研究，提出对中国城市人口分布进行重新分配，可导致整个国家的国民福利水平大幅提高。如果所有城市的效率水平相同，福利水平将提高 47%；如果所有城市的公共服务设施水平相同，福利水平将提高 13%。[⑤] 但该研究还认为，改进整体福利水平需进一步提高大城市的公共服务水平，使之成为更大的城市，而不是落后城市。我们曾利用断点回归方法，以我国西部大开发相关政策为重点，对中国自改革开放以来分阶段实施的差异化地区政策进行了量化评估，结果表明相关区域政策对拉动国家整体经济增长和改进

---

① Enrico Moretti and Pat Kline, People, Places and Public Policy: Some Simple Welfare Economics of Local Economic Development Programs, Annual Review of Economics 6 (2014): 629 - 62.

② Patrick Kline and Enrico Moretti, Local Economic Development, Agglomeration Economies and the Big Push: 100 Years of Evidence from the Tennessee Valley Authority, Quarterly Journal of Economics 129, no. 1 (2014): 275 - 331, https://doi.org/10.1093/qje/qjt034.

③ Artuc E., P. Bastos, and E. Lee. Trade, Jobs and Worker Welfare. Policy Research Working Paper No. 9628 [R] World Bank, Washington DC, 2021.

④ Arti Grover, Somik V. Lall, and William F. Maloney. Place, Productivity and Prosperity: Revisiting Spatially Targeted Policies for Regional Development [R]. World Bank, Washington DC, 2021.

⑤ Desmet K, E Rossi - Hansberg. Urban Accounting and Welfare. American Economic Review 103 (6): 2296 - 327, 2013.

各地区的福利水平都具有明显的促进作用。①

从不同政策观点的潜在逻辑来看，反对区域政策的观点通常假设在市场机制的作用下，资本自动会流向价格更低、利润更高的地区，而劳动力也会自动流向工资水平更高的部门和地区。也就是说，只要地区之间资本回报率存在差距，要素就会在地区之间流动，直至工资和劳动生产率水平相同。这也就形成了地区之间发展差距逐步缩小的潜在机制。在工业化阶段，这一假设和潜在的逻辑在多数情况下是成立的，也得到了部分发达国家实践经验的验证。经济学家萨拉·伊·马丁（Xavier Sala I Martin）在关于经济增长的一篇文章中指出，在第二次世界大战（以下简称二战）之后的大部分时间，所有工业化国家国内的地区差距都呈现出缩小的趋势，即使在20世纪30年代经济大萧条时期。②

我国的地区差距在工业化发展的初级阶段也显现出同样的波动趋势，省级层面的相对差距（地区人均GDP最大与最小值之比）从1978年的14.3降到了1990年的7.3，之后又出现了扩大。进入21世纪的前10年，地区之间的相对差距又呈现缩小的趋势（见图1.1）。在此背景下，支持地区导向型区域政策的理由，更多是以区域之间的公平、维护国家的政治稳定或者释放落后地区增长潜力为政策的基点，潜在的逻辑是某些地区落后，出于“公平”（有多重含义，不同发展阶段其含义也在变化）而需要“补弱”的政策扶持，遵循的是政府对要素资源在不同发展水平的地区之间进行再分配、再配置的一种逻辑。这可以从各国实施区域政策的基本目标得到验证，对此需要更多从政治经济学的角度去理解和思考。

以经济合作与发展组织（OECD）30个国家为例，对比这些国家所实施的区域政策可以看到，各国最优先的区域政策目标中基本上都是以促进地区之间更平衡的发展为导向，其中24个国家将促进地区平衡增长作为首要目标（见图1.2）。除了关注缩小地区人均GDP的差距，公共服务、生

① Jiashun Huang, Jim Huangnan Shen, Zhiyan Sun. Understanding China's Economic Growth from a Regional Policy Perspective. China & World Economy, vol3, p. 1 - 26, 2023.

② Barro Robert J, and Sala I Martin, Xavier. Convergence. Journal of Political Economy, April 1992, 100 (2), pp. 223 - 51.

图 1.1 1978—2022 年我国省级层面的相对差距

资料来源：根据国家统计局网站相关数据计算。

态环境也是各国实施区域政策的重要目标。此外，地方或区域政府能力建设，改进城乡以及核心区域外围地区之间的连接性等增强地区发展能力的政策目标也是区域政策考量的一类重要目标。在所有政策目标中，“促进地区经济增长的国际竞争力”是被采纳最多的一个目标，30 个国家中有 28 个国家都提出了这样的政策目标。反映出在开放的经济体系下，一个地区面临的是国际竞争，不管这种竞争是直接还是间接的，全球经济格局的变化一定会影响到地区的发展，这是我国区域政策研究领域相对薄弱，需要进一步改进的方面。

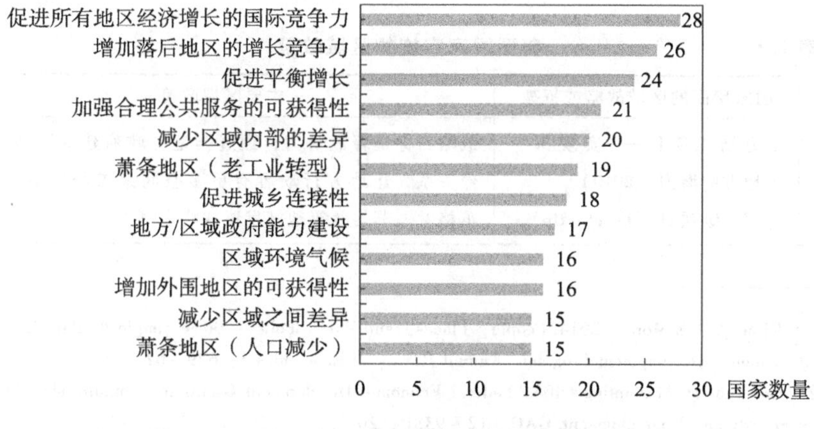

图 1.2 OECD 33 个国家最优先的区域政策比较

资料来源：作者根据 OECD *regional outlook* 2016 相关资料整理。

区域政策就是在这样此起彼伏的争论中发展进步。无论哪个阶段，无论争论的结果如何，似乎从未影响到各国对区域政策的“热爱”，政策“热度”也从未因“争论”而降低，反而在各国政策中越来越受到重视。欧盟建立了凝聚政策（cohesion policy）框架，分为两个阶段：2014—2020年和2021—2027年。前一个阶段，即2014—2020年，欧盟向相对落后地区累计投入了1800亿欧元，用于缩小地区差距、支持落后地区发展。根据加州大学伯克利分校的教授恩里克·莫雷迪（Enrico Moretti）的估算，美国联邦和州政府每年用于地区导向型的发展项目支出大约为950亿美元。[①]根据美国政府财政办公室（GAO）的核算，联邦政府每年基于特定目标的区域发展活动支出至少150亿美元。[②]加州从2009年开始为电影产业提供减税、财政补贴，至2014年，累计给予补贴11亿美元，获得补贴的电影电视项目中超过84%在其他地区没有获得任何政府补助。[③]英国近期设立了26亿英镑的共享繁荣基金，在国家层面启动了Level - Up区域项目，旨在缩小英国国内的地区发展差距，实现更加包容的增长。日本、韩国、马来西亚、印度等国家也有类似的区域政策，如韩国的平衡经济发展政策（balanced economic development）、土耳其的一体化城市发展战略（Integrated Urban Development Strategy 2010—2020）、日本2050年空间发展战略等（见表1.1）。显然，区域政策在各国宏观政策体系中已成为一项“不需要讨论需不需要，需要的只是如何做和如何做得更好”的政策工具。

表1.1　典型国家实施的区域政策

国家	国家层面的区域战略或框架	主要区域政策
英国	地方增长项目——实现每一个地方的潜力（2010） 区域升级项目（Level - Up）	战略目标是释放潜力，通过与地方政府建立具体的伙伴关系，让地方行动者有更多空间来参与区域发展、英格兰、苏格兰等地区发展战略

① Kline P., E Moretti. 2014. People, Places, and Public Policy: Some Simple Welfare Economics of Local Economic Development Programs. Annual Review of Economics 6: 629 - 62.

② Government Accounting Office. Federal Economic Development Grants to Communities with High Rates of Poverty and Unemployment. GAO - 12 - 938R, 2012.

③ 资料来源：华盛顿邮报，California's film subsidies brought in more than ＄1 billion in spending in the past year, study finds, 2014年7月。

续表

国家	国家层面的区域战略或框架	主要区域政策
美国	无总体框架	重点集中在萧条地区的基础设施建设上； 从补贴转向投资，从干预转向伙伴关系； 联邦政府实施了区域竞争力项目，密西西比河谷开发计划、区域创新集群等
日本	2050年国家空间发展总体规划（2014） 《国家空间规划法》（2015）	经济区域化应对人口挑战，建立经济特区、基础设施投资主导的城市复兴项目、产业布局优化、节点城市发展、首都功能再定位、企业总部布局优化、乡村振兴、区域核心城市发展
韩国	2000—2020年全国国土综合规划	经济区域化和产业专业化，平衡地区增长是首要目标
法国	国家区域规划合同（2014—2020年）	区域政策的主要工具是基础设施投资和集群 实施地方财政改革，减少对地方政府的转移
德国	无总体框架 德国区域政策的核心是区域经济结构改进	区域经济结构改进基金直接用于援助企业，然后是商业基础设施；城市—区域发展、联邦政府强制性控制地区差距
中国	区域协调发展战略、主体功能区战略	经济特区、西部大开发、中部崛起、东北及其他老工业城市振兴、长江经济带、京津冀协同发展

资料来源：作者根据经合组织 *Territorial Reviews Japan*（2016）、*Regional Outlook*（2014）、*Regions and Cities: Where Policies and People Meet* 等研究报告整理。

为什么区域政策备受争议又受到如此“热捧”？区域政策的潜在逻辑是什么？数字化发展的新时代，“区域”的发展对于国家整体发展的意义何在？需要区域政策在国家经济社会发展中承担何种功能？区域政策需要哪些创新？这些问题是本书讨论的核心内容，将在后面的章节逐一进行详细的阐述。

1.3　何为区域政策？

在讨论区域政策的概念之前，我们有必要简短梳理一下区域研究中的基本逻辑，这也是区域政策设计需要遵循的基本逻辑。如图 1.3 所示（该图也是本书写作的基本框架），区域研究主要包括两个视角：一是从经济学的角度观察某个区域的发展，另一个是从区域的角度来解析宏观经济社会的发展。贯穿这两个研究视角的主线也包括两个：一是要素在某个地区的组合，另一个是要素在区域之间的流动。基于此，可以将区域政策概括为——基于国家宏观经济发展目标，针对特定区域对要素进行优化再配置的政策工具组合，本质上也是政府进行宏观调控的政策工具之一。在此需要特别强调的是，区域是一个各类要素运行的有机系统，对“系统”进行优化的政策一定是多种政策工具的组合。这对于区域政策实施效果有着至关重要的作用和意义。

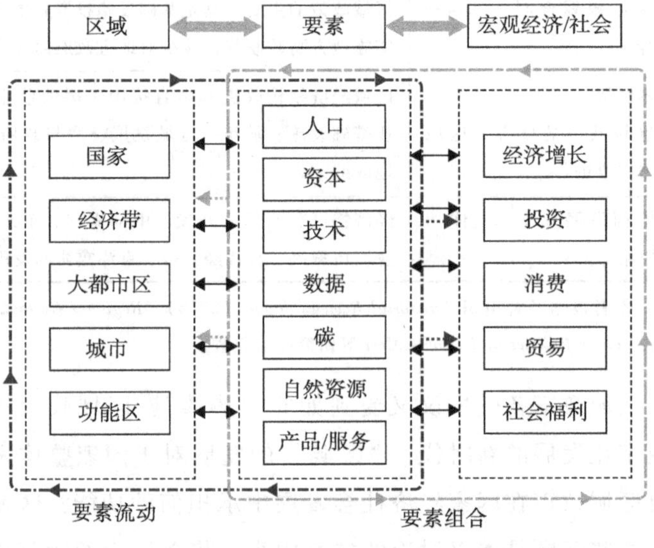

图 1.3 区域经济研究的基本逻辑框架

正如波兰一位专门研究经济地理学和区域政策的经济学教授安东尼·库克林斯基（Antoni Kuklinske，1977）所描述的，将经济、社会和空间的发展要素整合在一起的起始基础通常是一个公式化的过程，即所有经济增长和社会发展的过程都是在一个具体的空间中进行，一方面会影响自然环境的转型，另一方面又是各类政策实施的结果。“空间”是重要的经济要素之一，是经济核算中重要的一项。区域政策是解决理论和实际问题的跨学科方法，拥有非常广泛的应用记录。[①] 基于此观点，区域政策可以被看作是多种政策工具的组合（如税收、投资、财政转移、规划、产业政策、土地政策、环境政策等，即政策的区域化），通过不同组合的区域政策构建形成一个区域经济发展的平台，或者区域经济发展的生态系统。该政策既是宏观经济调控的工具之一，也是对微观经济运行干预的一种政策机制。换言之，区域政策的实施本质上是空间结构优化的过程，即通过地区差异化的政策创造出地区之间成本—收益的差异，引导不同要素在空间上的配置组合，进而影响经济增长。就此意义而言，区域政策实施的过程也是释放经济增长潜力的过程。我国多数学者将区域政策笼统划分为区域财政政策、区域产业政策、区域公共投资政策、区域金融政策、区域外贸政策等。这种分类方式相对务实，更多是基于政府职能部门的实践操作。

英国区域经济学家阿姆斯特朗从区域的微观主体层面也给出了一个区域政策的定义，即用以影响个人和企业的区位选择或改变特定区域的收入和支出水平，并将区域政策分为——微观政策工具（如就业政策、税收政策等）、宏观政策工具（如贸易政策、货币政策、财政政策等）和协调政策工具（如中央与区域之间的协调政策、行政区内的协调政策等），[②] 在区域政策研究领域中首次提出了“协调政策工具”的概念。

世界银行在2009 年的世界发展报告《重塑经济地理》中，在总结国际经验的基础上提出了三类区域发展政策：（1）无空间差异的普适性政策（公共制度），教育、医疗健康、基本的水和卫生服务等公共服务的政策实行全国统一的标准，没有明显的地区差异。（2）连接空间的政策（基础设施），包括为促进商品交易而建设的地区间高速公路和铁路，为加强信息和观念的交流而改进信息通信技术等方面的政策。（3）针对特殊地区的政策（干预措施），是指为促进落后地区经济增长而采取的地区针对性措施。

---

① Social Issues in Regional Policy and Planning（Ⅰ－Ⅵ），edited by Antoni Ku－klinski，Berlin，New York：De Gruyter Mouton，1977. https：//doi. org/10. 1515/9783110807530. fm.

② 阿姆斯特朗，吉姆．泰勒．区域经济学与区域政策［M］．刘乃全译．第三版．上海：上海人民出版社，2007：198－199.

干预措施主要包括投资补贴、退税、地方基础设施投资、出口加工区的特殊管理政策，改善地区投资环境的政策等。这份研究报告所提出的政策建议是倡导以“人”为中心的区域政策最具代表性的报告，曾引起政府和学术机构的广泛关注。

如上一节所述，大多数经合组织国家都实施了区域政策，基本上是在20世纪五六十年代开始。这一时期恰好是二战之后，各国经济都处在恢复阶段，是一个经济增长相对强劲、财政扩张和低失业率的发展时期。实施区域政策的重要目标是应对战后快速工业化时期国内收入差距、地区差距扩大，实现更加公平和平衡的增长，采取的主要政策工具是通过国家层面财政资金的转移支付进行财富的再分配，并辅之以大规模的公共投资。至20世纪七八十年代，发达国家的离岸生产、全球贸易格局的调整等变化，导致许多国家内部出现了失业的地理性集中。为应对这些挑战，各国的区域政策从早期以缩小地区差距（以收入、基础设施存量等为主），逐步拓展到为不同地区创造平等的就业机会等。期望通过生产补贴或其他激励措施改变一个地区的生产条件，形成基于成本因素的优势，促进企业向落后地区的搬迁或引导新投资的区位决策。

概括而言，多数国家实施区域政策主要是出于两类政策目标的考虑，即“公平”和“效率”。“公平”，主要强调一国之内各区域之间，无论是经济发达地区，还是经济落后地区，居民都应享受基本相同的社会福利；“效率”强调的是资源要素在国内各个区域之间的优化配置，以保证整个国土空间范围内的效率最优。在政策实施过程中，由于发展阶段、区域自然禀赋等多种因素的影响，上述两个政策目标并非完全一致。某些情况下，还存在着内在的冲突，有时只能优先满足其一。根据区域政策设计的基本逻辑，区域政策的有效性可以从三个维度加以判断：一是空间的外部性，包括要素的集聚或者从一个地区流向另一地区，是否增加了国家总体效率；二是再分配效应，主要是从区域公平和发展包容性的角度来衡量，如税收、投资、货币政策是否有利于地区公平的实现；三是多元化影响，主要是针对一些社会问题，如就业、收入、公共服务等，用以评价区域政策是否有利于提高国民福利水平。[①]

OECD 在 2009 年的一份研究报告中，从区域政策目标、政策单元、战略模式、政策工具和政策主体五个维度，比较了区域政策范式的演变。[②] 如表 1.2 所示，随着区域经济发展环境条件的变化、经济体系复杂度的提高，经济发展范式也在不断改变，新的区域政策改变了传统自上而下推动的传统模式，政策面向的基本单元也由传统的行政区转向为跨行政区的经济功能区。政策工具的种类更加丰富多元，不仅包括基础设施等硬件方面的投资，而且相对更加重视社会资本、社会网络、劳动力市场等软环境或者软实力的建设。诸多变化中最为重要的是区域战略模式从分部门分领域实施转向了一体化的区域开发。之所以出现这些政策范式上的变化，也是为了更好地适应在新的技术条件下要素流动、配置路径等方面的变化。例如，劳动力能否向工资收入水平更高的地区流动，除了与就业政策、劳动力的受教育水平、地区的经济发展水平有关之外，社会网络也是一个非常重要的影响因素。因此，即使对于一个相对单一的区域发展目标，在实践过程中也需要多种政策工具。

表 1.2　区域政策新旧范式的比较

	旧范式	新范式
政策目的	为落后地区的区位劣势提供阶段性、补偿性的支持	挖掘释放所有地区的增长潜力，提高区域竞争力
政策单元	行政区	经济功能区
战略模式	分部门实施	一体化区域开发项目
政策工具	补贴或国家援助	软件和硬件资本投入的组合（资本投资、劳动力市场、商业环境、社会资本和网络）
政策主体	中央政府或联邦政府	不同层级的政府

资料来源：OECD 研究报告 *Regions Matter*：*Economic Recovery*，*Innovation and Sustainable Growth*。

① Austin，Benjamin A，Edward L. Glaeser，Lawrence H. Summers. 2018. Jobs for the Heartland：Place based policies in 21st century America. No. w24548. National Bureau of Economic Research.

② OECD. Regions Matter：Economic Recovery，Innovation and Sustainable G - rowth，Paris：Organisation for Economic Growth and Development，2009b.

1.4 中国区域政策的回顾

自新中国成立以来，中国的区域政策大致经历了四个阶段的调整。每个阶段的调整都是针对不同阶段经济发展的转型需求。

1.4.1 第一阶段（1949—1978年改革开放前）

经历了多年的战争之后，中国几乎在经济、社会、政治等各个领域都面临着重建。在这样的发展背景下，中国选择了“区域平衡发展”的区域政策，旨在推动各区域的经济增长。整个国家被划分为五大经济区，电力工业、原材料开采、钢铁、装备制造等重要的基础产业由中央政府控制的计划统一均衡布局。该阶段平衡发展的主要目的是改变国内产业过度集中于沿海地区的产业空间格局，并非每一个地区绝对“平均”的发展。1953年，上海、江苏和辽宁三个沿海省市的地区生产总值占全国GDP的比重约为30%①。为了实现相应的政策目标，中国政府制定了两个基本的产业布局原则。一个是临近原材料地区或者消费地；另一个是要避免产业过度向某个地区集中，目的是平衡不同地区主要工业产品的生产能力。重要原因是中国尚处在战后经济恢复重建的发展时期，整个国家尚未建立完善的要素流通体系，无论是产品运输还是劳动力的跨区域流动，社会物流能力极其有限，流动成本也较高，在区域之间采取相对平衡的发展思路对当时的中国经济增长，可谓是成本最有效的解决路径。需要强调的是，尽管该阶段区域政策总体导向是“平衡发展”，但并不是所有产业都要求“平衡”，而是更强调煤炭、电力等基础能源生产行业的区域平衡，这样就可以减少“零起点”阶段的长距离配送，为各地区工业化转型的启动创造更有利的

① 数据来源：作者根据《新中国50年统计资料》计算。

发展条件。

以平衡发展为目标的区域政策对推动新中国的经济增长具有重要意义。第一个五年计划时期，中国 GDP 年均增长率为 10.3%，同期政府税收增长率为 12.3%。城镇地区的就业增长超过 3 倍，全社会就业翻了两番。①

1.4.2 第二阶段（1978—1995 年）

自 1978 年改革开放至第八个五年计划，中国区域发展政策进行了第二次调整，即从“平衡发展”转向“非均衡发展”。新中国成立后经过一定时期的发展，国民经济生产体系初步形成，尽管经济发展水平还较低，但经济活动组织运行的基本能力已打下基础，生产力空间布局的总体框架初见雏形，需要转向更高效率的发展思路，否则在资源和生产能力有限的条件下，平衡发展的空间布局可能会因为各类资源的分散式利用影响总体效率的提升，并且随着经济规模的扩大，这种效率损失会更加显著。基于这样的认识，中国在区域经济发展思路上进行了比较显著的调整，实施了一系列针对沿海地区和部分省市地区的地区导向型区域政策，促进更多公共资源优先向这一类地区集中。

与中国区域政策其他三个阶段的调整相比，这一阶段是相对根本性的改革。最重要的政策措施包括设立经济特区和分权式改革。具体如下：②

“·降低和减免企业所得税；

·向地方政府下放投资权力；

·增加地方外汇留存比例；

·开放金融服务，允许外资金融机构在沿海地区设立总部或分支机构，培育和发展资本市场，在深圳和上海成立股票交易所；

·鼓励沿海地区更大的制度创新和实验，允许突破部分政策限制等。”

---

① 数据来源：作者根据《新中国 50 年统计资料》计算。

② 资料来源：张军扩，侯永志主编．协调区域发展：30 年区域政策与发展回顾［M］．北京：中国发展出版社，2008.

这些政策对经济增长产生了显著的推动作用。1978—1995 年，中国经济增长实现了 10% 左右的年均增长率；人均 GDP 从 1978 年的 156 美元增长至 609 美元，超过了中低收入国家的平均水平（根据世界银行的标准，1978 年，中低收入国家人均 GDP 的水平为 314 美元，1995 年为 531 美元）。在此期间，新增就业约 2.8 亿人。1995 年，净出口总值达到了 119 亿美元，从贸易赤字转为贸易盈余。①

1.4.3 第三阶段（1995—2012 年）

第九个五年计划至党的十八大期间，中国的区域发展政策从“非均衡发展”转向“协调发展”。这一时期的调整意味着政策不再只是向东部沿海地区倾斜，更多的政策开始转向扶持内陆地区的发展。在此期间，中国政府实施了一系列重大区域战略，如西部大开发、促进中部地区崛起、东北及其他老工业基地振兴等。这些区域政策的核心目标是为相对落后地区提供较大的推动力，刺激其经济增长。这一时期政策的调整实质上是对快速扩大的区域差距的一种政策响应。自 1978 年至 1995 年，中国国内人均 GDP 最高省份与最低省份的比扩大了约 10 倍甚至更多（见图 1.1）。② 对于地区差距问题，国务院发展研究中心原主任王梦奎，作为“九五”计划和 2010 年发展规划的起草者提出了如下观点，“一是地区发展不平衡是个历史现象，也是发展规律，所以要实行允许一部分地区先富起来的政策；二是要坚持共同富裕的发展目标，高度重视和积极解决地区协调发展的问题；三是解决这个问题要有一个过程。目前经济比较落后的地区，发展潜力都是不小的。只要加快改革开放步伐，发扬自力更生精神，加上国家的支持，完全能够在现代化进程中逐步缩小同全国发展水平的差距。在地区差距问题上，除了省际差距之外，省内差距也是一个值得注意的问题。现在省内县与县之间的差距，甚至大于省际差距”（摘选自王梦奎 1996 年 3 月 20 日在中宣部、中直机关工委、国家机关工委、解放军总政治部和北京

---

① 数据来源：作者根据《中国统计年鉴（2016）》、IMF 支出平衡数据库计算。

② 数据来源：作者根据《中国统计年鉴（2016）》和《新中国 50 年统计资料》计算。

市委联合举办的报告会上发表的部分内容)。[①]

我国在“九五”计划之后，提出了区域“协调”发展的理念。“协调”代表着一种更有效、更务实的经济增长路径。该理念并不完全否定地区之间发展差距存在的客观性，因为每一个地区都有不同的历史、文化、资源禀赋和地理环境等，相反，在尊重区域差距客观存在的基本规律之上构建了更可行的发展方式，即“效率优先、兼顾公平”。这是中国区域政策实践对其他国家，尤其是发展中国家区域经济增长路径选择最值得借鉴的经验和模式。

2003 年在北京召开党的十六届三中全会，作为完善社会主义市场经济体制的要求提出了五个统筹，即实现全面、协调、可持续发展，必须统筹城乡发展、统筹区域发展、统筹经济和社会发展、统筹人与自然和谐发展、统筹国内发展和对外开放。统筹城乡、区域发展置于五个统筹中的前两位，足见对区域协调发展问题的重视。王梦奎在中共中央举办的“省部级主要领导干部树立和落实科学发展观”专题研讨班上，对“统筹”做了生动的解释：强调各方面的“统筹”，就是要妥善解决新阶段面临的矛盾和问题，保障中国这艘大船能够比较顺利地到达全面建设小康社会和实现现代化的彼岸。[②]

从上述五个统筹的内容来看，效率、公平和可持续性已经成为我国区域政策中的三大目标和要求。再简要回顾一下中国不同发展阶段的区域政策目标，“效率”始终是优先目标和长期坚持的目标。对此可能有不同的观点和认识。反对的观点主要是认为应更强调公平和环境目标（Fabrizio Barca，2009；Karen Helene Ulltveit - Moe，2007）。[③④] 但即使是中国最近的区域政策，其核心目标仍然是改进效率，唯一的不同是实现政策目标的路径不同，推动经济增长的路径不同。这三大政策目标是相互关联的，不应

---

① 王梦奎．中国走过来的道路［M］．北京：中国言实出版社，2018（10）．

② 资料来源：王梦奎．中国走过来的道路［M］．北京：中国言实出版社，2018（10）．

③ Barca F. （2009）. Pursuing equity through place - based development policie s: rationale and the equity - efficiency issue. Proceedings of the OECD/TDPC Symposium on Regional Policy，2.

④ Ulltveit - Moe K. H. （2007）. Regional policy design: An analysis of relocate - on efficiency and equity. European Economic Review，51（6），1443 - 1467.

被简单地分开。效率优先的目标是为了更好地解决区域公平和环境问题。正如“没有蛋糕，如何分蛋糕?”每一个阶段政策目标的实现都存在“规模门槛”，没有效率就没有规模，也就没有能力实现其他目标。即使在低效率的发展阶段，区域发展差距被缩小，也只能是一种低水平的相对公平。

1.4.4 第四阶段（2012 年至今）

这一阶段中国经济增长速度减缓，进入发展新常态。为应对新一轮结构转型的需要，区域政策的重点再一次调整，从强调“协调”转向“协同”。标志性的事件之一就是“京津冀协同发展战略”的实施。这是通过区域政策推动经济增长的又一次开拓性的政策创新。该战略的实施重点聚焦于解决四个方面的发展问题：

· 更有效地治理北京“大城市病”，促进首都大都市区的可持续发展；

· 优化调整资源要素的空间布局，培育新的经济增长极；

· 京津冀地区更有效的环境治理与改善；

· 缩小京津冀地区的发展差距，促进基本公共服务的均等化。

京津冀协同发展战略更强调跨行政区的合作与区域发展的一体化规划。从历史的角度来看，这次区域政策的调整是对以往政策的延续性创新，旨在从更高层面满足新技术革命背景下区域经济发展的政策需求。该战略自 2014 年实施至今，在很多方面都取得了重大成效，但有一些领域的进展因全球新冠疫情、技术变革等多方面因素的影响，还需要进一步加强。

在此期间，一系列重要的跨区域协调发展战略相继实施，包括长江经济带、长三角一体化发展、推动黄河流域生态保护和高质量发展等，还有高标准、高质量建设雄安新区，推动成渝地区双城经济圈建设等重要经济区的战略布局（见表 1.3）。同时，考虑到我国城镇化总体进入中后期发展阶段，将城市体系的优化也纳入区域高质量布局之中。党的二十大报告中明确提出，以城市群都市圈为依托构建大中小城市协调发展格局，推进以县城为重要载体的城镇化建设。加快转变超大特大城市发展方式，实施城市更新行动，加强城市基础设施建设，打造宜居、韧性、智慧城市。这些区域战略的布局，为我国在新时代构建优势互补、高质量发展的区域经济布局和国土空间体系奠定了良好的基础。

表 1.3　　中国不同发展阶段区域政策工具的组合

区域政策		政策目标	政策工具组合
阶段Ⅰ	平衡	建立基本的国民经济生产体系，培育和积累多层次的人力资本	行政命令/中央政府控制的产业布局/农业生产合作组织/各类工人、技术人才的培养、技校制度等
阶段Ⅱ	不平衡	改进经济效率	分权式改革/土地改革/开放政策/金融政策/利润留成/税收激励/技术创新/农村家庭联产承包制等
阶段Ⅲ	协调	缩小地区差距	鼓励土地使用权的流转/城镇住房制度的改革/基础设施和基础产业的一体化规划/东西部地区对口援助/要素价格改革/建立资本金制度/国有企业改革/建立多层次社会保障制度/促进就业政策等
阶段Ⅳ	协同	提升发展质量	跨行政区的区域发展规划/建立区域分工合作机制/跨行政区的税收共享政策/统一的社会保障政策/促进资本、人力资本、知识等要素流动政策/区域创新政策/改革地方政府绩效考核制度等

第2章 数字革命驱动的区域发展范式变革

无论是哪一个层面的区域，都是由人口、自然资源、环境、资本、技术等各类要素组成。这些区域要素在不同空间的转移、流动、聚合、重组、分散、再聚集……循环往复地推动着各类地区的发展，空间上也形成了复杂多样的要素聚集形态。就此意义而言，一个区域的发展代表着从农业革命、工业化革命，再到如今的数字革命，经济社会不断演变、进步的历史过程。在历次变革中，驱动区域经济发展的动力和逻辑都随着环境条件的改变而不断调整，有些变化甚至是颠覆性的改变。为了更科学、更准确地理解和把握数字化时代区域经济发展逻辑的变化，本书重点从技术变革和全球经济发展格局的角度，对21世纪数字化时代区域发展所处的新环境条件和发展范式的转变展开讨论。

2.1 数字化时代区域发展宏观环境之新变局

在全球经济社会发展的大系统中，每一个地区犹如各类物质要素、非物质要素、信息等组成的动态子系统。这些子系统在全球经济系统中承担着不同的分工，既相互独立，又彼此影响。从以蒸汽动力技术为标志的第一次工业革命开始，至如今以计算机、互联网、算法、人工智能等数字技术为核心的数字化革命，该系统在技术进步的推动下不断演化，从一种平衡进入到另一种平衡，区域发展的环境条件和内在运行机制不可能一成不变。这些变化正是国家在不同发展阶段进行区域政策设计的基本出发点。

数字技术具有通用技术的典型特征：能够促使产品和服务以及生产过程彻底改革创新，最初在创新领域发生，之后逐渐扩大到更大范围的经济活动。能够促使经济结构进行重大重组，原因是相对投入发生巨大改变。需要在其他领域进行大量投资，比如其他形式的资本、基础设施、组织、技能。因此，初期往往进展缓慢，但最终会产生巨大的经济效益和社会影响。[①] 这些特征决定了数字技术对区域经济的影响是巨大的、颠覆性的。

2.1.1 数字化时代经济规模与复杂度远超过工业化时期

按照2011年国际元的估算，全球经济规模总量在第一次工业革命初期大约为1.2万亿美元（1820年，不变价）。至1900年，全球GDP增长至3.42万亿美元，在1820—1900年的年平均增长率约为1.3%。进入到21世纪数字化时代，2000年全球GDP总量达到63.1万亿美元。2000—2015年，年均增长率约为3.7%，至2015年全球GDP总量增长至108.1万亿美元，比第一次工业革命时期的经济规模扩大了近百倍（见图2.1）。随着规模的扩大，全球经济分工复杂度大幅提高，形成了高度复杂的生产网络、创新网络和价值网络。以数字化时代最重要的产品之一——芯片的生产为例，其生产过程中仅化学材料就需要用到400多种。生产芯片最关键的设备——光刻机，一台就包括10万余个关键组件，在全球为该设备提供零配件和服务的供应商有5000多家。

2.1.2 技术进步推动区域之间的“距离”被不断压缩

地理距离是影响区域发展的重要因素之一，不仅影响到一个地区对各类资源要素进行配置的成本和效率，而且对国家总体区域发展格局的优化也具有不可忽视的影响。以下以三种典型的国际运输方式来对比数字化时代相对于工业化时代运输成本的变化。如图2.2所示，相比于1930年（假设1930=1），至1980年，国际通信成本、客运航空成本和海运成本分别

---

① 黛安·科伊尔著，田恬译．齿轮与怪兽：数字时代经济学的新议程［M］．北京：中国出版集团，中译出版社，2022.

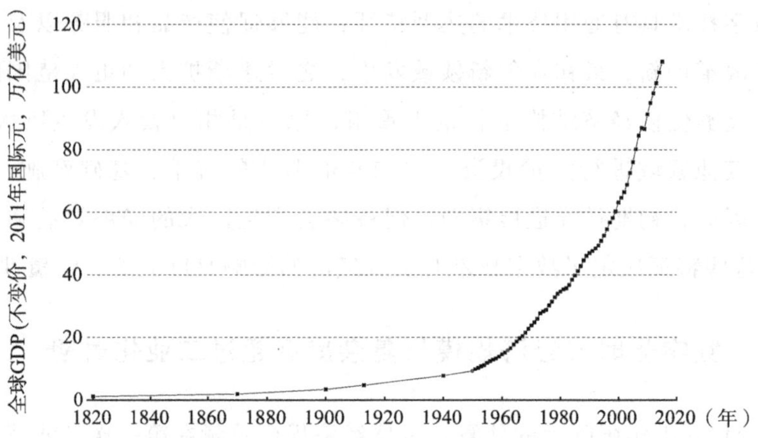

图 2.1　1820—2015 年全球 GDP 总量（不变价，2011 年国际元）

资料来源：麦迪森（Maddison）项目数据库（2020）。

降至 1930 年的 1.96%、14.71% 和 40.66%，随着信息通信技术的发展，运输成本持续快速下降。国际通信成本降幅最显著，至 2000 年，只相当于 1930 年的 0.1%；同期，客运航空成本和海运成本降至 1930 年的 10.29% 和 20.53%。这就意味着地区之间的“经济距离”被压缩，市场半径被扩大，这给区域经济的发展和区域格局的构建都带来了深层次的改变。

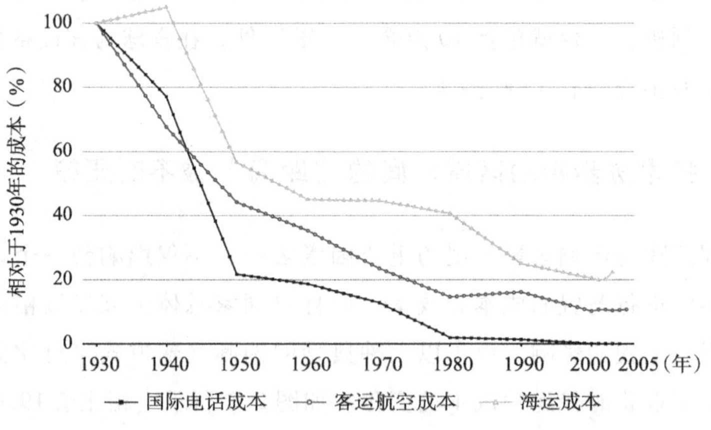

图 2.2　全球交通通信成本相对于 1930 年的变化（1930—2005 年）

注：海运成本为国际运输每吨的平均费用；客运航空成本为每个乘客每英里航空公司的平均收入；国际电话成本是纽约到伦敦三分钟通话费用。

资料来源：OECD Economic Outlook，2007.

2.1.3　生产力水平的提高深度改变了区域发展的宏观环境

对比工业化时期，区域发展的外部环境还需要关注的一个重大变化就是生产率水平的显著提高，其提高的速度可谓是“指数级”。以美国为例，如图 2.3 所示，1870 年，其单位就业的小时生产率约为 4.8 美元（2011 年可比价美元，下同），经过 30 年的发展，至 1900 年提高到大约 7.2 美元，增长相对缓慢。自 20 世纪 60 年代之始，生产率增长速度加快。至 2000 年，单位就业的小时生产率提高到 52.9 美元，2015 年约为 67.4 美元。这就相当于单位就业工作 1 小时能够创造的增加值从工业化初期不足 5 美元增长到近 70 美元。

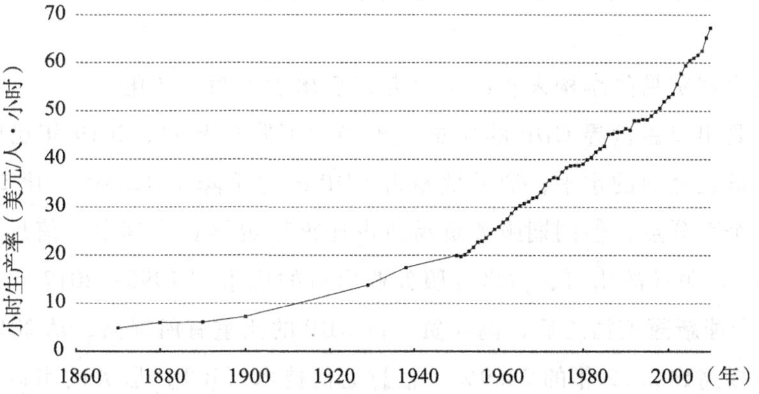

图 2.3　1870—2015 年美国小时生产率的变化

注：小时生产率为单位就业单位工作小时创造的 GDP，GDP 为 2011 年可比价美元。

资料来源：年平均工作小时数据来自 PWT 9.1（2019），GDP 数据来自麦迪森项目（2020），就业数据来自 Our World In Data 数据库。

与工业化时期的技术变革不同，人工智能技术对经济的影响是全方位的，从农业、制造业到服务业各个部门的生产率都在同期提高，不只是降低劳动强度、提高劳动力的生产能力，单位工作时间的产出效率（小时生产率）也得到了大幅提升。对比不同行业劳动生产率的变化，目前日本超过 90% 的农作物喷洒是由无人机完成的。[①] 一家英国农场已可以实现在没有人踏入农田的情况下进行种植、饲养和收获大麦。法律服务业领域，J. P 摩根公司开发了一个审查商业贷款协议的软件，据其估计，可在几秒钟内就完成律师大约需 36 万小时完成的工作量。[②] 我国小时生产率在 2000—2019 年增长近 4 倍，增长速度大约是 1970—2000 年的 2 倍。[③] 这就意味着数字化技术的进步使得一个地区的生产能力和规模上限不断突破，对区域发展技术层面的约束越来越弱，至少不再是一个重要的发展瓶颈。产业在空间上的布局、地区间要素配置的竞争和平衡机制也都受到生产率提高的深远影响，空间集聚的规模和地区之间的竞争规模要远远超越工业化时期。

2.1.4 数字技术深度改变了全球价值链分工格局

从全球贸易的结构来看，2010 年之后出现了两大变化：

一是出口占世界 GDP 的比重呈现稳中下降的趋势，2019 年已降至全球金融危机之前的水平；商品贸易占 GDP 的比重降至 21.3%，比 2011 年下降 3 个百分点，但同期服务贸易所占比重稳定增长。其中，信息通信技术（ICT）服务的出口，占世界服务业出口的比重在 1995—2017 年扩大了 3 倍。全球新冠疫情之后，商品贸易占 GDP 的比重有所提高，从 2019 年的 21.4% 提高到 2022 年的 24.9%，信息通信技术（ICT）服务的出口进一步加速，2022 年在服务业出口中的占比大约为 14.8%，比疫情前大约提高 5 个百分点。[④] 这一结构性变化反映出全球价值链分工正由“制造业”为中心向“服务业”为中心的转变，而推动这一转变的根本原因正是源自信息网络、自动化、人工智能、机器人、区块链等新一代技术进步，上一轮全球化中不能交易的“服务”或者依托信息网络技术进行离岸交易（如技

---

① Jamie Susskind. Future Politics [M]. Oxford University Press, 2018, Oxford, p54.

② Daniel Susskind. A world without work: technology, automation, and how we should respond [M]. New York, N. Y. Metropolitan Books/Henry Holt & Company, 2020.

③ 资料来源：Penn World Table version 10. 0.

④ 数据来源：世界银行数据库。

术、金融、设计等服务），或者被“数字化”成为可全球交易的贸易产品（如线上教育、医疗、文化等），进而驱动全球价值链重构。

二是以发展中国家为主的劳动密集型、资源密集型和中低技能、技术密集型的制成品出口所占比重不断下降，而发达国家主导的高技能、技术密集型的制成品出口比重却出现更大幅度的增长。2022 年，劳动密集型和资源密集型制成品所占比重由 1995 年的 17.4% 降至 12.6%，高技能、技术密集型的产品由 37.6% 上升至 44%。[①] 在中高技术密集型产品中，非电子产品的出口占有较高比重，如在高技能技术密集型产品中，非电子制造品的出口占比超过了 1/4。由此可见，在机器人、自动化、智能制造、3D 打印等新一代技术进步推动下，全球价值链中人工成本所占比重不断下降，中低端环节的利润被进一步挤压，再加上全球物流成本的下降，虽然价值链中的中低端制造环节仍在延续工业化时期向低成本国家转移的趋势，但中高端环节已明显显现出向发达国家回归，或向临近发达国家近岸转移的趋势，技术密集度越高的产品越向发达国家集中，即全球价值链的“区域化”重构。这将成为第三次技术革命背景下全球产业分工格局演变的重要趋势之一。

2.2　数字技术变革与区域发展范式的转变

数字技术的革命从更深层次改变了区域发展的宏观环境条件。从经济活动中生产、交换、分配等各个环节，到各类要素的稀缺性、配置方式，再到地区之间分工、竞争机制都在改变，是一种多维、多层次、系统性、长期性的改变。象征着区域发展范式在数字化时代的变革。新的发展范式带来了新的发展问题和新的发展需求，需要构建新的政策体系来支撑。

1947 年，英国数学家、“计算机之父”艾伦·图灵在英国伦敦数学学

① 数据来源：联合国贸易和发展会议（UNCTAD）数据库。

会的一次会议上，宣称设计了一台具有“智能”功能的计算设备，代表着全球数字化转型的起始之点，之后各类数字技术不断涌现，并向更广更深的经济社会领域渗透，现已成为支撑当今世界发展的基础技术体系。依据不同类别数字技术对区域经济影响的路径和方式不同，可以将其简单地归为如下三大类[①]，如图 2.4 所示。

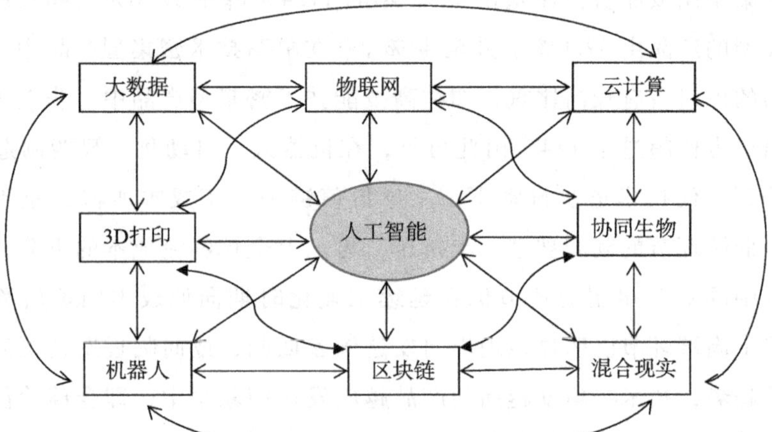

图 2.4　数字化时代关键技术体系示意图

2.2.1　连接性技术，如物联网、混合现实、云计算等

某种意义上而言，这一类技术与前两次技术革命中交通技术的发展具有同等的功效，可称其为数字化时代经济社会发展的基础设施，为不同地理空间的要素互联创造了更便捷、更低成本、更高时效的基础条件。最为直观的表观特征便是对空间距离的改变，曾被许多经济学家解释为区域距离的“缩短”或“压缩”。2006 年，美国经济学家托马斯·弗里德曼在其出版的著作——《世界是平的》中，论及了相关观点。但连接性数字技术对区域经济的影响不限于此，其更重要的意义是对要素空间配置的路径和

① 此分类仅仅是为了方便理解和分析数字技术变革对区域经济发展范式的影响，不同技术类别之间存在交叉，并非纯粹技术意义上进行的严格技术类别划分。

范围的改变。最简单的例子是，数字化时代，无论身处何处，只要有互联网的地方，人们就可以利用淘宝、亚马逊、booking 等平台企业在全球范围内订购产品（随着卫星技术的发展，今后没有互联网的地方也可能实现）。这对于一个地区来说，无疑意味着其发展所需要素配置的范围和产品的市场半径扩大，相当于拥有了更广阔的选择空间、更多元的发展途径。某类要素的相对稀缺性，地区与地区之间的竞争关系都会随之改变。从技术层面上看，数字化的要素在地区之间可以实现工业化时期所不具备或者难以实现的“自由”流动。换言之，数字化技术已在地区之间构建并形成了一个超大规模的“互联体”。各个地区在这个互联体之中，基于数字化要素管理的新规则形成了地区之间新的竞争和分工机制。系统内每一个地区的发展与其他地区之间的关联关系都变得更为复杂多元化，由此也形成了数字化时代区域之间发展平衡的新机制。

2.2.2 智能技术，如机器人、无人驾驶、3D 打印等

这一类技术不单是对劳动力的替代或者降低生产成本、提高生产效率，对区域经济更为深远的影响是来自这些技术对经济活动组织模式和空间布局的改变。如上文所述，数字化技术的发展改变了不同经济要素在一个地区实现经济增长过程中的相对重要性。正因如此，地区的比较优势、经济活动的区位选择等都会随之出现根本性的变化。如 3D 打印技术（也称为增材制造）。在过去 10 年中，3D 打印机的价格从 18000 美元降至 400 美元，速度提高了 100 倍以上。更重要的是，3D 打印作为一种制造技术，对地理条件的要求非常低，某种意义上也不需要工业化时期的工业园区，只要物理空间对于 3D 打印机足够大，即使是农村或者偏远地区都可以用来制造产品，并且其应用的领域也越来越多，预计至 2027 年，大约 10% 的制造品都可以用 3D 打印机完成。[①] 通用电气（GE）公司已利用 3D 打印技术来制造发动机燃油喷嘴，比传统产品重量减轻 25%，产品耐用度提高

① Salgues, Bruno. Society 5.0: Industry of the Future, Technologies, Methods and Tools. London: ISTE Ltd., 2018.

大约5倍。[①] 在此背景之下，数字化时代制造业的空间布局一定与工业化时代不同，是向外围地区扩散还是继续向当前的制造业中心集聚？是功能分散式布局还是多元化集群式布局？这些都存在着很大的不确定性。确定的是，数字化时代区域实现经济发展的要素和基础条件都已改变，发展路径一定也会出现变革性的重构。

2.2.3 机制类技术，如区块链、大数据、算法等技术

这一类技术的影响主要体现在要素空间配置机制、贸易规则、市场交易、供应链不同环节的功能划分、地区治理机制等领域，对区域经济所带来的影响更多表现为发展和治理机制上的变革。如区块链技术，它代表着数字化时代区域之间一种新的交易机制，经济要素的部分功能属性和传统产业的功能正在改变。典型的就是以数字货币为代表的金融资本，不仅改变了区域发展中不同主体之间的交易机制，对经济活动增值的分配也将产生极为深刻的影响。再如算法技术，数字化时代，"数据"是区域经济发展的基本要素之一，与传统资源要素不同，该要素能否创造"增加值"高度依赖于"算法"。换言之，算法技术在参与经济发展的过程中主要发挥着两个层面的作用：一是要素的筛选与匹配，数据规模越大、越多元，其准确度就越高；二是经济增长路径选择的预测与决策功能，如谷歌公司利用疫情期间的搜索数据进行经济增长趋势的预测。此外，基于大数据分析的算法技术还能够影响市场预期，这就意味着传统市场竞争机制在数字化时代的有效性趋于减弱。这些要素配置和运行机制上的改变是数字化时代区域经济发展范式最颠覆性的改变。

概括而言，数字化技术体系通过经济社会发展所需要素的数字化或者虚拟化，于传统经济体系之外平行（有时也会相互融合）建立了一个具有高度柔性的数字化的发展空间，如数字工厂、孪生城市、元宇宙等，作为数字化时代各类经济、社会活动的新区域。届时，无论这些要素在物理空

---

① 资料来源：Tomas Kellner，Mind Meld：How GE and a 3D - Printing Visionary Joined Forces，通用电气报告2017年第10期。

间是否分离，或者要素之间的地理距离有多远，都可以通过算法、人工智能、物联网等在数字空间进行组合，完成生产、流通、交易，创造新的经济增加值，并进行增值分配等各个环节的经济活动。毫无疑问，在数字化经济发展的新空间中，要素空间组合配置的范式和路径已超出传统比较优势或者李嘉图式的分工机制，依托算法和人工智能等数字技术建立起新的竞争分工机制和运行逻辑，形成区域经济发展的新范式。

2.3　数字化时代我国区域发展面临的新挑战

在新一代数字技术体系中，人工智能（AI）、物联网和区块链、大数据等技术，具有非常显著的“通用技术”特征，几乎可以应用到经济、社会、生态各个领域。根据麦肯锡的一项调查发现，全球或多或少使用AI的企业（组织）从2017年的20%增长至2022年的50%，2019年曾达到58%。在5年左右增长了大约3倍。[①] 全球人工智能领域的投资从2013年的60.8亿美元增长至2021年的1764.7亿美元，增长近30倍。2013—2021年，累计投资总额为5531亿美元（按照美国CPI价格指数调整后的2021年美元计算）。[②] 人工智能应用的范围也在不断延伸扩展，已经从产品/服务的开发、产品改进、供应链管理、生产制造，再到市场销售、风险管理、企业的研发、融资等价值链的各个环节。其他类型的数字技术也在加速向所有领域渗透。2021年，全球用于数据管理和云计算领域的人工智能（AI）私营资本投资就高达121.7亿美元，医疗健康领域的AI投资也超过了100亿美元，零售业中的AI投资相对于疫情前（2019年）有所下降，但也达到了57.4亿美元。由此可见，数字化转型业已成为各国、各地区不可逆转，也不可能回避的重要趋势。

---

① 数据来源：麦肯锡2022年12月发布的调查报告 *The state of AI in 2022—and a half decade in review*。

② 数据来源：*NetBase Quid via AI Index Report*（2022）。

新一代信息技术对区域经济所带来的改变更是系统性、结构性、长期性的，不只是一个地区实现经济增长所需生产要素或者内在驱动力的变化，这些技术也正在改变区域发展所处的宏观环境和条件，使得区域和区域之间的关系、要素在空间的聚集形态、配置路径都出现了深远的变化，其影响也是变革性的，是在区域发展和区域政策的设计中不容忽视的变量。区域发展正处在工业革命向数字革命转变的大变局之中，将面临一系列新的问题和矛盾。当然，每一个地区或者区域发展的基础条件不同，受到的影响、影响的程度、变化的周期也不完全相同。我国是一个人口大国，同时又是地区发展的基础条件存在显著差异、地区间差距相对较大的国家。基于这样的现实国情，在数字化转型的大背景之下，需要特别关注数字技术的三大效应——技术替代效应、网络集聚效应和价值再分配效应。这三大效应的影响几乎会影响到每一个地区的经济社会发展，也是对我国构建高质量发展新格局，实现全面建成社会主义现代化强国的2035年和2050年中长期发展目标（见专栏2.1）影响最大、最艰巨的新挑战之一。

专栏2.1　全面建成社会主义现代化强国的战略安排

全面建成社会主义现代化强国，总的战略安排是分两步走：从2020年到2035年基本实现社会主义现代化；从2035年到本世纪中叶把我国建成富强民主文明和谐美丽的社会主义现代化强国。

到2035年，我国发展的总体目标是：经济实力、科技实力、综合国力大幅跃升，人均国内生产总值迈上新的大台阶，达到中等发达国家水平；实现高水平科技自立自强，进入创新型国家前列；建成现代化经济体系，形成新发展格局，基本实现新型工业化、信息化、城镇化、农业现代化；基本实现国家治理体系和治理能力现代化，全过程人民民主制度更加健全，基本建成法治国家、法治政府、法治社会；建成教育强国、科技强国、人才强国、文化强国、体育强国、健康中国，国家文化软实力显著增强；人民生活更加幸福美好，居民人均可支配收入再上新台阶，中等收入群体比重明显提高，基本公共服务实现均等化，农村基本具备现代生活条件，社会保持长期稳定，人的全面发展、全体人民共同富裕取得更为明显的实质性进展；广泛形成绿色生产生活方式，碳排放达峰后稳中有降，生态环境根本好转，美丽中国目标基本实现；国家安全体系和能力全面加强，基本实现国防和军队现代化。

在基本实现现代化的基础上，我们要继续奋斗，到本世纪中叶，把我国建设成为综合国力和国际影响力领先的社会主义现代化强国。

资料来源：摘选自中国政府网。

2.3.1　新挑战之一——数字技术对劳动力的替代效应

每一次重大技术变革都会对经济社会发展中最为核心的要素——劳动力产生重要影响。工业化时期，技术进步提高了农业生产率，导致更多的劳动力从农业流向工业部门，大规模制造技术的发展导致更多人口聚集形成城市，推动了全球城市化的进程。在从农业社会向工业社会转型的过程中，农业技术的进步，显著提高了农业生产率，农产品价格下降，大量农民失业，又由于缺乏相应的技能没有及时转移到制造业部门，从而引发了第一次全球经济危机。如今，全球正在从工业化时代向数字化时代转型，这一过程更加复杂，正如英国央行前行长默文·金和牛津大学赛德商学院首任院长约翰·凯所指出的，我们正处在一个极大不确定性的时代，经济中充满了太多“不知道不知道什么”。[①] 在此背景之下，首先要关注的是数字技术、人工智能等对劳动力和就业的影响。这一影响会通过劳动力在地区之间的跨区域流动，以及就业在部门之间的转移将数字技术的影响深度传导到区域经济发展之中。

与工业化时期相比，此轮数字技术变革对劳动力最为显著的影响无疑

---

① 默文·金，约翰·凯著，傅诚刚译．极端不确定性：如何为未知的未来做出明智决策［M］．北京：中信出版社，2022年6月．

是“替代结构效应”，这将导致部分地区技术性失业的潜在风险加剧。根据麦肯锡相关研究报告的预测，至2030年，全球大约将有超过60%的职业自动化水平超过30%，约5%的职业将会实现完全自动化，其中住宿餐饮、制造业、交通运输仓储、农业和零售贸易等行业的就业受自动化技术替代的影响相对较大，预计均超过50%。[①] 依据美国麻省理工学院（MIT）的测算，美国制造业中工业机器人对劳动力的平均替代比约为1∶6。[②] 对我国而言，2017年，上述5个技术高替代性行业的就业约为4.4亿人，占就业总规模的56.7%。[③] 如果按照上述技术替代率来估算，大约有2亿就业人口在未来10年可能面临着被技术替代的风险，而这5大行业的就业岗位近1/3集中分布在广东、江苏和浙江等地。从近期就业趋势来看，这5个行业的就业规模在全国多数地区都出现了明显下降，2014—2017年平均减少10%左右[④]。以增加值增长最快的住宿餐饮业为例，2014—2017年其增加值年均增长8.9%，但该行业就业（以城镇单位就业人数估算）大约减少了8%。交通运输、仓储及邮电通信业也表现出同样趋势，同期增加值年均增长6.9%，就业却减少2.1%。随着新技术应用的普及，传统劳动密集型行业中的技术替代效应还将进一步强化。

具体而言，技术对就业的替代效应在区域层面会导致三个层面的结果：

一是发达地区对就业的吸纳能力将明显下降，尤其是对那些可替代性较高的低技能劳动力的需求会明显减弱，导致劳动力跨区域的流动趋于减缓。二是依托于物联网、人工智能等新技术，平台就业模式（如亚马逊众包服务平台AMT）的快速兴起，网络化、智能化的服务使其覆盖的空间半径显著扩大，在替代传统就业的同时，也加剧了劳动力市场在空间上的“极化”。三是新一代技术的引进和扩散对技术基础设施、资本投入和劳动

---

① Mckinsey Global Institute（2017，December 6）. Jobs Lost，Jobs Gained：Workforce Transitions in a Time of Automation. https：//www. mckinsey. com.

② Daron Acemoglu & Pascual Restrepo，2020. Robots and Jobs：Evidence from US Labor Markets. Journal of Political Economy，vol 128（6），p2188 – 2244.

③ 数据来源：根据《中国统计年鉴》（2018）计算。

④ 数据来源：根据历年中国统计年鉴数据计算。

力的技能水平等都有更高标准的要求，相对落后的地区在引入新技术、培育新产业、发展新业态等方面并不具有明显优势，很难参与到新的产业体系分工之中，将面临着更严峻的就业压力。技术变革的多重效应叠加之后将导致相对落后地区潜在的技术性失业风险不断积累加剧。

2.3.2 新挑战之二——数字技术的网络集聚效应

与前两次技术革命相比，数字技术革命中的"人工智能、物联网和区块链"三大通用技术，不是通过"大规模生产"实现规模经济，而是通过更低成本的智能制造、要素和产品的数字化，以及共享平台、混合现实（VR）等新的组织模式共享技术、法律、研发等服务，形成了更加强大，并且超越传统地理空间的网络积聚效应，推动产业在空间上出现了更大规模的积聚，导致空间集中度不断提高，地区之间出现了新一轮技术性的分化。这一集聚趋势不只是出现在我国，欧美等发达国家也出现了同样的趋势。如：美国在 1982—2012 年，制造业、公用事业、服务业、批发、零售、金融 6 个主要部门的行业集中度 CR4（行业中最大的 4 个公司销售额占比）平均提高了 5—10 个百分点，其中零售贸易业增幅最高，提高了大约 15 个百分点。[①] 欧洲 22 个国家制造业和服务业集中度 CR8（行业中最大的 8 个公司销售额占比）在 2000—2014 年平均提高了 4 个百分点。[②] 随着产业集中度的提高，先发地区的规模垄断优势被进一步强化，出现了"赢者通吃"的地区，聚集了更大比例的人才、技术、创新和资本。如：日本东京的经济产出已相当于韩国的全部经济产出；全球超过 40% 的风投初创企业集中在美国旧金山湾区和纽约—波士顿—华盛顿城市带。[③]

---

① 数据来源：Brookings Institution，2019. Productive equity：The twin challenges of reviving productivity and reducing inequality. Brookings Institution，United States of America.

② 资料来源：Bajgar M. et al. （2019），Industry Concentration in Europe and North America，OECD Productivity Working Papers，No. 18，OECD Publishing，Paris，https：//doi. org/10. 1787/2ff98246 - en.

③ 资料来源：Florida R，King K. M. （2018） Urban Start - up Districts：Mapping Venture Capital and Start - up Activity Across ZIP Codes. Economic Development Quarterly，32 （2），99 - 118. https：//doi. org/10. 1177/0891242418763731.

究其根本原因还在于数字技术范式的改变。在新一代技术体系中，通用技术变得非常复杂，自身就是由多项单体技术融合而成的“复杂技术体”，在应用中也需要与其他行业技术进行深度融合，新技术的复杂性和更新迭代速度都远超过上一次工业革命中的技术创新，导致相对落后地区很难在短时间内实现技术转型，地区之间技术性分化的趋势必然加剧。可以观察到，在2000年前后，美国、日本、英国等发达国家国内的地区差距，都随着新一代技术的应用推广而出现了不同程度扩大的趋势。根据经合组织所统计的30个国家中，有26个国家的劳动生产率差距（最高/最低）在2010—2016年扩大的幅度超过了30%。①

随着新技术逐渐向不同产业部门的推广，对我国不同地区经济发展的影响也已显现。2013—2016年，制造业省级层面的集中度CR5（销售产值前5位的省份）提高了约3个百分点，增幅前3位地区（广东、江苏和山东）的增量之和占全国新增产值的比重约为45.9%。2014—2017年，新增的高新技术企业超过50%都聚集在广东、北京和江苏等地区。以计算机、通信和其他电子设备制造业为例，其行业集中度CR5已接近70%，增幅最高的广东省，其增量占全国新增产值的比重约为38%（2016年）。服务业的空间集中度也呈现出同样的趋势。2014—2017年，零售业主营业务收入增幅前3位的地区（广东、福建和上海）增量之和占全国新增总量的比重为45.2%。② 地区差距扩大的内在动力正随着新技术的扩散而改变。

在新一代技术的空间集聚和垄断效应的推动下，我国地区之间的极化现象日益凸显，区域发展不平衡的趋势明显增强。从各省的经济规模来看，2018年GDP总量在全国排名前5位和最后5位的相对差距，扩大到西部大开发和中部崛起等区域战略实施之前的水平，与1997年的相对差距相当。广东、江苏两省GDP占全国GDP的比重在2015年左右就超过了10%，并持续至今。2022年，两省GDP之和与西部12个省（市/自治区）相当。相比2010年，有12个省（市、自治区）的GDP占全国的比重出现了不同程度的下降，东部主要是河北，西部主要是内蒙古、甘肃和青海，

① 数据来源：OECD（2018），OECD Regions and Cities at a Glance 2018，OECD Publishing，Paris.

② 数据来源：根据中国统计年鉴计算。

还有东北三省等。[①] 从东、中、西、东北四大区域板块内部来看，经济活动向规模较大的地区积聚的趋势也较为显著，即东部地区向广东、江苏积聚，中部地区向河南、湖南、湖北，西部向四川、陕西、重庆积聚的趋势相对明显。宁夏、甘肃、山西等中西部地区与东北地区的转型发展相对落后，在新一轮数字经济转型中将面临更大的发展压力。从长三角地区来看，上海 GDP 占全国的比重在 2010 年之后呈现较为明显的波动趋势，占比从 2000 年的 4.8% 降至 2022 年的 3.7%，总体表现出下降之势。江苏 GDP 占全国的比重相对于长三角其他地区的增幅明显（见图 2.5）。这是近期我国区域经济发展中的一个重要现象，究竟是其他地区发展加快的结果还是上海自身结构调整的结果，都还需要更深入地讨论。由此也可以看出，新一轮数字技术的变革，不仅影响到落后地区，经济发展水平较高的地区也无法置身事外。经济活动集聚的速度在加快、集聚规模和广度扩大已然成为数字化时代区域经济中不可避免的趋势。

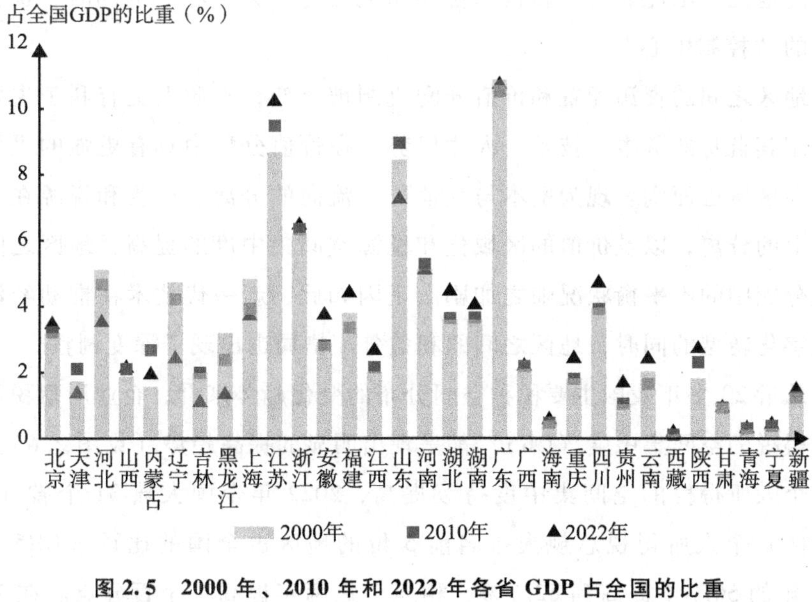

图 2.5 2000 年、2010 年和 2022 年各省 GDP 占全国的比重

资料来源：Wind 数据库。

① 数据来源：Wind 数据库。

2.3.3 新挑战之三——数字技术对价值链中增加值分配机制的重构

“数字化”是新一代技术进步对经济活动所产生的最为根本性的变革，既包括生产、资本、产品/服务等传统经济要素的数字化，也包括基础设施、交易空间和价值创造/分配等全供应链的数字化。而数字化转型之后的经济活动，在人工智能、物联网和区块链等新技术的支撑下，以更低的成本在不同地区之间、不同行业之间实现更多功能的融合与延伸，传统的垂直分工关系将被更加一体化的功能网络所替代。尤其是区块链技术的应用，将在不同地区之间，为各类经济活动构建一种新的、无需第三方的“数字化生态”，各类经济主体在此生态中可实时实现“点对点”的直接交易和信息交换，而资本和技术的主导者在整个供应链网络中具有自然垄断的地位。由此表明，新技术在推动地区间“去中心”的同时，也会形成新的“控制中心”。

地区之间的资源配置和价值分配机制被改变，本质上更有利于先发地区利用其自身的资本、技术、人才优势，在价值分配中具有更强的主导作用。在区域层面则表现为资本与其他要素流向的分离、税收和税源在空间分布上的分离，以及价值的区域化和税源空间集中度的提高，地区之间在价值分配中的不平衡状况随之加剧。正因如此，新一代技术在推动经济活动数字化转型的同时，地区之间的利益分配格局也出现了深度调整。

从近20多年我国主要税种空间分布的变化趋势来看，企业所得税和个人所得税的空间集中度（CR5）都呈现出明显的提高趋势（见图2.6）。其中，个人所得税的空间集中度持续提高，2022年全国大陆31个省（市、自治区）个人所得税总规模排名前5位的地区占全国的比重（CR5）从1999年的50.3%提高到62.7%，相当于每两年提高1个百分点。在2006年之后，其集中度水平（CR5）超过了企业所得税的CR5水平。受国家税收政策改革调整的影响，企业所得税的集中度（CR5）在2004年之后开始有所下降，大约持续了10年的时间，至2013年之后，随着国家整体经济增长的减速和地区经济增长的分化，企业所得税的空间集中度又显现出提高的趋势。近期，在国家减税政策的影响下，又出现了政策性的下降。2022 年，企业所得税的 CR5 约为 53.2%，略低于 2003 年的水平。与同期地区生产总值（GDP）的空间集中度相比，在2006 年之前，三者的变化趋势几乎是同向的，即个人所得税和企业所得税的集中度随着 GDP 集中度的提高而提高。2006 年之后，三者之间的变化关系更加复杂，并出现了明显的分化趋势，即 GDP 空间集中度下降并未明显带动税收在空间集聚上的减弱。相反，个人所得税的空间集聚更加显著。这一趋势与国家财税政策有关，但更重要的原因是平台经济、数字化经济的快速兴起，地区间功能分工的进一步深化、细化，税源与税基进一步分离，导致税收在空间上的分布出现了更大规模的积聚，地区财政能力的差距进一步扩大。这一趋势将对不同类型地区发展能力、公共服务的供给能力、创新能力等各方面都产生了系统性的影响，需要及时调整区域政策加以干预。

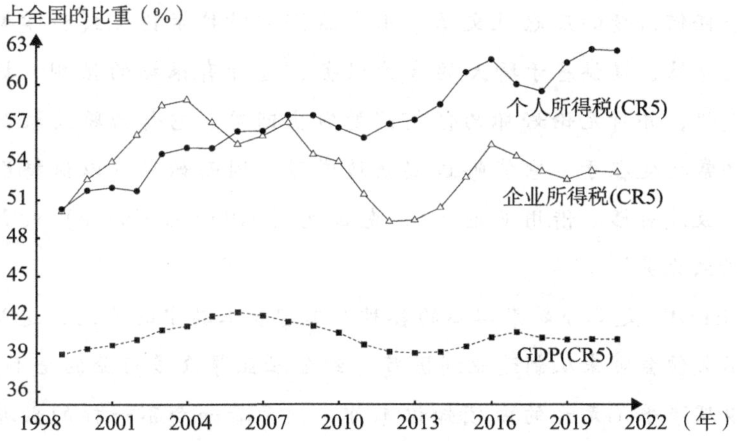

图 2.6　1999—2022 年主要税源空间集中度（CR5）的变化趋势

资料来源：国家统计局网站。

在本书写作之时，美国 Open AI 公司发布了 ChatGPT（基于生成式大语言模型的智能聊天机器人，2022 年 10 月），引发了全球各界的高度关注。该模型的发布标志着人工智能经过 70 多年的发展，正在向通用技术工具转型，其应用的广度和深度都超过了传统人工智能，不仅具备如同人类一样的学习和解决复杂问题的能力，而且在大数据计算、知识记忆、快速决策等领域的能力甚至胜过了人类的基准水平。例如，在通用知识测试中，GPT－3 的得分比为 73%，比人类测试者的平均水平高出 21 个百分点；GPT－4 的口头智商测试得分为 152，而样本中只有 0.1% 的人类测试者超过了该分值。[①] ChatGPT 可以魔法般地从事财务、销售、企业战略、律师等各种白领工作，对就业的影响还有待进一步观察，但人工智能真真切切地正在创造一个不一样的世界，对任何一个国家的区域经济发展都将产生深刻而长远的影响（详见专栏 2.2）。

专栏 2.2　人工智能技术将引发经济社会范式的革命式改变

ChatGPT 是由研究公司 Open AI 开发的一个经过训练的机器人，可以对用户输入的内容做出真人一样的回应。通过神奇的机器学习，掌握相当丰富的技能。根据所提要求，它可以编写基本的软件代码、进行粗略的财务分析、创作有趣的诗文歌曲、进行精确的模仿、写出有关几乎任何话题的反思性文章、用自然语言对技术论文或科学概念进行概述总结、提供基于聊天的客户服务、进行有根据的预测、提出个性化建议，并对无论好坏的任何问题做出回答。它作为聊天机器人的不同寻常之处在于，它能够边实践边学习，因而始终可以保持引人入胜的开放式对话。借用亚瑟·C. 克拉克（Arthur C. Clarke）的话，它与“魔法无异”。

ChatGPT 是如今越来越多的各种人工智能工具中的典范，这些工具可能不久便会带来从制造业到医疗再到金融业等众多行业的全面改观，它可以从事平凡无奇的白领知识工作，预示着一个不一样的世界正在形成。ChatGPT 在美国执业医师资格考试中取得了合格或接近合格的成绩，得分在 52.4%—75%，这一成绩表明，大型语言模型可能有助于医学教育，也可能有助于临床决策。人工智能领域的投资也一直急速增长。各种突破似乎会与日俱增。据一篇分析报告称，到 2030 年，人

① 资料来源：https：//lifearchitect. ai.

工智能对全球经济的贡献可能达到惊人的15.7万亿美元。[①]

瑞银集团2023年2月3日的一份报告显示，在人工智能聊天机器人ChatGPT推出仅两个月后，至2023年1月末，月活用户已经突破了1亿，成为史上用户增长速度最快的消费级应用程序。根据Sensor Tower的数据，TikTok达到1亿用户用了9个月，Instagram则用了2.5年，WhatsApp用了3.5年，Facebook用了4.5年，Twitter用了5年，iTunes用了6.5年，互联网用了7年，移动电话用了16年，电话用了75年。

资料来源：摘选自《商业周刊（中文版）》，2022年第24期，第14—15页。

2.3.4 新挑战之四——全球经济增长进入相对长期低速增长的新周期

从全球经济增长来看，1960—1980年，全球GDP年均增长率为4.5%。之后至2018年，大约40年，全球经济增长基本保持在3%左右，主要发达国家的经济增长持续下降。如表2-1所示，美国2000—2010年的经济年均增长率由1960—1980年的3.65%降至1.76%，是过去近60年的最低点，之后小幅回升，2010—2018年的年均增长率为2.19%，仍比1960—1980年的增速低1.46个百分点。英国、德国、日本、韩国也都进入到了一个低速增长的阶段。2010—2018年，韩国和日本经济年均增长率下降到3.03%和1.03%。发展中国家经济增速虽然相对高一些，但如果与发达国家相同工业化发展阶段时期的增速相比，还是要低于同阶段的水平。2010—2018年，我国GDP年均增长率为7.52%，经济增速也明显减缓，相比1980—2000年减缓了2.32个百分点。墨西哥、巴西两个南美国家增速下降的趋势更为显著，2010—2018年，巴西年均增长率为0.68%，比1960—1980年的高速增长期降低6.71个百分点。同期相比，墨西哥下降4.02个百分点。著名经济学家拉里·萨默斯将这一趋势称为“长期滞

① 2021年我国GDP总量约为17.7万亿美元。

胀”的时代。[①] 2019—2022 年，全球新冠疫情再次对世界各国经济增长带来严重冲击。按照 2015 年不变价美元计算，2020 年，世界经济年增长率为 -3.12%，英国的经济增长率降至 -11.03%。至今也未恢复到 21 世纪初的增长水平。

表 2.1　　世界和主要国家不同时期 GDP 年均增长率（%）

国家	1960—1980 年	1980—2000 年	2000—2010 年	2010—2018 年	2020 年	2019—2022 年
世界	4.50	3.09	2.98	3.06	-3.12	1.96
美国	3.65	3.38	1.76	2.19	-2.77	1.68
英国	2.80	2.70	1.43	2.03	-11.03	-0.12
德国	2.90[①]	2.13	0.87	1.79	-3.7	0.2
日本	7.00	2.88	0.57	1.03	2.24	4.52
韩国	9.39	8.56	4.67	3.03	-5.53	1.91
中国	5.01	9.85	10.55	7.52	-2.07	2.27
马来西亚	7.37	6.54	4.61	5.21	-6.60	3.24
印度	3.49	5.57	6.73	6.74	-6.34	0.09
印度尼西亚	5.64	4.68	5.23	5.36	-7.99	-0.23
南非	4.53	1.66	3.46	1.76	-3.88	1.48
墨西哥	6.73	2.64	1.46	2.71	-4.51	-0.44
巴西	7.39	2.09	3.68	0.68	-0.71	1.98

注①：德国此列数据是 1970—1980 年。

资料来源：根据世界银行数据库相关数据计算（2015 年不变价美元计算）。

经济增长减速的原因是多方面的。比如，随着经济规模的增大，实现边际增长的难度会加大，增长的速度开始减缓也是正常的发展规律；又如，伴随着世界各国经济的快速增长，全球商品市场越来越接近于饱和，全球竞争日益加剧、经济的金融化程度加深等多种长期性、结构性因素，都会导致全球经济增长呈现减缓的态势。从主要工业化国家的经济增长，以及全球经济增长的长期趋势来看，经济增长似乎并没有像“曲棍球棒”

① Summers Lawrence H. The age of secular stagnation: What it is and what to do about it. Foreign Affairs 95.2 (2016): 2-9.

那样发展——在人类历史的大部分时间里停滞不前，然后像垂直的“J”形曲线一样连续加速。相反，资本主义工业化最早开始的国家显示出明显的“S”形曲线的增长轨迹，增速不仅放缓，还几乎陷入了长期的停顿。美国前总统经济顾问委员会高级经济学家理查德·鲍德温（Richard Baldwin）等学者编著的《大停滞：事实、原因和疗法》一书中，就提出19世纪和20世纪部分地区经济的快速增长可能是一个历史性的例外。[①]

除了一国长期增长存在的规律性因素之外，气候变化、人口结构老龄化加剧等因素，导致未来各国的经济增长都存在着极大的不确定性。即使是短期，增长也并非是确定的，俄乌战争、全球新冠疫情、人类经济社会活动所带来的生态系统退化、食物能源危机等各种不确定性的危机因素一直存在。经济增长的停滞又通过“动态稳定”的系统引发社会层面的分化和不稳定。鉴于这种种挑战，2020年4月，170多位经济学家在荷兰共同签署发起一个“去增长”的五条倡议（详见专栏2.3），倡导各国要向更可持续、更公平的增长方式转变。在此背景下，工业化时期高速增长方式必将进行深度的改革，或许经济减速已成为多数国家的长期趋势。减速的同时，数字化转型也在加快，经济活动在空间上的集聚在新一代数字化技术的推动下不断提高，地区之间的竞争从存量的规模竞争转向了增量的效率竞争。那些技术相对落后、生产率水平相对较低的地区在这样一个低速增长的发展周期，与技术更先进、生产率水平更高的先发地区之间的差距面临着被进一步拉大的风险。

专栏2.3　“去增长”——面向更可持续、更公平经济增长转型的五条倡议

1. 从专注于GDP总量增长的发展模式向部门差异化增长和必需的投资（所谓的关键公共部门、清洁能源、教育、卫生等），那些根本不

① Barry Eichengreen, Secular Stagnation: A Review of the Issues, in Secular Stagnation: Facts, Causes and Cures, ebook edited by. Richard Baldwin and Coen Teulings (London: CEPR Press, 2014), 6-41.

可持续或该部门的增长会导致过度消费的部门要大幅减少（特别是石油、天然气、采矿行业的私营部门、广告等）。

2. 建立一个再分配的经济框架。该框架以一个统一的社会政策体系为基础，包括全民基本收入，对收入、利润和财富征收强有力的累进税，减少工作时间，建立共享工作机制，改进护理工作以及卫生、教育等非常重要的公共服务。

3. 农业要向再生农业转型。在生物多样性保护、地区可持续，保障素食生产基础上推动农业转型，并要确保公平的农业就业条件和工资水平。

4. 消费和旅行的转型。加快奢华、浪费的消费和旅行方式向基本、必要、可持续的消费和旅行方式转变。

5. 取消债务。特别是对工人、小企业主以及全球南方国家的债务（都来自较富裕的国家和国际机构）。

资料来源：摘选自“Planning for Post - Corona：Five proposals to craft a radically more sustainable and equal world”，https：//degrowth. info/blog/planning - for - post - corona。

2. 3. 5 新挑战之五——后疫情时代不确定风险与技术周期调整风险的叠加

自2020年初，新冠疫情已涉及全球200多个国家和地区。截至2023年2月11日，全球累计确诊病例高达6. 7亿人，相当于每百万人中就有8. 4万人确诊。美国确诊病例超过1亿人，每百万人中有30. 4万人确诊；德国、日本确诊病例数都超过3000万人，每百万人中确诊病例数分别为45. 5万人和26. 6万人。中国确诊病例数超过了200万人。[①] 全球性疫情对世界各国经济影响的广度和深度远超过2008年的全球金融危机。如

① 数据来源：美国霍普金斯大学系统科学与工程中心。

表 2 - 1 所示，2020 年世界 GDP 年增长率为 - 3.1%，是近 60 年以来的最低值，而 2009 年世界 GDP 增长率为 - 1.3%。2020 年高收入国家 GDP 年增长率降至 - 4.3%，中等收入国家和中高等收入国家也分别降至 - 1.2% 和 - 0.6%。至今，多数国家的经济仍处在缓慢的恢复之中。2022 年，世界经济增长率恢复到 3.3%。中国经济增长恢复在全球领先，2022 年 GDP 增长率由 2020 年的 2.2% 恢复到 3.3%。[①]

全球新冠疫情持续 3 年多时间，对经济社会的影响错综复杂，不仅对各国经济增长、进出口贸易、居民收入等造成了严重冲击，又与各国国内的结构性矛盾和当前全球经济的数字化转型、逆全球化、新技术领域的博弈等重大变革性因素叠加在一起，对全球经济发展产生了更长期的影响。在经济大系统之中，无论是以外向型经济为主还是以内向型经济为主，每一个地区都会受到外界的影响，彼此之间也会相互影响。

从区域层面来看，疫情不仅引发了导致国家整体经济增长的大幅波动，还会与国内各种长期存在的矛盾和问题，以及疫情之后全球经济格局和产业形态出现的变化相互交织、相互作用，激发产生出更加复杂的中长期影响和风险。这些风险向不同类型地区传导的机制和影响深度也不完全相同，各地区疫情之后经济恢复的情况也会不同，又会形成反向叠加，给国家整体的经济恢复带来不确定影响。因此，疫情之后相当长一段时间，都需要关注不同地区的发展情况，对可能出现的风险要及时判断、及时采取措施，为我国实现更高质量、更可持续的经济复苏奠定基础。总体来看，进入后疫情阶段我国区域经济发展将因宏观经济调整而面临两个层面的主要风险：一是主要发达国家大规模经济复苏的刺激政策对国内经济发展可能带来的输入性风险；另一个是疫情与我国既有的一些中长期结构性问题叠加可能诱发的区域性风险。

（1）发达国家采取的超大规模、非常规财政货币政策，在疫情之后将通过全球价值链分工体系的传导，使得中国国内经济发展所面临的金融风险和技术风险更加突出。

---

① 数据来源：世界银行数据库。

各国为应对突然暴发的疫情，短期内都出台了大量政策。根据亚洲开发银行的统计，截至2021年2月，经济总量排名前10位的国家所采取的应对政策中，与财政、货币政策相关的措施（包括流动性支持、长期贷款、信托、股权融资、政府债券、财政补贴、税收减免等）大约相当于20.5万亿美元，相当于这些国家GDP（2019年）之和的34.8%。其中，美国最高，约为8.1万亿美元，占其GDP的比重为38.0%；日本次之，约为3.6万亿美元，占其GDP的比重已达68.8%（见图2.7）。财政收入在经济恢复期间都不可能明显增长，必然会导致发达国家的债务水平大幅上升。2020年，美国总债务额占GDP的比重已上升至128.7%，比疫情前提高约20个百分点；日本总债务额占GDP的比重高达258.7%，比疫情前提高25个百分点。预计全球债务水平将达到97.6%，比疫情前提高约14个百分点。受此趋势的影响，全球资产价格出现大幅波动、债务危机等金融风险明显加大，给我国金融市场的稳定可能带来不可预期的风险。这种风险通过财政政策、货币政策，包括房地产、“土地财政”等路径传导到特定地区，地方债务比较严重的地区将面临更大的挑战。

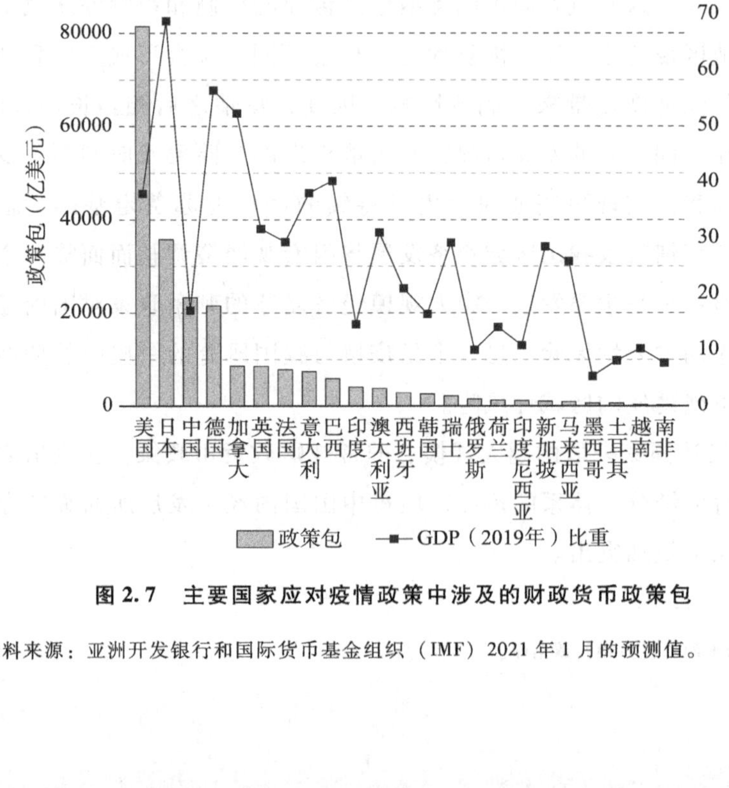

图2.7　主要国家应对疫情政策中涉及的财政货币政策包

资料来源：亚洲开发银行和国际货币基金组织（IMF）2021年1月的预测值。

从发达国家所采取的应对政策来看，其中有相当大的比重是用于支持本国制造业发展、供应链的重构和数字化转型。如：美国计划实施2万亿美元的政策包用于支持制造业的增长；法国制定了80亿欧元的政策性投资计划，专项支持本国汽车产业的复苏；德国启动了1300亿欧元的政策包用于稳定国内的经济增长，包括设立20亿欧元的基金支持初创企业、70亿欧元的人工智能（AI）投资项目（2025年完成）和10亿欧元公共部门的数字化转型。日本和韩国的经济复苏政策中，除了对本国制造业的支持外，还设立了供应链重构的专项投资计划。其中，日本计划投入约18亿欧元资助本国企业回迁；韩国计划投入30亿欧元支持100家本国制造业企业在2022年之前完成回迁等。

发达国家在疫情期间采取如此超大规模的财政刺激政策，最为重要的目标就是要扩大本国制造业的生产能力，引导更多产业实现本地化，重新布局本国的供应链。这一趋势在2020年已初步显现，全球制造业绿地投资额比2019年减少44%，在已公布的跨国公司绿地投资项目中，用于非本国生产能力的投资已减少35%。[①] 随着发达国家大规模投资项目在疫情稳定之后逐步落地，预计流向发展中国家的全球对外投资资本将出现更大幅度的减少，全球围绕战略性新兴前沿技术的博弈，以及高技术产业之间的竞争将比疫情之前还要严峻。这一趋势还会带来另一个影响，即全球价值链将逐步变短，全球中间产品和制成品的贸易需求将出现下降。我国是制造业出口大国，占GDP的比重约为16%，将不可避免地受到影响。[②] 制造业出口中所占比重较高的行业，如机械、交通设备、电子零配件等，受到的影响会更加显著。

（2）"疫情"与国内既有的结构性问题和矛盾相叠加，进一步加剧了地方债务、就业、环境等区域性风险。

由于此次疫情不仅影响范围较大，而且持续周期较长，至今对于该流行病毒的潜伏期、变异的概率，是否存在季节性爆发等还没有明确的科学判断，未来仍存在较大的不确定性，经济社会进入常态化防控的"新常

① 数据来源：UNCTAD 和 fDi Markets。

② 数据来源：根据 UNCTAD 相关数据计算。

态”。疫情也将作为一种长期存在的不确定因素，与其他结构性矛盾和问题交织在一起，形成一些更深层次的潜在风险，影响我国经济社会的长期稳定发展。重点体现在两个方面：

一是疫情与收入差距的结构性矛盾叠加，导致收入分配更加不平等的风险明显提高。从疫情对不同行业的影响来看，越是收入水平低、劳动密集型的行业，所受影响就愈加严重。如图 2.8 所示，金融和信息传输、软件和信息技术这两个收入水平相对较高的行业，由于可以远程、线上办公，并未受到显著影响。2020 年，金融行业的同比增长高于疫情之前，信息传输、软件和信息技术行业增长受疫情的影响也要低于 2019 年中美贸易摩擦对其影响。即使在 2020 年疫情最严重的第一季度，这两个行业也分别实现了 6.0% 和 13.2% 的增长（按照不变价同比计算）。与之相比，批发零售、住宿餐饮等传统服务行业同期增长分别降至 –17.8% 和 –35.3%，直到 2020 年末也未恢复到疫情前的水平。这些行业的从业者大多数属于低技能、低收入者，被技术替代的风险又较高，还有相当一部分是非正规的灵活就业者，即使经济增长恢复之后，其收入水平也很难提高。再加上疫情之后大规模经济复苏政策的实施，通胀压力和资产价格上涨的趋势增强，资本性收入与劳动收入的差距将进一步扩大，如果低收入群体的收入水平在疫情之后不能稳定提高，整个社会的财富分配、收入分配将更加不平等。

二是疫情与我国过大的区域发展差距相叠加，部分地区地方债务、环境、就业等风险提高。2020 年我国地方债务总体规模继续扩大，而财政收入受减税政策的影响增长趋于减缓，2020 年受疫情影响为负增长（–3.9%）。[①] 多数地区的地方财政负债率（地方债务余额与财政收入之比）相比疫情之前也都出现了不同程度的提高（江苏除外）。越是经济欠发达地区和结构转型压力较大的地区，财政负债率就越高。目前，全国已有 12 个省份的地方财政负债率超过 200%，主要集中在西部和东北地区，

---

① 数据来源：《2020 年国民经济和社会发展统计公报》。

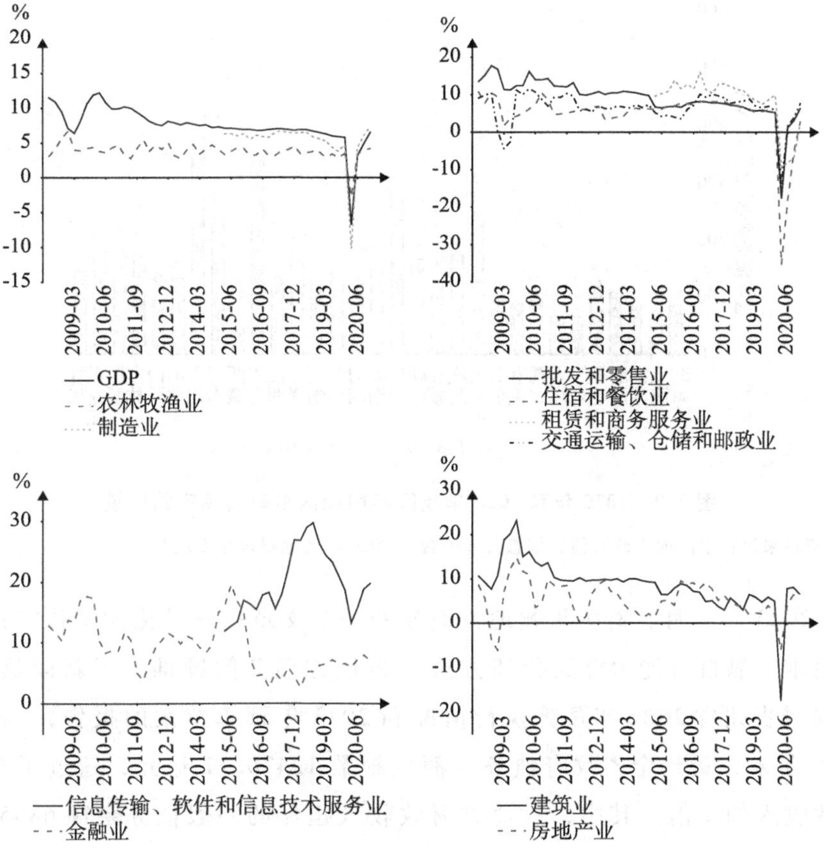

图 2.8　2008—2020 年我国不同行业不变价季度同比增长

资料来源：根据 Wind 数据库相关数据计算。

其中青海超过 500%，黑龙江、内蒙古、宁夏等省份超过了 300%（见图 2.9），表明这些地区未来可利用的财政负债空间正在缩小，如果继续扩大债务规模，其债务风险必然会加剧。另外，在后疫情经济恢复时期，欠发达地区的财政收入能力在短期内也不可能得到根本性的提高。在此情形下，地方财政用于环境减排、生态治理、社会保障、公共服务等领域的投入可能被挤占，而这些地区往往又是生态环境相对脆弱或者是以碳密集型产业为主的地区，由此造成我国高耗能产业的结构调整和能源转型延缓，环境、就业等风险也会随之加速积累。

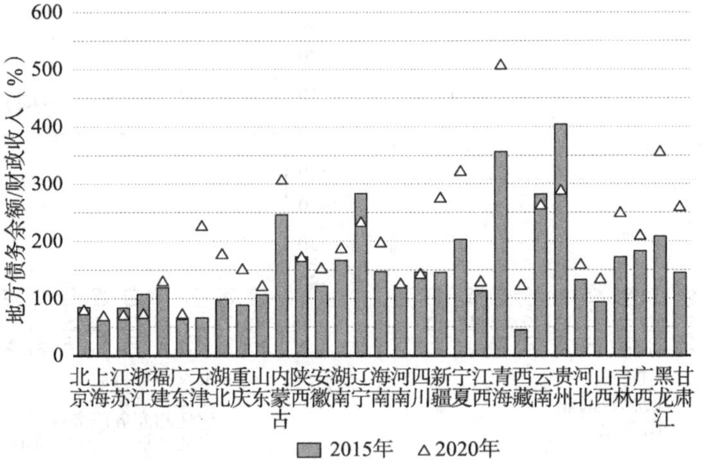

图 2.9　2015 年和 2020 年我国不同地区财政负债率的比较

资料来源：中国地方政府债券信息公开平台和 2020 年各地财政年度决算。

2023 年 4 月，有关贵州地方债务的一篇文章——《化债工作推进异常艰难，靠自身能力已无化债方法》将地方债务问题推上了新闻热搜。根据《贵州省 2022 年预算执行情况和 2023 年预算草案的报告》，截至 2022 年末，贵州全省政府债务余额快报数 12470.11 亿元，超过了全省财政收入的 4 倍。其中，以地方财政收入担保的一般债务余额 6895.27 亿元（占比约为 52.8%），专项债务余额 5881.42 亿元（占比约为 47.2%）。省本级债务余额 2034.75 亿元，占比约为 16.3%。当年，债券还本额为 1479 亿元，不到其债务余额的 12%。[①] 地方债务问题是多数国家区域发展中存在的普遍问题，美国在 2001—2020 年，就有 31 个一般性的地方政府宣布破产（详见专栏 2.4）。全球新冠疫情之后，地方财政能力下降和债务问题进一步加剧。2023 年 9 月，英国第二大城市伯明翰陷入财务危机，无力达成收支平衡，市政委员会发出“114 条款通知”，宣布城市破产。

① 数据来源：中国地方政府债券信息公开平台。

专栏 2.4 美国最典型的 10 个城市破产

1. 加利福尼亚州斯托克顿市（Stockton）。在底特律宣布破产之前，斯托克顿（人口 29.2 万人）是美国最大的破产城市。该市的公共支出、工资和贷款长期都是依靠不断增长的开发商费用和房产税，当住房市场崩溃时，该市的财务状况迅速失控。

2. 康涅狄格州布里奇波特市（Bridgeport）。与名单上的许多城市不同，布里奇波特早在 2008 年经济衰退之前就宣布破产。1991 年，布里奇波特（人口 14.2 万人）创造了历史，成为第一个采取这一行动的主要城市。此举主要是为了布里奇波特能够重新谈判给该市带来巨大财政压力的劳动合同。

3. 加利福尼亚州瓦列霍市（Vallejo）。在斯托克顿采取同样行动之前，瓦列霍（人口 11.6 万人）是加州有史以来最大的破产城市，2005—2006 年财政赤字超过 300 万—400 万美元，于 2008 年宣布破产。申请破产时又损失了 800 万美元的法律费用。

4. 宾夕法尼亚州哈里斯堡市（Harrisburg）。该市（人口 5 万人）于 2011 年宣布破产，主要是因为大规模维修本市严重过时的垃圾焚烧炉而负债 3.17 亿美元。市议会批准了此举，但市长没有批准，因此联邦法院宣布此举是非法的。

5. 阿拉巴马州普里查德市（Prichard），2009 年第二次宣布破产（第一次是 1999 年）。该市在 20 世纪 60 年代曾是一个繁荣的自治市，但人口下降和中产阶级的减少导致该市的养老金计划完全耗尽。在养老金领取者起诉该市后，官员们宣布破产。

6. 罗得岛州中央瀑布市（Central Falls），人口只有 1.9 万人，是罗得岛州最小的城市，却是 2011 年宣布破产的最大城市之一。该市曾经是美国纺织业最蓬勃发展的集聚地。但在 1997—2000 年，该市关闭了 11 家纺织厂。由此引发的财务重组和大规模财政支出削减，包括关闭社区中心，减少图书馆资金，解雇城市工人，以及大幅减少养老金支付。

7. 加利福尼亚州沙漠温泉市（Desert Hot Springs）。该市曾经是一个迷人的度假城市（人口1.7万人），在2000年申请破产时负债800万美元。这是自1994年奥兰治县申请破产以来，加州第一个申请破产的市政当局。

8. 宾夕法尼亚州韦斯特福尔市（Westfall）。该市的年收入约为100万美元。经历几起大规模诉讼事件之后，如该市停止了一个大约1500套住宅的建筑项目，与地产开发商之间的2000万美元诉讼等，2009年宣布破产。

9. 俄克拉何马州莫菲特（Moffett）。从美国行政区划体制上看，该地区不是城市，只是一个镇，但造成该地区2007年宣布破产的原因非常独特。即在俄克拉何马州立法机构通过一项法案，禁止该镇沿美国64号高速公路4英里的地区发放超速罚单。由于这些罚款收入相当于该镇年收入的78%。此法案通过几周之后，该镇宣布破产。

10. 加利福尼亚州圣贝纳迪诺（San Bernardino）。圣贝纳迪诺是加州第四大城市。由于房产贬值和销售税大幅下降，该市运营出现大规模赤字，约为4500万美元。

资料来源：美国 Warren & Migliaccio 律师事务所，https：//www. wmtxlaw. com/cities – declared – bankruptcy/。

第3章　数字化新时代区域发展的“三问”

进入21世纪数字化新时代，经济活动的组织模式和形态正在经历前所未有的变革。基于传统工业化发展范式所形成的区域发展理论和认识，是否仍然适用于数字化时代的区域发展？例如，一国经济发展水平的提高是否一定会促进地区差距的缩小？人口是否会持续向发达地区流动？是否会延续工业化时期向大城市集聚的一般趋势？基本公共服务均等化是否能够代表地区之间的“公平”？区域政策中的公平与效率目标如何平衡？……这些问题是数字化时代确定区域政策优化调整方向的基本出发点，对提高区域政策的有效性、实现国家总体的繁荣可持续发展极为重要，需要从理论和实践上进行更深入的研究。

3.1　“一问”——地区差距是否随着发展水平的提高而缩小？

无论追溯到农耕时代，还是工业化时期，地区差距一直是各国普遍存在的区域现象。由于自然条件、制度环境、人口、发展水平等各种因素的不同，“差距”在各国国内的表现或大或小、或突出或微小。地区差距体现在发展的各个维度和层面之间，不同发展阶段，其内涵也不相同。如何认识和应对区域差距问题，在学术和政策研究领域也是“百家争鸣”。争论的“焦点”是地区差距和经济发展水平的关系，对“关系”的不同判断也就决定了各国区域政策的基本取向，即是否有必要采取区域政策加以干预（上一章节已讨论过学术界对有关区域政策的争论）。如果需要区域政策，政策目标是效率优先还是公平优先？

3.1.1 传统工业化时期有关“区域差距”的理论之争

1890年，英国著名经济学家，现代微观经济学的奠基人之一，阿尔弗雷德·马歇尔（Alfred Marshall）首次提出了集聚经济的现象，即工作和生产要素聚集在一起产生经济效益。美国经济学家赫希曼在1958年出版的《经济发展战略》一书中提出了区域经济不平衡增长理论，认为经济进步并不同时在每一处出现，而一旦出现，强有力的因素必然会使得经济增长围绕最初出发点集中。[①] 该理论一经提出就引起了广泛争论。许多学者以西方一些市场经济国家为例，对其区域差距的演变轨迹进行了实证研究。其中，最著名的就是美国经济学家威廉姆逊提出的“倒U”形理论（Reversed U - shaped Theory，1965）。

威廉姆逊根据24个国家的横截面数据和10个国家的时间序列数据，对不同国家不同发展阶段区域经济增长的变化趋势进行了系统的实证分析。探讨了一国国内不同区域之间经济增长差异的长期演变规律，提出了“国家经济发展水平与区域不平衡之间存在着有机联系”这一重要结论。即：在国家经济发展的初期阶段，区域间经济增长差异逐渐扩大，即倾向于不均衡增长；之后，随着经济增长，区域间不平衡程度将趋于稳定；当国民经济发展进入成熟阶段后，区域间经济增长差异趋于缩小，即区域之间经济增长差异的演变呈现“倒U”形，此结论被称为“倒U”形理论[②]（见图3.1）。

该理论的提出在当时的学术界引起了强烈反响。有不少学者通过实证为该理论提供了支持，但对此结论质疑的观点也不少见。例如，印度经济

---

① Hirschman, A. O. Strategy of Economic Development [M]. Yale University Press, 1958: 27.

② Willamson J. G.. Regional inequality and the process of national development: a description of the patterns [J]. Economic Development and Cultural Change, 1965 (13): 3-45.

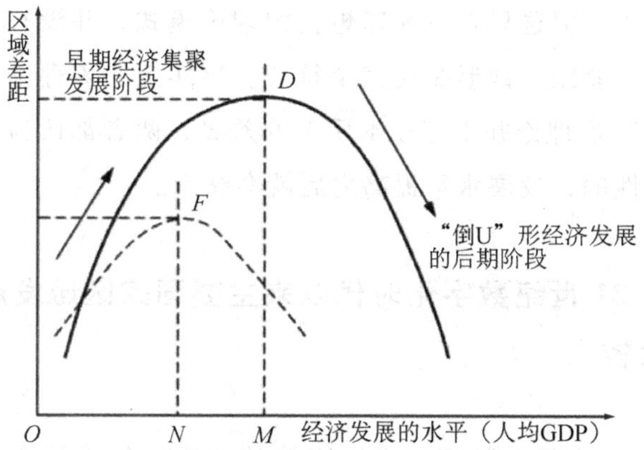

图 3.1　"倒 U"形曲线示意图

学家帕特奈克（S. C. Patnaik）就认为，在经济发展的早期阶段，各国经济数据普遍不完备，所选择的发展中国家缺乏代表性以及各国所使用的收入概念在统计意义上不完全一致，"倒 U"形理论并不具备普适性。① 1995年，美国华盛顿大学经济系教授 Kim Sukkoo 对美国 1860—1987 年制造业空间布局的演变趋势进行了实证分析，空间布局的非均衡程度呈现增强的趋势。② 在当时的发展背景下，一个地区制造业的繁荣往往代表着发展水平的高低，制造业非均衡发展趋势的增强则从另一个维度佐证了美国的地区发展差距并未随着发展水平的提高自动缩小。

1980 年，美国区域经济学家阿朗索（W. Alonso）通过系统的实证研究，又提出了"钟形理论"，用以阐述一国国内区域经济增长差距的变化轨迹。③ 该理论认为，在国民经济发展的早期阶段，各区域的经济增长是不平衡的，在国民经济发展过程的某一点上，经济增长会达到一个转折点，社会不平等、区域不平衡和地理集中的趋势达到高峰，之后随着资本、劳动在地理空间上流动性的增强，区域之间的经济增长趋于平衡，区

① 周国富，陈玲．威廉姆逊"倒 U"假说的争论及评价［J］．现代财经，2003（7）：52-55.

② Kim Sukkoo. Expansion of Markets and the Geographic Distribution of Economic Activities: The Trends in US Regional Manufacturing Structure, 1860 - 1987 [J]. Quarterly Journal of Economics, 1995, (4): 881-908.

③ W. Alonso. Five Bell Shaped Curves [G]. Papers of the Regional Science Association, 1980 (45): 5-16.

域差异逐渐减小。但这只是一种理想化的理论模式，并没有明确哪个国家区域经济发展的差距与钟形曲线完全符合。事实上，该理论与威廉姆逊所提出的“倒 U”形理论并不存在本质上的差异，两者都认为一国国内的地区差距是阶段性的，发展水平提高之后就会缩小。

3.1.2 进入 21 世纪数字化时代以来主要国家区域发展差距的国际比较

进入 21 世纪之后，数字技术以更快的速度向经济社会的各个领域渗透，经济活动的数字化特征也在不断增强。英国剑桥大学贝奈特（Bennett）公共政策研究所的教授黛安·科伊尔（Diane Coyle）将以知识为基础的活动称为“无重活动”，形象地描述了数字经济活动的特征。[①] 这种无重活动进一步加剧了集聚经济的现象，导致地理区域之间的不平等趋势日益显著。[②] 世界银行在 2009 年发布了一份在区域经济研究领域颇具影响力的研究报告——《重塑经济地理》。该报告提出，各国经济活动在空间上的聚集程度并未随着经济发展水平的提高而明显变小的趋势，而是在相当长时期内在较高水平上保持相对稳定的集聚。同时，又提出一国人均 GDP 水平大约达到 1 万美元（国际元）之后，国内的地区发展差距将逐步缩小并趋于稳定。[③] 这一观点隐含了一个假设前提——人口充分流动，并且流动的方向与经济活动在空间的集聚方向高度一致，但这一假设是否存在？即使这一假设在工业化时期是合理的，在数字化时代也不必然。虽然该报告的观点被广泛引用，但这些问题仍值得进一步思考。

本书对主要 OECD 国家和印度、印度尼西亚等非 OECD 国家，自 2000 年以来的区域发展格局进行了国际比较。如图 3.2 所示，美国作为此轮新

---

① Coyle D. The Weightless World: Strategies for Managing the Digital Economy [M]. Oxford: Capstone; Cambridge, MA: MIT Press, 1998.

② Autor, David H. Work of the Past, Work of the Future. AEA Papers and Proceedings, 109, 1-32, 2019.

③ 世界银行. 2009 年世界发展报告：重塑世界经济地理 [M]. 北京：清华大学出版社，2009.

技术革命的领先国家，相对于其他国家更早地出现了地区差距扩大的趋势，其州级层面的相对差距（人均 GDP 最高与最低的比值）由 1997 年的 4.3 倍扩大到 2011 年的 5.5 倍，之后地区差距趋于稳定，但并未显现出缩小的趋势。英国、澳大利亚、意大利等国家的地区差距（二级区域层面，相当于我国的省级层面）自 2001 年之后出现了相对明显的扩大趋势。法国在 2015 年之前地区差距一直保持着持续缩小的趋势，之后开始快速扩大，至 2018 年，其地区间的相对差距大约相当于 2001 年的 2 倍。日本、韩国国内地区间人均 GDP 水平的相对差距较小，但在 2010 年左右也显现出扩大的趋势。

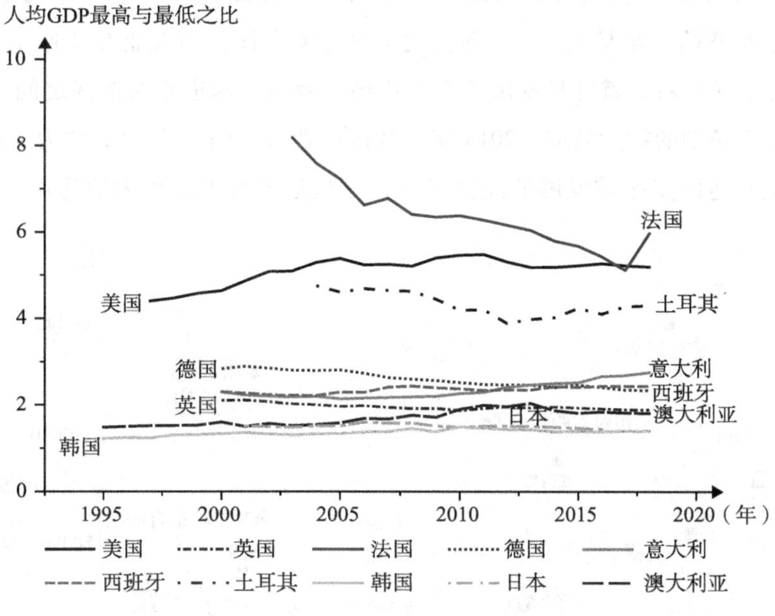

图 3.2　部分国家地区相对差距的变化（1995—2018 年）

资料来源：作者根据经合组织（OECD）区域和城市统计数据计算。

进一步从技术发展水平的维度对各国国内的地区差距进行比较。由于第三次技术革命是以信息网络、人工智能、物联网等技术为核心，对劳动力具有更强的就业替代效应，资本和技术的投入在国民经济中具有更加突出的主导地位。鉴于此，本书选用就业生产率（就业人口的 GDP）和资本劳动比（资本形成总额/就业人口，相当于资本生产率）两个指标来衡量一国的技术水平，即技术水平越高，就业替代相对越显著，资本投入相对越高，就业人口的 GDP 和资本劳动比就越大。通过对 26 个 OECD 国家，以及印度、印度尼西亚和中国等三个非 OECD 国家的技术水平与区域差距（包括相对差距和绝对差距）进行拟合分析，可以看出一国的技术发展水平对区域差距具有显著影响，技术水平的高低对地区相对差距的影响要显著高于对地区绝对差距的影响。

具体而言，地区之间的相对差距与就业生产率水平（就业人口的人均GDP）之间表现为“正 U”形的曲线关系（见图 3.3），即随着生产率水平的提高，相对差距逐渐缩小。当就业人口的人均 GDP 水平达到 8 万美元左右（2018 年的现价美元，大致相当于日本、韩国、英国等国家的水平），相对差距开始逐步扩大。对于地区之间的绝对差距，当就业人口的人均 GDP 在 4 万美元左右，就已显现出扩大的趋势，表明技术进步对地区之间绝对差距具有更长期的扩大效应。2018 年，我国就业人口的人均 GDP 约为 2.8 万美元，从发达国家区域发展的经验来看，已接近绝对差距扩大的拐点。

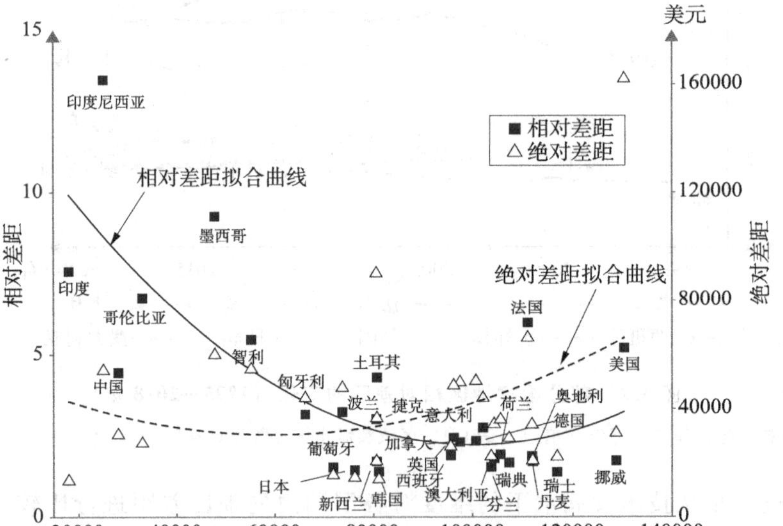

图 3.3　不同生产率水平国家的地区差距比较（2018 年）

资料来源：根据 OECD 统计数据计算，日本为 2016 年数据，新西兰、瑞士为 2017 年数据。

资本劳动比对一国国内区域差距的影响更加复杂（见图 3.4）。从区域间的相对差距来看，资本劳动比对其影响与生产率水平的影响基本一致，两者呈现为相对扁平的“正 U”形曲线关系，即随着资本劳动比的提高，区域相对差距逐步缩小，当资本劳动比达到约 20000 美元/人时（大致相当于法国的水平），地区相对差距开始扩大。但资本劳动比对地区间绝对差距的影响有所不同，从长期来看，绝对差距随着资本劳动比的提高趋于缓慢下降的趋势。这与生产率水平对区域绝对差距的影响不完全一致，表明提高单位就业的资本投资并不一定导致绝对差距的扩大，相反在一定程度上还有利于缩小地区间的绝对差距。

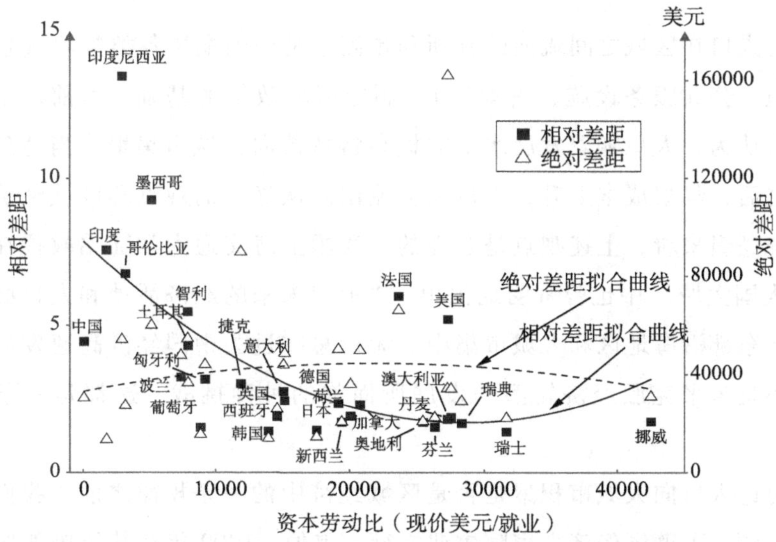

图 3.4　不同资本劳动比水平的国家地区差距比较（2018 年）

资料来源：根据 OECD 统计数据计算，日本为 2016 年数据，新西兰、瑞士为 2017 年数据。

由此，我们可以得出初步结论，发展水平的提高不必然导致发展差距的缩小，“倒 U”形理论具有明显的历史局限性。随着各国经济社会的数字化转型，该理论的局限性越来越突出，与大多数国家区域发展差距变化的实际情况出现了显著偏离。关键原因是该理论的提出并未充分考虑到技术进步或者生产率提高的因素。无论在经济发展的哪一个阶段，技术都是区域经济增长的核心来源，不同区域技术创新能力、获取能力、市场转换能力等各个方面都具有显著差异，这是区域差距形成最为根本的原因。技术的复杂度越高、更新迭代速度越快，理论上对区域间差距的影响就会越大。但从主要国家国内的区域差距来看，如果及时采取有效的政策进行调控，绝对差距和相对差距都可能控制在一定的稳定水平。

3.2 “二问”——数字化时代人口一定向大城市集聚吗?

对人口在区域之间流向的判断和预测，是一国配置各类资源（包括基础设施、公共服务设施、资本等）、制定区域政策的基础。目前，主流观点通常认为，人口随着发展水平的提高将持续向大城市集聚，当达到一定规模之后，集聚成本上升，人口又会流出。从静态的观点和区域经济发展的传统逻辑来看，上述观点是合理的。我国上海交通大学陆铭教授在其著作《大国大城》中也曾鲜明地提出：“中国未来的经济活动和人口必然进一步向东部沿海地区和大城市集中。无论总结过去中国经济高速发展的经验，还是未来克服经济转型和发展所面临的种种挑战，这都是一条基本规律。”

讨论人口向大城市积聚是否是区域经济中的一条规律之前，我们有必要先回顾一下德国经济学家阿尔弗雷德·韦伯，1909 年在其经典著作《工业区位论》序言中关于人口向大城市积聚的一段描述：

“我们注意到国家内部所发生的巨大更替，一些区域的资本、人民急速贫困，同时另一些区域饱尝富足。我们看到人口不断地向大都市中心聚结，无休无止。我们以哲学的目光观察这些现象，谈论所产生的得与失，或者说‘道德之沦丧’。当然，我们对此津津乐道已有些日子了。我们之中的有些人认为，平民‘奔向’大城市似乎仅仅出于‘愉悦’的缘由——十足地毁灭城市自身及其财富；另一些人认为，人们是遵循必然规律的，比如人流倾向社会压力最低的地方等。许多思想集中于‘拥向城市’（不仅探讨‘拥向城市’的结果，而且探讨其原因）问题上，但是，当我们直到现在不具备决定经济过程区位的一般规则的任何真正知识时——当纯经济规律毋庸置疑地以某种方式影响区位，我们又没有找到这种规律时，要获得关于‘拥向城市’原因的任何结论可能吗？

每一个进入大城市的人，其目的之一是某些经济追求。当人们有可能轻易被强大经济力量的铁链束缚的时候，争论文化和社会的动机难道明智吗？或许，今日巨大的集聚仅仅是经济和技术发展一定阶段的必然产物；或许是我们经济制度中社会组织的结果。对此，我们确实应当具备某些准确的知识。尽管我们已知区位选择在其他各种经济状况下由严格遵守的规律所控制着，但无论如何我们不能很好地预言经济区位的规则存在，或者当人们为经济目的选择区位时，也不能断言‘愉悦’及其他不合理的动机是他们的导向。”①

如今区域经济发展的技术、外部环境条件都出现了重大改变，不同地区人们的交流、经济活动的联系、要素跨区域流动的方式和路径都在经历前所未有、深刻、颠覆性的变化。正如上文所阐述的，进入数字化时代，区域发展的变化不是一般性的，而是一种发展范式的变革。由此，在数字经济背景下，我们需要观察两个问题：一是人口向大城市积聚的趋势是否依然在持续，二是人们是否还保留着与工业化时期同样充分的动机或者理由流向大城市？

本书利用 OECD 人口流动的调查数据，对美国、日本、西班牙等 14 个国家在 1995—2018 年，以 5 年为周期，对各国州级层面（二级区域，相当于我国的省级）的人口跨区域流动进行了分阶段比较。人口流动性用每年新流入人口占本地区人口总规模比例的均值来衡量。如图 3.5 所示，在所比较的 14 个国家中，除了德国和匈牙利的人口流动比例未出现下降之外，其他国家均出现了不同程度的下降。澳大利亚、加拿大、土耳其、韩国人口跨区域流动比例已降至 1995—2000 年的平均水平。从各国人口跨区域流动的规模变化来看，日本（2007—2018 年）和韩国（2001—2018 年）下

① ［德国］韦伯著，李刚剑等译，朱立新校．工业区位论［M］．北京：商务印书馆汉译世界学术名著丛书（珍藏版），2009.

降幅度较大，分别为 11% 和 17%，其次是美国（2009—2017 年）和德国（2001—2018 年），分别下降 7% 左右。

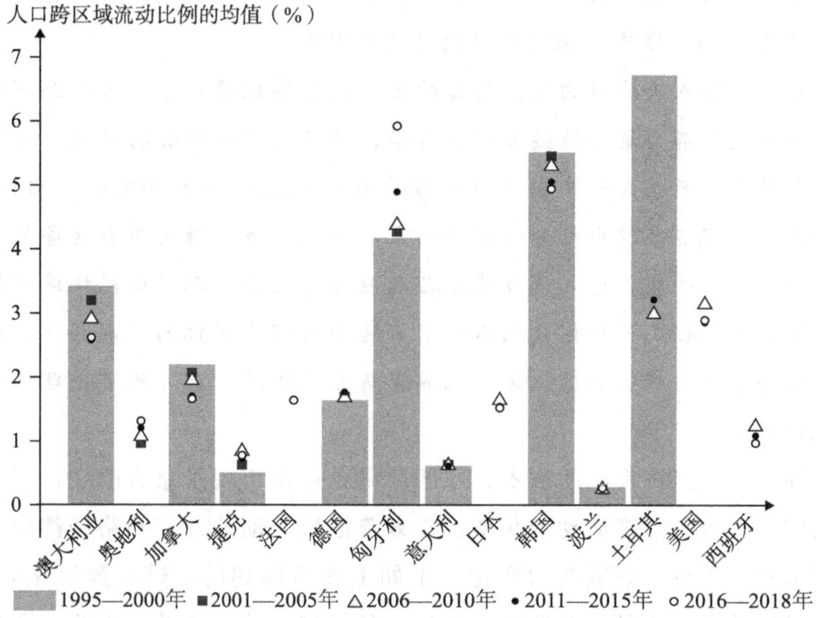

图 3.5　主要 OECD 国家分阶段人口流动性的比较

资料来源：根据 OECD 一国之内人口流动数据计算，部分国家 1995—2000 年数据缺省。

在人口跨区域流动性下降的同时，多个国家人口的空间分布出现了与第二次技术革命期间不尽相同的变化趋势。本书参照 OECD 有关区域形态的分类方法，即根据人口密度、人口规模所占的比重和通勤时间的不同，将区域分为超大城市区域、大城市、邻近大城市的周边区域、中等城市和周边区域、远离城市的区域五大类。进一步对不同区域形态的人口比重与资本劳动比（如上文所述，即资本形成总额/就业人口，代表一国的技术水平）进行拟合分析，可以看出技术进步对不同区域形态的人口分布具有非常显著的结构效应，尤其是对超大城市区域和中等城市及周边区域人口分布的影响（见图 3.6）。

对于各国人口空间分布的变化，需要重点关注与第二次技术革命期间所不同的两种结构性变化：

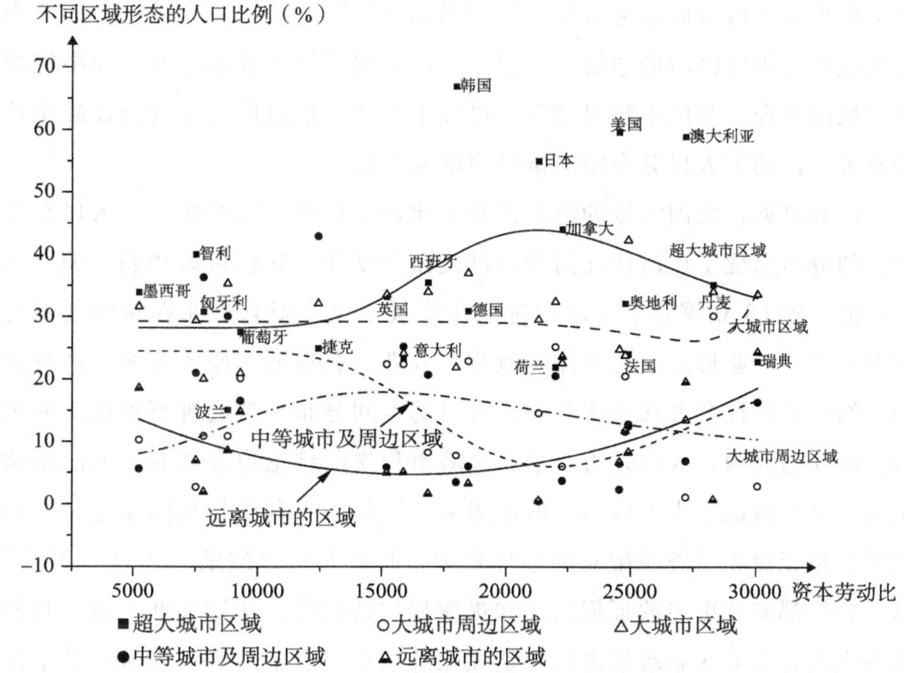

图 3.6　不同技术水平国家不同区域形态人口比例

（2018 年，横轴单位现价美元/人）

注：参照 OECD *Regions and Cities at a Glance* 2018 有关区域形态的分类。

资料来源：OECD 城市数据库。

一是超大城市区域人口的比重随着资本劳动比（技术水平）的提高呈现出“倒 U”形的变化趋势，即在资本劳动比约为 2 万美元/人（大致相当于日本、法国、美国的水平）之后开始出现结构性下降，而中等城市及周边区域的人口所占比重呈现与之互为相反的变化趋势。这两类区域的人口分布在资本劳动比约为 15000 美元时（大致相当于英国、意大利的水平）开始出现反向的变化。二是资本劳动比对大城市区域的人口分布影响微弱，表明大城市区域的人口分布相对稳定，技术进步对此类区域的影响较小。但邻近大城市的周边区域，其人口比重与一国的资本劳动比呈现出平缓的“倒 U”形关系。即随着技术水平的提高，大城市周边区域的人口比重逐步增加，大约在资本劳动比达到 15000 美元/人时，开始下降，并逐步趋于稳定。这与第二次技术革命时期先是大规模人口向大城市集聚，然后又出现向大城市周边区域蔓延的“逆郊区化”趋势并不一致，主要原因是大城市及周边区域的通勤、住房、生活消费等社会成本上升，而中等城市区域的综合社会成本相对较低，再加上交通、信息网络等基础设施条件的改善，推动了人口分布空间格局的重大变化。

由此可见，大国大城的论断在数字化新时代并不完全成立。人口在空间上的分布出现了比以往任何时候都复杂的变化。我们可以预判，随着人工智能、Web3.0 等数字技术的进一步发展，更多新兴产业在新的技术变革中发展，产业形态一定会加速改变，农业、制造业、服务业的生产方式和人们生活的社会方式必将改变，人口的空间分布必然会进行更深度的重构。即使是大国，人口是否一定向大城市集聚的结论也存在着较大的不确定性。纵然假设未来人口向大城市集聚，这是否有利于提高国家整体福利水平？是否提高了资源配置的整体效率，政策上是“鼓励”还是“干预”这一趋势都需要更多的证据支撑和更深层次的研究。正因如此，这一判断既不应成为未来区域政策进行调整优化的依据，也不能作为区域政策干预引导的目标，而是要进行更全面的论证，综合考量更多的维度，如就业、公共服务、国际竞争力、产业安全、经济安全、生态环境等，立足于国家现代化和共同富裕的长期目标，引导人口在空间上更合理地流动及分布。

3.3 “三问”——做大经济“蛋糕”能否解决区域发展的公平问题？

在讨论本节内容之前，我们先简单回顾一个在区域经济学和区域政策研究中被广泛引用的术语——“涓滴”效应（Trickle - down effect）。这一提法最早于 1896 年，美国一位民粹主义者威廉·詹宁斯·布莱恩在民主党全国代表大会上指出：“政府有两种选择。如果只是为了让富人繁荣而立法，他们的繁荣就会向下渗透到其他阶层；如果是为了让群众繁荣而立法，则依赖于他们所在的各个阶层。”里根执政时期，将该效应作为支持为富人减税的理由之一。美国哈佛大学一位已故经济学家约翰·肯尼思（John Kennet，新制度学派的领军人物）曾讽刺该效应是“如果给马喂足够多的燕麦，就一定会有洒落的燕麦给麻雀”。在区域经济和区域政策中，涓滴效应通常是指先集中资源支持少数地区的发展，这些地区发展到一定规模就会向其他地区扩散福利。在工业化阶段，各国的区域政策多数倾向于此。即先做大经济“蛋糕”，再通过“再分配”来解决区域差距和区域公平的问题。我国在改革开放初期，由于经济规模相对较小，也曾采取了相类似的区域政策思路，即让少数地区先富起来，然后再带动后发地区的发展。

仅从理论上而言，涓滴效应是可行的，但在实践中并未出现。理查德·佛罗里达（Richard Florida）在《新城市危机》中指出，高技术、人才高度集聚的发达地区，如硅谷，虽然提高了低收入者的平均工资水平，但如果将住房、教育、交通等社会成本考虑进去，实际收入并未得到提高。城市之间的不平等也在加剧。也就是说，集聚形成的规模效应只有少数地区和少数群体受益，并未扩散到其他地区。在前文中我们提出的观点——“区域差距不一定随着经济发展水平的提高而缩小”，也在一定程度上佐证了经济“蛋糕”（经济规模）做大，区域之间的不平衡不必然减轻。为什么？可以从以下三个方面来理解这一问题。

一是经济“蛋糕”（规模）的扩大，增量的分配在各个地区并不平等。规模只是代表“多少”，而区域公平和区域差距问题的解决，本质上是资源在地区之间的分配问题，即“蛋糕”如何分，分多少？“分配”在多大程度上依赖于市场，政府在分配过程中的调节力度又有多大，这些是影响分配结果的关键因素。从我国区域发展的情况来看，按照 1978 年 = 100 的可比价计算，我国国内生产总值从 1978 年的 3476 亿元增长至 2019 年的 20.2 万亿元。[①] 如图 3.7 所示，进一步对比 1978—1995 年、1995—2012 年和 2012—2019 年三个阶段（参照第一部分对中国区域政策的阶段划分）各省（直辖市、自治区）在国家新增地方生产总值中占比的变化，在上述

① 考虑到 2020 年和 2021 年的经济受全球新冠疫情的影响较大。为了更准确地观察区域政策的影响，第三阶段使用 2012—2019 年的数据。

三个不同阶段，省级层面的经济格局并未出现显著变化。在全国新增 GDP 中，江苏和广东两个东部沿海省份一直保持着领先地位，无论是快速增长阶段还是增长减缓阶段均超过了 10%。但对于经济发展水平相对较低的中西部地区，趋势完全不同。在 1995—2012 年，这些地区在国家整体经济高速增长的带动下，在全国新增 GDP 中的占比多数有所提高。但 2012 年经济增速整体减缓之后，相对落后地区的占比均呈现下降趋势。由此可见，在经济低增长阶段，经济“蛋糕”越大，地区之间的差距扩大就越显著。先发地区的集聚规模确保了这些地区经济增长的稳定，但对于其他地区的涓滴效应并没有自动出现。

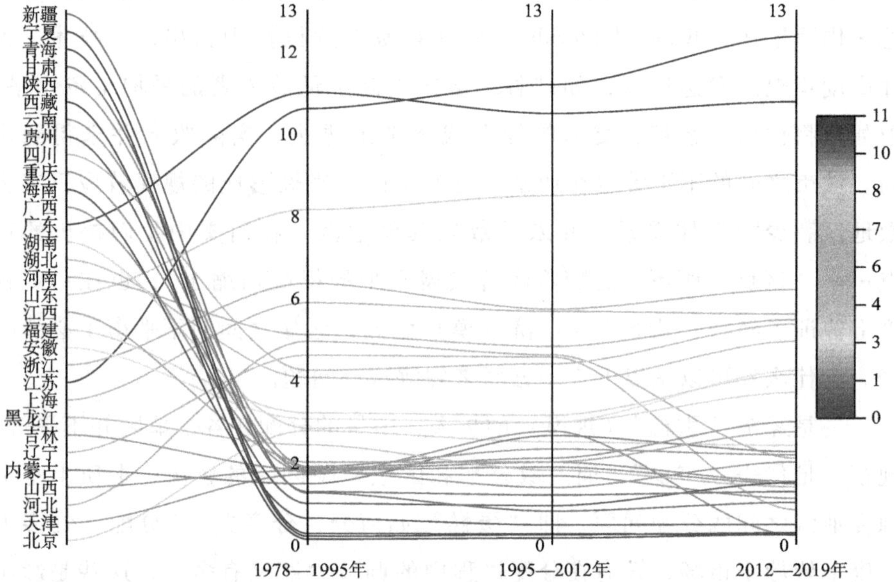

图 3.7　三个不同阶段各省（直辖市/自治区）占全国新增 GDP 中的比重（%）

注：各省（直辖市/自治区）的 GDP 是按照 1978 = 100 的可比价计算，全国 GDP 为各省加总之和，与统计年鉴的全国数据不完全一致。

资料来源：根据 Wind 数据库相关数据计算。

二是经济“蛋糕”规模扩大的同时，内部的产业结构和市场需求结构也会改变。少数地区在政策支持下规模快速扩大，表面上扩大的是经济总体规模，但这些先发地区形成的比较优势，不只是经济规模或者社会福利方面，还优先获取了有限的“发展机会”。也就是说，不同地区在不同时期发展的“机会成本”是完全不同的。任何产业或者技术都有一定的发展周期，市场需求也存在着周期性变化，先发地区依靠早期的政策支持“先发”形成了后期的比较优势。相对而言，随着经济规模不断扩大，相关产业和技术就越临近产业和技术的成熟期，可获得的边际利润也会不断下降，尤其是数字化时代，技术迭代周期明显缩短，后发地区极有可能错过发展的最佳窗口期，某些产业尚未充分发展，就面临着技术被淘汰、市场需求过剩的风险。我国中西部有些地区已显现出这一问题，尚未实现工业化、城市化的基础积累，就面临着去工业化、服务化、低碳化、绿色化、数字化等各种转型（相关内容将在后文中详细论述）。这就意味着后发地区在整个发展中的劣势不断被强化，实现追赶的成本更高、难度也更大。

三是“蛋糕”（经济规模）的增大难以改变后发地区的社会资本条件。在传统工业化阶段，区域政策强调“效率优先”，潜在的假设是少数地区经济规模扩大后，要素投入的边际收益递减，会自动向后发地区产生辐射溢出效应，带动后发地区的发展。为了承接“辐射”，各国的区域政策普遍将改善交通基础设施作为支持落后地区发展的一个重要政策工具。世界银行在其2009年《重塑经济地理》的报告中，也强调了这一政策工具的应用。但随着交通成本的下降和数字化的转型，经济活动在空间上的集聚并未改变，经济规模的扩大也未导致地区差距的明显缩小。相反，基础设施条件越改善，空间集聚的趋势越突出。重要原因之一是忽视了区域经济发展所需的“社会资本”，它和人力资本、金融资本等要素一样，也是一个地区实现经济增长不可或缺的条件。

社会资本与传统资本的概念不同，很难用标准化的语言来定义。最为直观地理解，社会资本是基于某种共同的价值观、理念、文化背景、教育背景等因素形成的一种社会网络（也是一种社会结构），不同地区、不同的经济社会发展主体（可以是企业，也可以是个人或其他类型的机构、组织）都可以是该网络中的节点，节点之间依托贸易、创新、供应链、产业链等建立起各种联系，这种联系就是信息、资本、技术等要素流动在不同空间流动的路径。从空间的维度来看，无论是社区还是地区，再到国家，甚至全球层面都存在这样一种正式、非正式的社会网络。也有经济学家把社会资本解释为“非市场联系”，并用其来解释城市如何形成、城市经济增长与衰落的重要原因。哈佛大学城市经济学家爱德华·格莱泽（Edward Glaeser）将其解释为个体与个体之间不是通过货币交换而产生的相互影响。这种非市场联系可以解释要素在地理空间集聚所产生的集聚和知识溢出效应。社会资本象征着一个地区获得、传递思想、创新的能力，对发现新的市场机会非常重要。① 著名经济学家罗默在其内生经济增长模型中也考虑了社会资本的因素。②

农业社会影响人口、经济活动分布的主要因素是可种植粮食等农作物的土地。工业社会，主要是大规模的流水线生产，一个地区的发展更多是依靠劳动力、资本的大规模投入，需要改进交通基础设施来提高本地区获得原材料、产品市场的能力，经济发展对社会资本的需求总体上低于其他资本需求。随着经济增长越来越依赖于技术、创新等要素时，经济体系越来越复杂的时候，社会资本就变得更加重要。经济活动中不同主体需要更稳定的社会关系或者“信任”来交换信息，企业家需要社会资本获得资源、寻找市场机会，进行各类创新创业活动。大量的研究表明，社会资本的质量和地区的经济发展存在着密切关系，也是地区差距形成的重要原因。

但在传统区域发展的研究中，社会资本往往被忽视，至少没有受到与其他要素相同的重视。格莱泽（Glaeser）就对著名经济地理学家保罗·克鲁格曼③的一篇被学术界广泛引用的经典学术文章——“增长的回报和经济地理”（Increasing returns and economic geography）④ 评论道：“一位才华

---

① Glaeser EL (2000). *The future of urban research: nonmarket interactions* [with comments]. Brookings - Wharton papers on urban affairs, pp 101 - 14.

② Romer Paul. Increasing Returns and Long Run Growth [J]. Journal of PoliticalEconomy 94 (October): 1002 - 37, 1986.

③ 保罗·克鲁格曼是区域经济研究领域唯一获得诺贝尔经济学奖（2008 年）的学者，获奖论文是 *analysis of trade patterns and location of economic activity*。

④ Krugman PR (1991). Increasing returns and economic geography [J]. Polit Econ 99: pp 483 - 499.

横溢的理论家可以在不涉及非市场关系（社会资本）的情况下解释城市。对我来说不太清楚为什么会这样做。”

对于部分地区经济社会发展相对落后，更主流的观点认为是缺乏人力资本、金融资本投入，创新能力不足等原因，为什么在同样的市场条件下，人才、资本不流向这些地区？又回到了本书第1章中提出的“卢卡斯之问”。原因之一可归结到“社会资本”。部分地区因为自身不具备足够的发展能力，又缺乏高质量的社会资本支撑，很难与发达地区建立有效联系，实际上与先发地区形成了两个没有交集的发展平面。这是基于效率优先的原则做大经济“蛋糕”之后，地区差距仍难以得到有效解决的重要原因。由于社会资本尚缺乏统一的量化指标，暂且片面地用各地区新注册企业数量来观察我国不同发展水平的地区企业家精神和创业文化的差异。企业家精神是一个地区发展最关键的社会资本。2020年，我国289个地级及以上城市中，人均GDP排名前10%的城市新注册企业数量占全国的比重约为25.3%，超过了1/4；而人均GDP排名后10%的城市占比仅为4.2%。[①] 这一差距虽然与很多因素有关，但也反映出发展水平落后地区的企业家文化也相对落后于发达地区。如果这种差距得不到及时校正，发达地区与落后地区之间就可能出现类似于富人与穷人之间的文化“分隔”，落后地区就越难以融入整个区域的发展网络。在此情形下，即使发达地区有辐射效应，落后地区也无法承接，进而陷入更严重的恶性循环。这就解释了本小节提出的区域发展“之间”，在缺乏必要社会资本的条件下，做大经济“蛋糕”也难以破解区域差距和区域公平的问题和矛盾。

进入数字化发展的新时代，经济活动数字化水平不断提高，无形资本在经济增长中的作用越来越高，社会资本的作用越来越显著。本书从区域政策的角度对此问题再进一步论述，希望能够在政策创新过程中引起足够重视。

地区之间存在较大差距时，以往的区域政策往往基于静态的比较优势，形成了因为“落后”所以不具备发展新技术、新产业能力的简单推

① 数据来源：人均GDP数据来自《中国城市统计年鉴（2021）》，新注册企业数量为天眼查数据。

断，为确保国家整体经济增长，故而需要“效率”优先，再通过地区之间“基本公共服务的均等化”实现区域公平。这一政策导向在经济发展水平较低的发展阶段是必要而且有意义的，但也需要认识到，“基本公共服务的均等化”只是在最基本的层面，相对短期地解决了落后地区对教育、医疗等服务的可及性，并没有获得与先发地区同等质量的公共服务，不能算作真正的“区域公平”。如上文提到的，在这样的政策导向下，落后地区也同时失去了一些发展机会。由于发展机会的缺乏，本地区劳动力向发达地区、向生产率更高部门的流动能力较低，缺乏向上流动的机会，整个地区的文化和社会资本的积累也会受到限制。美国前总统约翰·F. 肯尼迪曾风趣地说过，“涨潮可以升起所有船只”，其含义是经济增长将使社会中的每个人都受益。但他没有注意到的是，足够强劲的浪潮也可能打翻所有的船只，那些在船上和不在船上的人都将被浪潮所淹没。也就是说，那些不拥有任何市场重视的资本的人，即使经济快速增长，也很难获得发展机会，只会“淹没”在增长浪潮之下。因此，区域公平和地区之间相对平衡的发展是维持国家整体经济增长稳定的前提条件，未来区域政策的调整需要关注支持每一个地区经济发展基本面所需的要素条件（劳动力、人力资本、金融资本、市场等），还需要重视提高区域可获得的社会资本。通过社会资本引导更多、更高质量的要素向落后地区转移，为这些地区的发展创造更公平的发展机会。

3.4 数字化时代需要更加重视“区域”

工业化时期，蒸汽机、电力等通用技术开启了人类文明的工业化时代，农业社会进入了工业化社会的发展范式。人工智能、物联网、智能制造等新一代数字技术是数字化时代的通用技术，经济社会发展的范式也在全方位、系统性地改变。概括而言，数字化时代最深远的变革是经济要素的“数字化”、要素组织形态的“平台化”和生产方式的“智能化”，与全球人口结构的“老龄化”和应对气候变化的“低碳化”构成了数字化时代的“新五化”。[①] 新“五化”进一步减弱了经济发展中的地理因素，给各类地区的发展带来的都是变革性、颠覆性的影响，是新时代我国构建发展新格局、实现现代化发展目标的基础环境条件。

3.4.1　数字化时代，先发地区的经济增长也存在较大的不确定性，“稳增长”需要释放不同地区的增长潜力

本书的第1章回顾了我国区域发展政策的演变，在改革开放初期实施了东部率先发展的区域政策。利用地理区位和政策优势，以及全球产业从发达国家向发展中国家转移的历史性机遇，东部沿海地区的经济快速发展，成为拉动国家整体经济增长的重要支柱。随着发展水平的提高和全球竞争环境的变化，这些先发地区的经济增长正逐步趋缓。如表3.1所示，长三角、珠三角和北京市等地区一直保持着较高的增长速度，这一趋势持续到21世纪前10年。至2010年之后，上述地区的经济增长明显减速，虽然与区域发展外部环境条件的变化有关，但也是地区经济增长的规律使然。2022年，北京、上海和江苏的人均GDP都超过了2万美元，浙江和广东也超过了1.5万美元，都已超过中高收入国家的平均水平。从发展阶段来看，这些地区未来的经济增长恢复到工业化时期的难度和不确定性越来越大。先发地区增速的下降意味着对国家整体经济增长的拉动作用将减弱，“稳增长”亟须发挥更多地区的潜力。如果后发地区的增长潜力得不到充分的释放，我国整体经济增长有可能像发达国家那样，出现经济增长的长期“滞胀”，不利于化解经济社会发展中的一系列新矛盾和新挑战。因此，进入数字化发展的新时代，“区域”不再是一个地区或者是解决区域差距的发展问题，更是国家维持整体经济增长的战略所需。

---

① 2012年，党的十八大报告中提出“坚持走中国特色新型工业化、信息化、城镇化、农业现代化道路”——“四化”。

表 3.1 我国北京和沿海先发地区分阶段年均经济增长（%）

时期	1978—1985 年	1986—1995 年	1996—2000 年	2001—2010 年	2011—2019 年	2020—2022 年①
全国平均	9.8	10.2	8.3	10.8	7.1	5.7
北京	10	10.1	10.6	11.8	6.9	4.5
上海	8.7	10.0	11.1	11.7	7.0	3.9
江苏	11.8	13.8	10.9	13.6	8.1	5.7
浙江	14.8	13.3	10.6	12.7	7.6	5.8
广东	12.3	16.8	10.9	13.1	7.4	4.9

注①：全球新冠疫情时期，经济增长波动较大。

资料来源：根据 Wind 数据库相关数据计算。

3.4.2 数字化时代，经济活动的“平台化”发展范式，需要区域化的发展生态和政策响应

数字技术的底层是互联网，“网络效应”是不可能规避的。正因如此，在数字化时代，从微观企业的运营到经济活动在空间上的集聚都会呈现出平台网络化的特征，相当于经济社会发展主体和组织模式的“平台化”，从根本上改变了经济增长的空间格局，重塑了市场竞争机制，对于国家的经济发展利弊并存。最大的“利”是通过数字技术同时提高了资源要素的“规模”效应和“范围”效应，实现了生产效率的提升（在本书的第 2 章已详细讨论）。最显著的弊端则表现为不同收入群体、行业、地区等各个层面“不平等”的加剧。平台化的盈利模式实际上是利用超大规模的消费者数据向市场另一方收取佣金，注定小规模、个体化的平台难以发展。相关研究数据表明，大约 4/5 的数字平台难以实现最小可持续规模，无法保持供需双方适当的平衡，最终走向消亡。美国巨头平台有大量风险投资基金，可以承受长期亏损。这些亏损金额可能是天文数字，对于中小企业而言几乎不可能实现。[①] 数字经济的运行已不再遵循传统经济学的基本模型，

① Gawer, A., M. Cusumano, D. B. Yoffie. The Business of Platforms: Strategyin the Age of Digital Competition, Innovation, and Power. New York: Harper Business, 2019.

如何扬利弃弊是数字化时代实现经济社会稳定、可持续发展的核心问题，需要再次回归到本书开篇的问题——当前主流的政策逻辑是否适用于数字化时代？

首先，工业化时期政策制定中最基本的假设之一——规模边际效益不变或递减，在数字化时代已不再适用（见专栏 3.1）。1989 年美国通用电气公司作为全球第 6 大企业，其市值为 580 亿美元，与之相比，2021 年，全球最大的技术企业——苹果公司的市值超过了 2 万亿美元，微软、亚马逊和 Alphabet（谷歌的母公司）市值分别为 1.8、1.6 和 1.4 万亿美元。由此可见，要素的数字化和生产方式的智能化，在技术层面不仅突破了传统经济学的规模假设，利用数字化技术的网络效应实现了“规模递增”。其次，工业化时期政策制定过程中被各国政府普遍接受的逻辑是“市场机制对资源配置最有效”。但随着大数据、算法算力等技术的发展，技术对资源配置的作用越来越强大，而传统市场机制对数字化要素（如数据、碳等）的影响越来越弱。伴随着智能化水平的提高，数字化的劳动力（即机器人）对传统劳动力将产生更强大的替代效应，市场机制对传统劳动力资源的配置作用也将减弱。这是数字经济最基本的“事实”，而非“假设”。因此，政策制定的逻辑需要转变，除非数字经济平台化的内在规律被改变。“区域”作为数字化时代最基本的平台主体，是数字化时代政策制定的基本立足点。这也是数字化时代必须要重视“区域”的根本原因所在。

专栏 3.1　美国地区差距扩大带来的社会成本和财政成本①

地区差距的扩大不仅影响到国家整体经济增长，还挤占了用于教育、基础设施、经济发展的投资资源，导致整个社会成本和财政成本的提高。根据美国密歇根大学的一份研究报告，由于地区差距造成的贫困儿童问题对美国经济带来的损失每年大约 5000 亿美元；由于贫困地区生产力水平下降、更高的犯罪和监禁比例，以及更大规模的公共卫生支出等因素带来的成本大约占美国国内生产总值的 4%。因地区经

① Belfield, Clive R. Levin, Henry M. and Rosen, Rachel, The Economic Value of Opportunity Youth (2012). Center for Benefit – Cost Studies of Education 32. https://repository.upenn.edu/cbcse/32.

济衰退造成的年轻人就业和教育问题所带来的社会成本接近3.8万美元/人，如果换算成其一生的社会成本，大约是53万美元。地区差距给政府带来的直接成本大部分是由州和地方一级的政府承担，主要是用于公共安全、犯罪、司法和社会福利等方面的财政支出。这也是发展差距扩大对落后地区造成的突出问题之一。例如，印第安纳波利斯大都市区的公共预算中，大约60%是用于公共安全、犯罪、司法领域，挤占了基础设施、公园、图书馆和其他公共服务设施的资金投入。这些问题导致高收入者迁出、企业搬离，本地区的税收不断减少，陷入发展的恶性循环。

鉴于这些成本的上升，应当重视落后地区的投资。短期、静态地来看，这些投资可能是“昂贵的”，但从长期来看，这些投资相当于落后地区发展的前置成本，可以创造更多的生产性就业，减少犯罪活动，提高居民收入水平，降低对公共福利系统的依赖度。

资料来源：根据美国进步中心（注：一家智库机构）的研究报告《The Economic Costs of Poverty in the United States》（2007）（Harry J. Holzer et al.）整理。

3.4.3 数字化时代，低技能劳动力流动减缓的趋势进一步强化，需要更有效的地区导向型政策来应对

促进人口跨区域流动是缩小地区差距，缓解欠发达地区就业压力的重要手段。根据作者2019年一项有关劳动力跨区域流动的研究，由于技术进步、产业结构升级、人口老龄化、房价上涨等多种因素的影响，我国流动人口的总体规模自2014年开始出现持续下降，至2017年累计降低约3.6个百分点。更需要重视的是，以农民工为主的低技能劳动力跨区域流动明显减缓。2017年，农民工跨省就业的比重由2009年的32.4%降至26.3%。[①] 需要从更深层次上认识这一趋势形成的原因，找准风险点，及

① 数据来源：根据2010—2018年《中国人口和就业统计年鉴》计算。

时调整相关政策。

与上一发展阶段相比，户籍制度、就业政策对劳动力流动的影响已明显减弱，更主要的因素源自技术进步和流动成本的上升。具体包括两个方面：

一是技术对就业的替代效应逐渐增强，沿海发达地区对低技能劳动力的需求减弱。以自动化为主要内容的新一代技术对就业的替代效应主要集中在制造业、交通运输仓储、住宿餐饮、批发零售等行业中的低技能劳动力。从我国近期的就业情况来看，技术的就业替代效应已经显现。2017年，上述行业单位增加值所创造的就业分别比2013年下降约20.0%、25.1%、27.8%和38.1%。[①] 长三角和珠三角作为吸纳劳动力跨省就业的主要地区，这一趋势更为明显。2014—2017年，在行业增加值年均增长均高于6%的情况下，就业规模却出现了绝对量的下降，其中制造业就业的降幅最为显著，约为10.3%。根据麦肯锡相关研究报告的预测，至2030年，上述行业受自动化技术影响的就业替代率将超过50%，全球大约将有超过60%的职业自动化水平超过30%，约5%的职业将会实现完全自动化。[②] 由此可推测，我国劳动力流动减缓的趋势随着新技术应用的扩散还将进一步强化。

二是流入地区综合生活成本不断攀升，限制了低技能劳动力的跨区域流动。我国劳动力主要流入地为京津、长三角和珠三角等东部地区。如图3.8所示，2014—2017年，上述地区人均消费支出的增幅在21%—36%，江苏增幅最高，约为35.4%。同期相比，在东部地区务工的农民工年均收入的增幅为23.9%，总体上要低于该区域人均消费支出的增长。从农民工收入的相对水平（消费支出/收入）来看，北京、上海的人均消费支出大约相当于农民工平均收入的90%，天津、江苏、浙江、广东等地的人均消费支出大约相当于60%。从生活成本的变化来看，2014—2017年，长三角

① 制造业为2013—2016年，单位销售产值创造的就业。

② 资料来源：麦肯锡研究院 *Jobs lost, jobs gained: workforce transitions in a time of automation*, 2017。

和珠三角的租房消费价格和食品类零售价格的上涨幅度均超过10%，[①] 显著高于中西部地区，成为制约低技能劳动力向发展水平更高地区流动的重要因素。

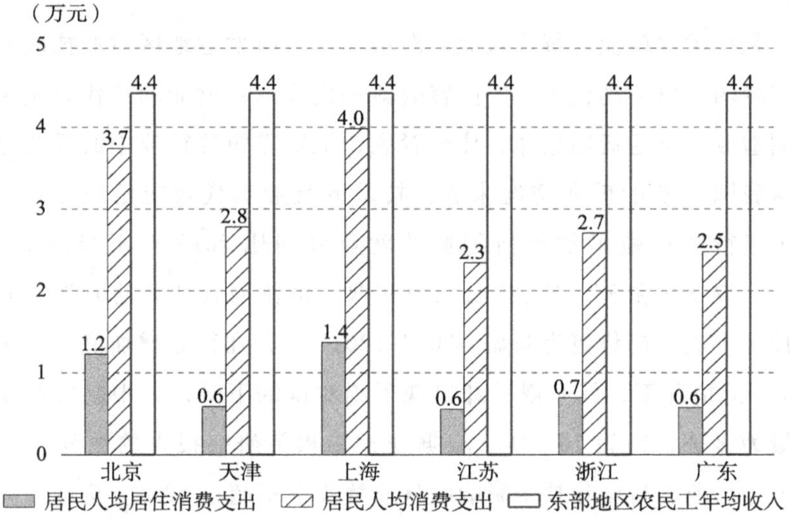

图 3.8 劳动力主要流入地区人均消费支出与农民工年均收入的比较（2017 年）

资料来源：《中国统计年鉴》（2018）。

我国以农民工为主的低技能劳动力主要来自中西部经济发展水平相对落后的地区。随着跨区域流动的减缓，最有可能引发的风险之一就是出现区域性集中失业和地区差距的加速扩大，过去通过人口流动来缩小地区差距的政策效果会明显减弱。这就需要根据国内地区间劳动力流动的最新趋势，针对发展相对落后地区采取更有针对性的扶持政策，这也是实现共同富裕发展目标所需之策。具体包括：一是加大发展相对落后地区数字关键基础设施的投资力度，通过税收减免、贴息贷款、基础设施共建共享等政策，降低数字基础设施在欠发达地区的投资成本，为新技术、新产业向这些地区转移创造更好的条件，增强其自身吸纳就业的能力。二是创新区域合作模式，推动企业之间构建跨区域、跨行业的供应链联盟，带动欠发达

① 数据来源：华通人数据库。

地区的企业能够更好地融入新的区域分工体系，创造更多的就业机会。三是选择一些新兴产业领域的重大项目向中西部地区倾斜性布局，形成引导示范效应，激励更多金融资本、人才等要素向经济发展相对落后地区流动，激活其劳动力资源的潜在优势，从源头上缓解就业压力。

此外，低技能劳动力减缓，短期内可能出现大量低收入人口向欠发达地区回迁，导致其财政支出压力加大，收支结构进一步失衡，地方财政风险扩大。要积极探索建立区域性的共享税，在地区之间构建“共享就业和增长”的协调机制，有效控制地方财政风险的积聚。试点以城市群或者大都市区为基本空间单元，利用大数据、地理信息系统（GIS）、区块链等新一代技术建立区域协同发展平台，在推动区域内土地、技术、创新、公共服务和数据等资源要素一体化开发利用的同时，进一步开发以生态服务、环境产品、土地和数据资源等作为新时期地方发展的主要税源，在城市群空间范围内探索设立区域性的共享税，进一步平衡地区之间人均可支配财政收入的差距，缓解发展相对落后地区财政支出的压力，确保其提供公共服务的基本能力和发展能力不出现大幅下降。

第二篇

数字化转型驱动的要素变革与区域政策创新

伴随着各行各业数字化、智能化的转型，我国区域经济的发展进入新的历史发展阶段。人口老龄化、绿色化和数字化为核心动力的“新三化”成为区域经济发展所面临的最显著“变量”。这“三化”首先改变的是区域经济系统中的基础要素，即经济活动从传统以人、资本和自然资源为主，向碳、技术、数据和机器人为主的转变。新要素的形态、价值、流动、生产方式、消费方式等，都与传统要素不同，既为一个地区的发展带来了新机遇和新动力，同时也引发了前所未有的新问题和新挑战，如前面章节已经讨论过的区域差距扩大、空间极化等。这些新问题形成的机理与工业化时期并不相同，自然需要新的政策“处方”来治理。鉴于此，这一部分的内容将聚焦于人口、技术、数据和碳四大类关键要素，从经济要素变革的角度对我国可能面临的区域新问题、新趋势进行探讨。在此基础上以“共享增长与繁荣”为数字化时代区域政策的首要目标，提出我国未来区域政策优化创新的总体思路和相关政策建议。

第4章 人口“双达峰”：城市人口“收缩”与发展转型

从近20年人口变化趋势来看，我国已进入人口总规模和城镇人口规模“双达峰”的新发展阶段。受此趋势影响，人口在空间上的分布和迁移出现了一系列重要变化。从城市的空间维度来看，多数城市人口规模的增长趋于减缓，人口规模减小的城市范围快速扩大，即所谓的“收缩城市”（shrinking city）增多。这是经济社会发展进入更高阶段之后普遍会出现的一种全球性区域现象。在1950—2000年，全球大约有370个城市（人口规模在10万人以上）的人口减少了至少10%。在1990—2000年，每四个城市中就有一个城市正在“收缩”。[①] 尽管城市收缩是一个人口规模变化的现象，但一个地区人口减少往往伴随着就业机会的减少、经济活跃度的下降。正因如此，“收缩城市”通常会与老工业城市、铁锈城市和萧条城市联系在一起。这一点从众多学者们给出的定义就可以看出。

例如，美国华盛顿城市研究所高级研究员 Joseph Schilling、布鲁金斯学会的城市政策专家 Jennifer S. Vey 等学者都将“收缩城市”定义为在过去 40 年中人口规模减小的幅度超过 25% 的老工业城市，突出的特征是地区房产、厂房被废弃、空置，城市经济萧条。[②③] 德国凯撒斯劳滕工业大学（Technische Universität Kaiserslautern）教授 Pallagst 从“收缩城市”形成的原因给出了描述性定义，即由于经济衰退导致城市失业增加和人口流失，最终改变了本地区建筑的环境特征。[④] 国际研究网络（Shrinking Cities International Research Network，SCIRN）将“收缩城市”定义为人口至少 1 万人以上的密集区，近两年出现了大部分人口流失，并正在经历经济转型，具有较为明显的结构性危机的特征。这些定义的共同特征都将城市的收缩与经济衰退关联到一起，那么“收缩城市”是否一定是萧条城市？美国哥伦比亚大学城市规划教授 Beauregard 给出了不同的观点。他利用美国数据测算了“收缩城市”自 1980 年以来人口减少的规模，发现许多城市郊区的广泛增长与部分城市收缩是同时出现的，表明城市收缩是一个城市郊区化或是逆城市化的现象，[⑤] 并从后工业化增长的角度，提出城市收缩不一定是必然导致经济萧条的“问题”。[⑥] 无论如何，进入数字经济新时

---

① 数据来源：Simona Schett，An Analysis of Shrinking Cities，UNIV. OF Innsbruck Urban Ecology 2（2011/12），https：//perma. cc/52Q8 – UYN3.

② Schilling J，Logan J.（2008）. Greening the rust belt：A green infrastructure model for right sizing America's shrinking cities. Journal of the American Planning Association，74（4），pp. 451 – 466.

③ Vey J. S.（2007）. Restoring prosperity：The state role in revitalizing America's older industrial cities. The Brookings Institution Metropolitan Policy Program.

④ Pallagst，K.（2008）. Shrinking cities：Planning challenges from an international perspective. In Cities Growing Smaller，Kent State University，pp. 6 – 16.

⑤ Robert A Beauregard. Shrinking Cities in the United States in Historical Perspective Edited by Pallagst K，Wiechmann T，Martinez – Fernandez C. Shrinking Cities：International Perspectives and Policy Implications（1st）［M］，Routledge，2013.

⑥ Sonia Hirt，Robert Beauregard（2019）. Must shrinking cities be distressed cities? A historical and conceptual critique. International Planning Studies，DOI：10. 1080/13563475. 2019. 1661226.

代，人口结构和增长趋势的变化，都是区域发展和区域政策领域中的重要变量。我国作为人口大国，人口结构正处在重大转型时期，未来区域政策的优化需要关注这些变量对区域发展的中长期影响。

4.1　我国人口已显现出“双达峰”的基本态势，未来5—10年是关键的窗口期

根据2020年第七次全国人口普查数据，我国2010—2020年人口年均增长率为0.53%，比20世纪90年代（1990—2000年）的增速下降50%；同期，年平均人口增加705.6万人，相当于第五次人口普查时期的55%。从城镇人口的变化来看，尽管城镇人口的规模仍保持增长趋势，但增速随着城镇化率的提高已显现出明显下降的态势，2020年我国城镇人口比上一年增加1205万，增幅相比2015年下降大约30%（见图4.1）。我国人口总规模和城镇人口已由快速增长进入减速并趋于“双达峰”的新阶段。

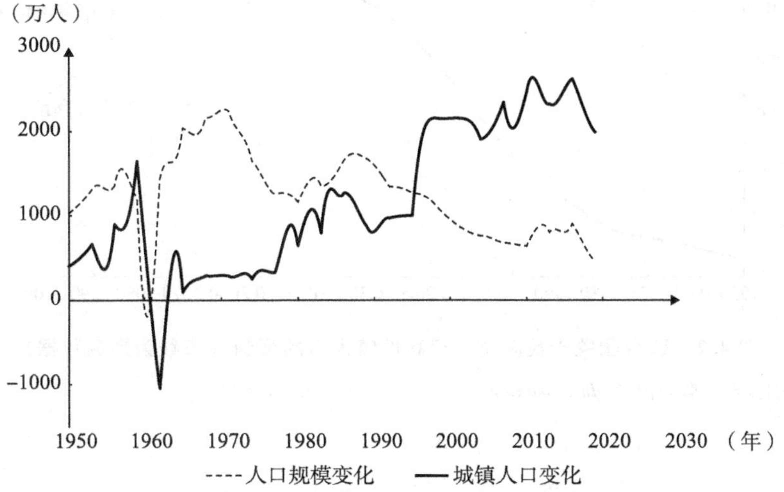

图4.1　1950—2021年我国每年总人口和城镇人口的变化

资料来源：Wind数据库、国家统计局《2020年第七次全国人口普查主要数据》。

根据联合国2019年的人口预测，在中等生育率水平下，预计我国人口规模在2031年达到峰值；在低生育率水平下，人口规模达峰时间将提前到2024年。也就是说，我国总人口的峰值最早可能出现在“十四五”末期。城镇人口的“达峰”时间相对晚于总人口的“达峰”时间。2021年我国城镇化率为64.7%，接近于上中等收入国家城镇化率的平均水平（2021年为69%）。[①] 从国际经验来看，一国城市化率超过50%之后就会逐渐进入减速阶段。根据联合国2018年发布的《全球城市化展望》的预测数据，至2035年之后，我国城镇化率将由目前年平均提高1个百分点降到0.5个百分点以下，城镇人口的规模也将随之进入到一个相对稳定的周期。如果考虑到总人口的达峰时间，城镇化人口的达峰时间还要提前（见图4.2）。综合不同情景因素，未来5—10年是人口“双达峰”的重要窗口期，也是区域政策调整的关键时间点。

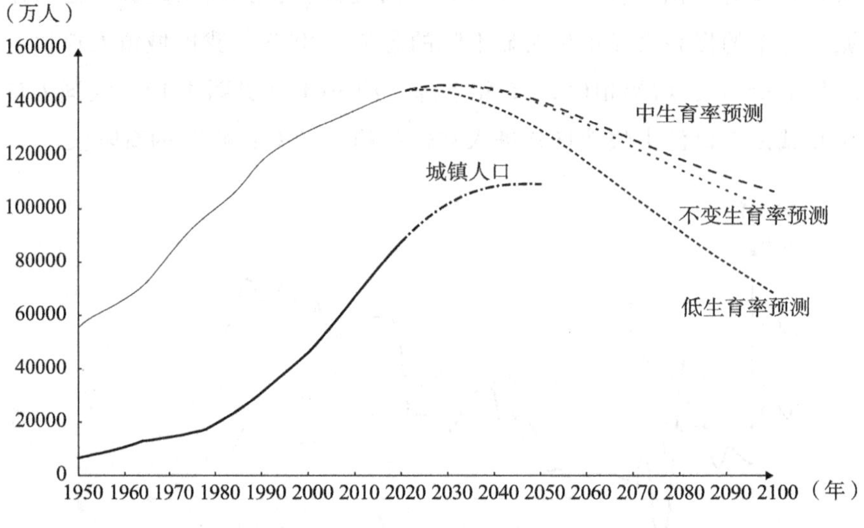

图4.2 联合国关于我国总人口和城镇人口的预测（虚线为预测数据）

资料来源：联合国 *World Population Prospects*（2018年和2019年）。

① 数据来源：Wind数据库、联合国人口数据。

4.2 "收缩城市"的数量随着人口的"双达峰"正在扩大

本章利用全国第六次和第七次人口普查数据，对2000—2020年我国284个地级及以上城市的人口变化趋势进行了比较。总体来看，近10年，多数城市的人口增长出现了转折性的变化，人口的"双达峰"已明显加剧了城市之间人口规模的分化和层级化，出现人口收缩的城市比例加速扩大。据不完全测算，2020年我国人口"收缩"城市的GDP和就业（城镇单位就业）占全国的比重约为21%和24%，[①] 尽管城市人口规模的变化不必然导致经济衰退，但这是以产业转型为前提条件。一个地区的人口持续流失并非是一个积极向好的趋势，如果不在适合的时间采取适合的干预调节政策，极有可能引发区域性的经济衰退和社会风险的集聚，进而影响国家整体经济增长的稳定性和更大增长潜力的释放。

4.2.1 近半数城市常住人口的规模下降，超过1/3的城市人口增长近乎停滞

从第七次全国人口普查的数据来看，2010—2020年，本章节比较的284个城市中，190个城市常住人口规模的增幅降低，135个城市常住人口为负增长，所占比重约为47.5%，42个城市常住人口的规模降幅超过10%。与第六次人口普查期间（2000—2010年）相比，78个城市的常住人口规模由正增长转为负增长，相当于人口规模下降的城市范围在10年间扩大近20%。同期，人口增幅超过40%的高增长城市数量由2000—2010年的25个缩减到11个；人口增幅在10%—20%区间的城市数量减少最

---

① 由于行政区划调整和部分地级市的数据缺失，本章节只对284个地级及以上城市进行了比较分析。考虑到2020—2022年全球新冠疫情的影响因素，GDP和就业数据为2019年，人口数据为2020年第七次全国人口普查数据。

多，超过了 60%。另外还有超过 1/3 的城市在 2010—2020 年期间常住人口增幅低于 10%，年平均人口增长不足 1%，近乎停滞（见图 4.3）。

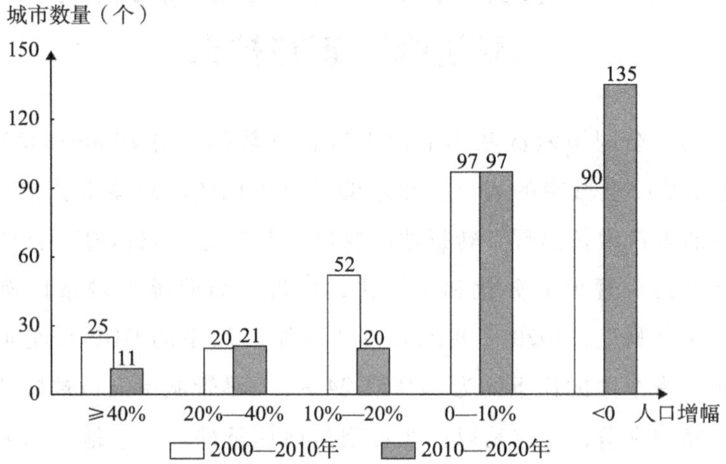

图 4.3　全国第六次和第七次人口普查城市人口增长的比较

资料来源：国家统计局网站。

从不同规模城市人口变化的趋势来看，中小城市人口收缩的趋势相对于大城市而言更显著。如图 4.4 所示，依据人口普查数据识别出的 135 个常住人口减少的城市中，大约 53% 是城区人口规模在 50 万人以下的小城市，40% 是城区人口规模在 50 万—100 万人的中等城市，[①] 只有 1 个是城区人口超过 300 万人的 Ⅰ 型大城市（即哈尔滨市）。也就是说，2010 年，城区人口小于 50 万人的 118 个小城市中，超过 60% 的城市在 2010—2020 年常住人口规模减小；城区人口在 50 万—100 万人的 98 个中等城市中，常住人口规模减小的城市占比约为 55%（见专栏 4.1）。

专栏 4.1　我国城市规模划分标准的演变

1955 年，国家建委《关于当前城市建设工作的情况和几个问题的报告》首次提出大中小城市的划分标准，即"五十万人口以上为大城市，五十万人以下、二十万人以上为中等城市，二十万人口以下的为

① 城市类型依据国家关于城市规模的划分标准，城区人口的基准数据为 2010 年。

小城市”。

1984 年 1 月 5 日，国务院颁布的《城市规划条例》明确，城市按照其市区和郊区的非农业人口总数，划分为三级：大城市，是指人口 50 万以上的城市；中等城市，是指人口 20 万以上不足 50 万的城市；小城市，是指人口不足 20 万的城市。

1989 年 12 月 26 日，《中华人民共和国城市规划法》颁布，提出城市按照市区和近郊区非农业人口划分为三级，与 1984 年的标准相同。

2014 年 10 月 29 日，《国务院关于调整城市规模划分标准的通知》（国发〔2014〕51 号）明确，城市规模划分标准以城区常住人口为统计口径，将城市划分为五类七档：城区常住人口 50 万以下的城市为小城市，其中 20 万以上 50 万以下的城市为Ⅰ型小城市，20 万以下的城市为Ⅱ型小城市；城区常住人口 50 万以上 100 万以下的城市为中等城市；城区常住人口 100 万以上 500 万以下的城市为大城市，其中 300 万以上 500 万以下的城市为Ⅰ型大城市，100 万以上 300 万以下的城市为Ⅱ型大城市；城区常住人口 500 万以上 1000 万以下的城市为特大城市；城区常住人口 1000 万以上的城市为超大城市。

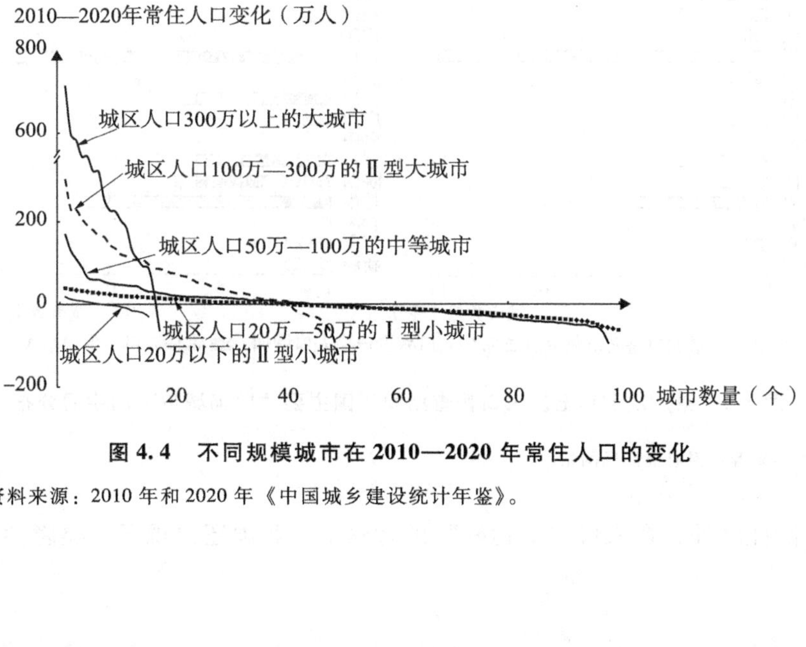

图 4.4 不同规模城市在 2010—2020 年常住人口的变化

资料来源：2010 年和 2020 年《中国城乡建设统计年鉴》。

4.2.2 常住人口和户籍人口均下降的“双减城市”增多，隐性“收缩城市”需要引起重视

常住人口减少的城市中，大约60%的城市还同时出现了户籍人口的减少。如图4.5所示，2010—2020年，常住人口和户籍人口“双减”的城市由2000—2010年的10个增加到78个。这与我国近期城市户籍制度的改革加快有关，但户籍人口与常住人口同时减少的城市，相对于那些只是常住人口减少而户籍人口还在增加的城市而言，其人口“收缩”的趋势通常会更长期、也更加难以逆转。

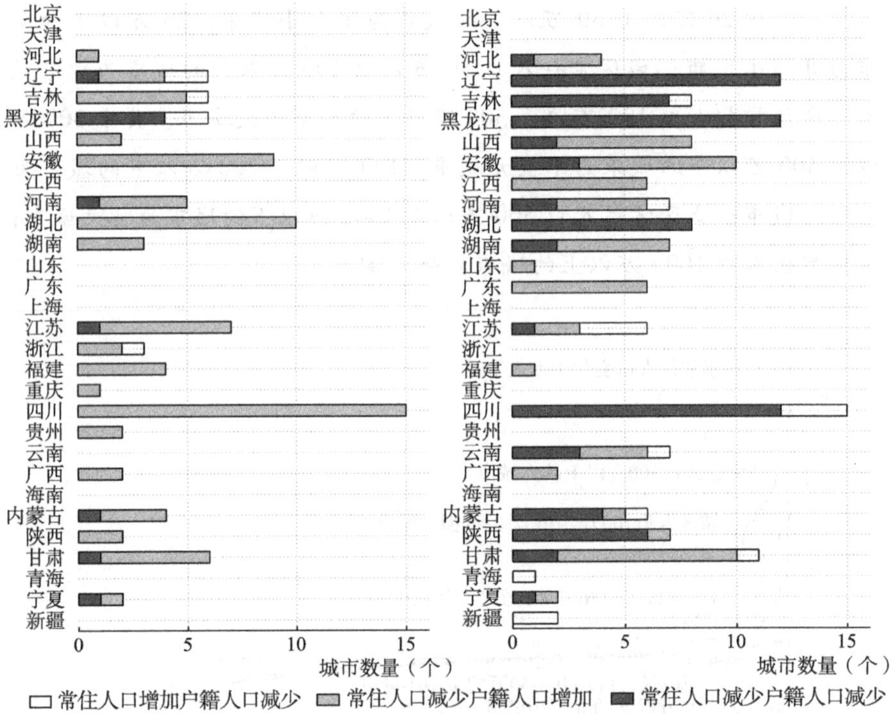

图4.5 第六次和第七次人口普查期间我国主要“收缩城市”的空间分布

资料来源：国家统计局网站。

除此之外，在人口“双达峰”的背景下，我国还出现了一类隐性“收

缩城市”，即常住人口增加，但户籍人口减少，如郑州、昆明、南通、扬州等。这些城市户籍人口的减少更多是由于技能水平或者受教育程度较高的人力资本迁出，如高校毕业生户籍的迁出、专业技术人才向外迁移等，尽管短期内还未出现常住人口的减少，但如果人力资本净流出规模持续扩大，影响到本地产业升级和结构调整的进程，就可能出现类似于东北地区的情况，影响常住人口的可持续增长。因此，这种潜在的隐性“收缩”城市同样需要引起政策制定者的关注。

4.2.3 “收缩”城市的空间分布呈现出“区域集中、环中心城市”等突出特征，东北地区是人口收缩现象最突出的区域板块

随着我国人口“收缩城市”数量的增多，空间分布范围明显扩大。从省级层面来看（包括直辖市、不包括西藏），2010—2020 年，21 个省份均有常住人口不同程度减少的城市，包括广东、江苏、福建等经济发展水平较高的地区。2010 年第六次人口普查时，我国只有 7 个省份出现常住人口和户籍人口“双减”的“收缩城市”，至 2020 年第七次全国人口普查，此类“收缩城市”已扩大到 16 个省份。

人口“收缩城市”的地域分布呈现出两大突出特征：一是出现了区域集中、连片性的人口“收缩”。主要集中在东北三省、四川、湖北和山西等地。东北三省 34 个地级及以上城市中，31 个是常住人口和户籍人口“双减”的城市，黑龙江是全国唯一一个全省域内所有地级市人口均减少的省份；四川作为长期人口净流出的大省，18 个地级及以上城市中，12 个是“双减”城市。二是中心城市周边的外围城市人口收缩趋势更为显著，尤其是中西部地区的中心城市周边。如距武汉半径距离 300 公里左右的城市（参照百度地图直线测距），除了鄂州、咸宁两个紧邻城市之外，其他城市的常住人口都出现了不同程度的减少。兰州、西安、南京等中心城市周边也显现出类似趋势。这种人口“收缩”格局的形成更大程度上是由于我国近期经济活动空间极化、地区差距扩大所致。

4.3 立足我国人口转型的新趋势，加快人口“收缩城市”高质量转型

当前，我国人口“收缩城市”的范围显著扩大，是人口和经济结构转型的必然结果，也将是未来区域发展中长期存在的“区域现象”。某种意义而言，人口规模的“减少”是向区域发展释放了一个需要政策及时调整的前期“信号”，需要从人口、经济发展和技术进步的长期规律，来认识这一区域现象形成的内在逻辑，适时推动相关政策领域的改革，为“收缩城市”的高质量转型做好前瞻性、战略性的政策安排。

4.3.1 城市出现人口“收缩”是多种因素长期作用而形成的结果，战略和政策层面都要给予充分重视，但要避免将其“短期化”

上一发展阶段，我国工业化和城市化水平较低，人口规模也处在快速增长阶段，从农村向城市地区迁移的人口保持着较高的水平。人口“双达峰”之后，这种迁移减少，人口跨地区的流动主要集中在城市之间。在总人口和城市人口规模处在相对稳定的水平时，城市间的人口流动必然会造成不同城市人口有增、有减，有收缩、有扩张。从我国目前的“收缩城市”特征来看，城市人口的减少与其地理环境、人口结构、产业结构、城市规模等因素都有关。因此，“收缩城市”的形成不是短期经济发展的问题，也不是单纯的人口减少问题。解决城市“收缩”的问题，要跳出“收缩城市”本身，不能用“人口减少就想尽办法增加人口”的简单逻辑，而是要从国家区域发展整体布局的优化和高质量城市体系的构建来推动相关政策的改革，为“收缩”城市全方位、高质量、可持续的转型做好长期性的政策设计。

4.3.2 以人口“双达峰”为基本出发点调整政策思路，“收缩城市”的应对之策应更加强调以“人民”为中心

如上文所述，我国目前出现人口收缩的城市多位于东北、山西、内蒙古等资源型或重化工产业集中的区域。从某种意义上来讲，这种“收缩”实际上是人口由低生产率地区向高生产率地区的转移，无论是对于稳定此类地区的就业收入，还是促进这些地区生态环境的修复，实现绿色发展的转型都具有一定积极意义。因此，“收缩城市”的转型不应过度强调如何保持其传统“生产能力”的规模，或者逆转其人口减少的趋势，而是要以人民为中心，确保“收缩城市”居民的生活质量和福利水平不明显下降，确保其养老、医疗、教育、住房等公共服务可获得，也具备应有的承担能力。这应是“收缩城市”最优先解决的关键问题。以城市群或大都市区为主体，在“收缩城市”与“增长城市”之间构建一体化的公共服务资源配置和共享机制；依托国家跨行政区的重大区域战略，如长三角、京津冀、长江经济带等，在更高层面、更深层次上推动地区之间养老、医疗等社会保障资源的统筹与共享，力求从制度层面解决“收缩城市”居民公共服务的“可及性”和质量不下降的问题。

4.3.3 以“空间”共享来推动城市群内部中心城市和周边城市的协同，有效引导人口的空间布局，避免短期内出现过多的“收缩城市”，影响我国经济的稳定增长

由于我国制造业数字化的转型和产业结构服务化的转型，经济活动向中心城市集聚的趋势增强，并带动了人口的集聚。这是现阶段我国环中心城市周边出现较多人口“收缩城市”的重要原因之一。此类“收缩城市”的增多，短期内会对中心城市教育、医疗、公共卫生等公共服务的供给、交通、住房等带来较大压力，增加经济转型的综合成本，影响经济增长的长期动力。缓解这一趋势的关键是要在中心城市与周边城市之间建立协同

机制，利用数字化技术、交通网络等改进城市群内部空间的连通性和共享性，促进中心城市就业、公共服务、生态、居住等功能的外溢，引导城市群内人口形成更加均衡合理的布局，防止周边城市出现范围过广、规模过大的人口收缩。

4.3.4 加快相关领域的改革，最大限度地减轻“收缩城市”的负面影响

从要素空间布局的角度来看，城市收缩是人口空间布局调整的结果，对不同地区公共服务需求的类型和规模、消费的空间格局、土地利用、经济增长、基础设施的布局等都会产生重要的影响。如果缺乏对“收缩城市”的有效管理，可能会加剧资源空间配置的扭曲，不仅会造成资源投入的浪费，还会因资源的空间“错配”影响其他地区经济发展的能力和空间。目前，我国已有近半数的城市常住人口减少。随着人口“双达峰”的临近，预计还将出现更多的“收缩城市”。需把握未来5—10年的政策窗口期，加快推进相关领域的改革。具体包括：加快完善空间规划的政策，改变传统以人口规模和增长为基础的规划理念，空间规划职能适度上移和集中，在更大区域范围内推动城市之间、城乡之间的一体化规划，为“收缩城市”的空间重塑奠定基础；更大力度地推动城市行政区划的优化调整，那些人口密度低、城区人口较少，常住人口又出现大幅下降的中小城市，应结合我国整体空间布局的优化，进行更智慧、更主动“收缩”；进一步完善“人地挂钩”的土地指标配置机制，避免各类城市都为了争取更多土地指标而不合理地规划人口规模。另外，也要在不同类型的城市之间建立用地指标的平衡机制，避免人口过度向优势地区集中，造成过多的“收缩城市”。

第5章 "技术"大循环：相对落后地区转型与区域发展新格局的构建

地区分化、部分地区转型滞后不是一个新的区域现象。区域经济学的主流观点从传统经济增长路径的角度对这一现象进行了解释，即一个地区一旦形成某种经济社会发展的模式，会产生较为顽固的"累积"效应，也就是发展的"路径依赖"。① 2006年，英国剑桥大学 Ron Martin 教授对地区如何突破"路径依赖"提出了五个建议性的路径：内生创造、异质化和多元化、技术相关行业的多元化、既有产业的升级和异地迁入等。② 近期，在数字化转型加快的背景下，上述观点在学术界也引起了越来越多的争议，普遍认为传统观点对一个地区形成路径依赖的原因的认识，过于强调本地区的资源禀赋条件、资产或者劳动力技能，而忽视了其他一些潜在的重要因素，如创新、与其他地区的连接等。③④ 在传统工业化阶段，多数国家针对相对落后地区转型的支持性政策主要集中在"生产端"，如产业投资、基础设施更新升级、技能培训等，既没有考虑生态环境的约束，也没

---

① Martin R. Putting The Economy In Its Place On Economics, Geography And The Economic Landscape, Paper presented at the workshop on evolutionary economics and economic geography, October 24 (2003) [C]. University of Utrecht, 2003.

② Martin R, Sunley P. Path dependence and regional economic evolution [J]. Journal of Economic Geography, 2006, VOL 6: 395 - 438.

③ Carvalho L, Vale M. Biotech by bricolage? Agency, Institutional Relatedness And New Path Development In Peripheral Regions [J]. Cambridge Journal of Regions, Economy and Society, 2018, 11 (2): 275 - 295. https://doi.org/10.1093/cjres/rsy009.

④ Hassink R, Isaksen A, Trippl M. Towards A Comprehensive Understanding Of New Regional Industrial Path Development [J]. Regional Studies, 2019, 4 (1): 1 - 10. https://doi.org/10.1080/00343404.2019.1566704.

有考虑技术变革和人口结构的变化。这些政策工具的短期效果是可预期的，但能否推动一个地区实现可持续的增长还需要进一步观察和验证。2019年，经合组织（OECD）的研究报告《产业转型中的区域：以“人”或“地方”为导向的政策》中提出，一个地区实现成功的产业转型，需要技术、产业和制度等方面的变革同时发生。新技术的扩散与渗透对于推动地区产业的变革是必要的，但还远远不够。政策制定者所面临的最大挑战来自于如何撬动潜在的资源，加强公司微观层面的创新能力，关键是要在地区之间建立更广泛的网络，推动转型地区与其他地区之间的互动和知识的交换，这是突破发展路径锁定最重要的政策措施。[①]

5.1 “技术要素”是数字化时代影响区域发展的核心要素

进入高质量发展阶段之后，我国区域问题出现了更为复杂的变化，新旧矛盾交织，不仅一些经济发展水平较低的地区转型进展缓慢，还有部分地区在上一轮工业化发展阶段中，实现了较高水平的工业化和城镇化，但在高质量转型中却陷入新的发展困境，可持续的新增长动能迟迟没有形成，本地区高质量要素溢出的趋势明显加剧。典型的就是东北地区，尽管国家出台了多轮区域政策加以扶持，但这些地区经济转型的进展情况并不理想。2020年，东北三省的常住人口比2010年减少约1130万人，相当于10%的人口净流出；辽宁GDP增长率降至1%以下，黑龙江GDP增长率为1%，吉林相对高一些，也仅为2.4%，均为近20年的最低值。[②] 即使考虑到全球新冠疫情等不确定性因素的影响，这些地区高质量转型的深层次矛盾问题仍未得到根本性缓解，已成为新时期制约我国高质量区域经济布局形成的突出矛盾之一。

---

① OECD. Regions in Industrial Transition：Policies for People and Places [R]. Paris：OECD Publishing，2019，https：//doi. org/10. 1787/c76ec2a1 - en.

② 数据来源：国家统计局网站。

我国不同地区在新一轮高质量转型过程中出现了快速“分化”，在某种程度上说明以往区域政策的有效性正在下降。之所以出现这一趋势不是政策工具自身的问题，根本原因在于，相关政策的设计安排与数字化时代区域经济增长的路径出现了“偏差”，忽视了“技术”要素在区域高质量发展中的重要作用，尤其是对相对落后地区转型的重要意义。在过去的区域政策体系中，受发展阶段的限制，技术要素不仅没有得到充分的重视，甚至误认为“新技术”或者创新专属于发达地区。事实上，每一个地区，无论发展水平的高低，无论经济规模的大小，未来实现产业升级、数字化转型和低碳绿色转型都离不开“技术”，它是所有地区实现高质量发展最为关键的要素。由于我国地区发展差距比较大，技术要素在空间上的布局长期存在着失衡，随着各地区转型的深入，又形成了一种“放大”机制，导致欠发达和转型困难地区越来越难以获得新一代技术要素。这是当前区域发展不平衡不充分问题的关键矛盾所在，也是未来推动形成高质量区域经济布局的政策基点。

5.2　高质量发展阶段应高度重视技术要素扩散空间持续收窄的矛盾

在新一轮技术变革、产业变革、人口老龄化和环境约束等多种因素的影响下，我国地区之间不只是经济发展水平的差距扩大，劳动力、资源、环境等发展的基础条件，或者更高层面的创新能力和生产率水平都出现了系统性分化。技术要素，作为新时代实现高质量转型的核心要素，其跨区域的流动和空间上的布局随着地区分化的加剧显现出一些新的变化和矛盾。

5.2.1　技术要素跨区域流动的规模快速扩大，但区域间技术循环的主体却向少数发达地区集中

自2012年我国实施创新驱动发展战略以来，各地区都在积极推动由要素规模投入向创新为核心增长动力的转型。“技术”要素在区域经济发展

中的重要性越来越凸显，跨区域流动的规模随之快速扩大。2010—2019年，我国技术市场交易的合同金额年均增长率超过20%，同期GDP年均增长率约为7.4%（按照1978年=100可比价计算）。2019年，全国技术市场成交合同金额增长至2.2万亿元，相当于2000年的34倍之多（现价计算）。① 但技术要素跨区域的流动却越来越集中于少数发达地区之间。如图5.1所示，2019年，北京、广东和江苏是我国技术输出规模最大的区域，三省之和占全国的比重约为43.2%②（按照技术交易金额计算，下同）。同时，这三个地区又是全国最主要的技术流向地，占全国的比重也达到了40.0%。与之形成鲜明对比的是，全国31个省（直辖市、自治区）中，22个地区的技术流入金额低于全国平均水平，15个地区的技术流入金额占全国的比重均在2%以下，其中内蒙古、黑龙江、青海等地区技术流入的规模占全国的比重尚不足1%。也就是说，我国有半数地区在高质量转型中只获得了非常少量的新技术支持。

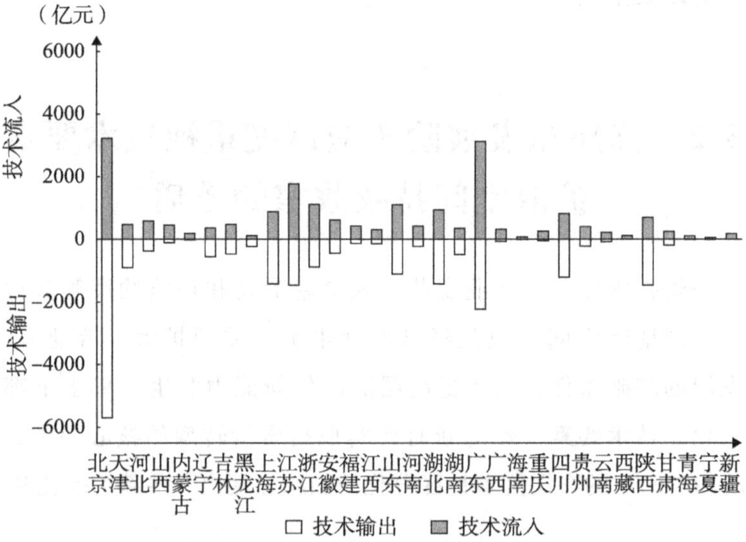

图5.1 2019年我国各地区技术市场输出和流入合同金额

资料来源：《中国科技统计年鉴》（2020）。

① 数据来源：《中国科技统计年鉴》（2020），Wind数据库。

② 全国技术市场的交易额扣除了与中国香港、中国澳门、中国台湾以及国外的技术交易额。

由此可见，我国技术要素跨区域的流动越来越局限于少数发达地区之间，几乎已形成输出—流入的空间“闭循环”。发达地区作为技术领先地区，对其他地区的技术扩散不仅没有随着创新能力的提升有所扩大，反而在收窄。如果这一“闭循环”持续存在，新技术要素必将持续向技术领先地区集聚，在此循环之外的地区获得新技术的难度会更大，不仅会影响到经济增长，这些地区公共服务供给的水平和质量，社会、生态环境等领域的治理水平也都会因缺乏新技术而难以改进。从地区发展的角度来看，就相当于某个地区集聚人才、资本等发展要素的生态条件被破坏，致使其发展陷入了“反向循环”。如果缺乏必要的校正机制，地区要素溢出的趋势便会不断加剧，直至经济衰退。

5.2.2　地区之间技术分工趋于固化，欠发达地区与发达地区的技术鸿沟进一步扩大

从不同地区在技术链中的分工来看，广东、北京和江苏在技术开发环节具有相对主导的地位。如图 5.2 所示，2019 年，流向地为广东的技术开发类交易总规模接近 1500 亿元，位居全国首位，占全国的比重超过 1/5，同比相当于江浙沪三地之和；其次是北京，占全国的比重超过了 13%。这些地区处在我国技术链分工中的最上端，属于新技术或新产品的“策源地”。以“技术转让”形式流动的技术要素，主要流向北京、江苏、广东和上海，占全国的比重之和超过了 60%，其中北京最高，技术转让合同总金额为 615.4 亿元，占全国的比重接近 30%；其次是江苏和广东，占全国的比重均超过了 10%。这些地区相当于我国技术链分工中技术转化的重要“承接地”。这些地区与处在技术链分工上游的地区（策源地）在空间上出现了高度重合。从另一个角度表明我国地区之间出现了如上文所描述的技术要素“闭循环”的区域现象。

经济发展水平相对较低的中西部地区，整体上处在技术链分工的中低端，技术要素流入的形式更多是技术服务或者少量的技术咨询。例如，2019 年，陕西和四川作为西部地区技术交易规模最大的省份，以技术服务

形式吸纳的技术占本地区技术流入总规模的比重分别为68.8%和76.9%；湖北作为中部技术交易规模最大的省份，技术服务占其吸纳技术总规模的比重也超过了70%。东北地区与中西部地区的情况类似，吉林是东北地区技术交易规模最大的省份，技术服务占其吸纳技术总规模的比重为60.2%。这种技术流向的格局折射出两个层面的含义：

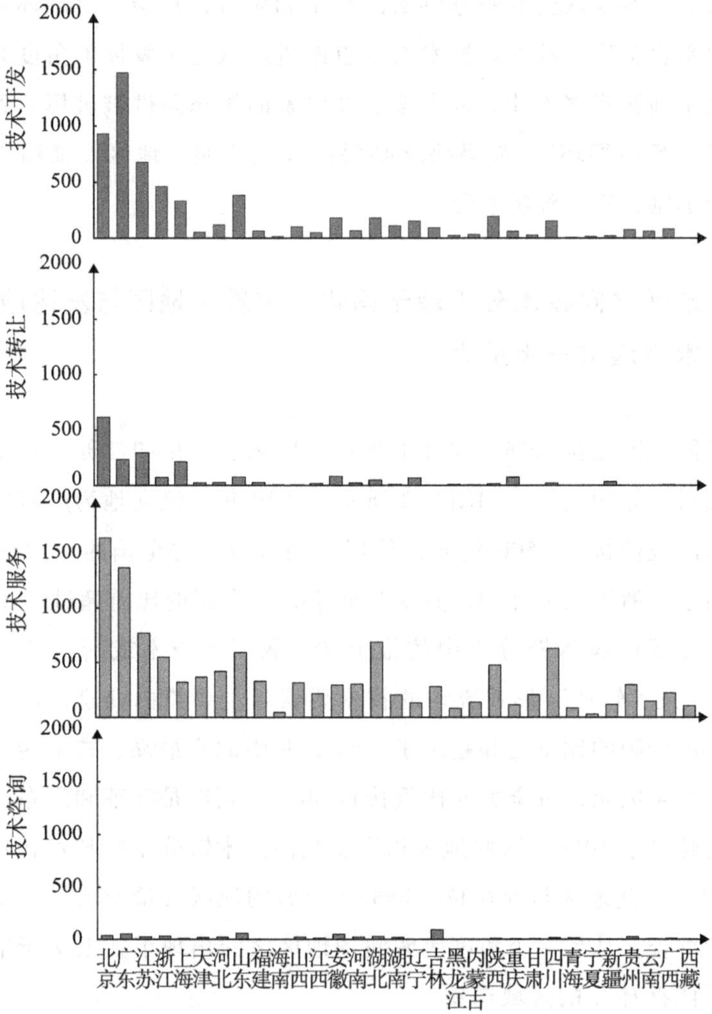

图5.2 2019年各地区不同合同类型的技术流入金额（亿元）

资料来源：《中国科技统计年鉴》（2020）。

一是上述地区由于发展水平较低，吸纳新技术的能力处在相对较低的水平；二是反映出这些地区的技术需求仍集中在传统工业化时期的中低技术行业领域，并未参与到我国技术链中新技术或新产品的技术开发与转换的分工体系之中。随着技术进步和经济复杂度进一步提高，地区之间在新技术领域还可能出现更大的技术鸿沟，各个地区在产业、技术等领域的分工格局也会因不断扩大的技术差距而被进一步固化。除此之外，随着技术要素空间集中度的提高，部分地区如果不能及时转型，在新的地区分工中将面临着“不升反降”的衰退风险。

5.2.3 发达地区对技术要素的“虹吸效应”不断加剧，欠发达地区和经济转型困难地区的技术活跃度进一步降低

在第三次技术革命和第四次工业化的背景下，我国地区之间出现分化的核心驱动力来自于技术要素综合配置能力的差距扩大。珠三角和长三角等经济发达地区，既拥有显著的资本优势，用以支持和推动本地区的技术创新，同时又具有相对稳固的产业基础，技术吸纳能力也领先于其他地区，再加上新一代数字化技术的支撑，对技术要素的虹吸效应被不断强化。2016 年，广东技术净流入的规模尚不到 40 亿元，至 2019 年就已超过 900 亿元（已超过了甘肃省全年的财政收入），相当于其当年技术输出的 40%，远高于江西、甘肃、云南等中西部经济欠发达省份同期技术交易的总规模。①

受发达地区技术虹吸效应的影响，一些技术创新基础条件原本较好的地区，技术吸纳能力和活跃度在新一轮经济转型中却出现了明显下降，甚至是衰退。最典型的就是辽宁、湖南、湖北、陕西和四川等地。虽然这些地区高校、研究机构的数量和研发投入的规模，相对于同等发展水平的地区都较高，例如，陕西、湖北两地 2019 年的 R&D 经费投入强度（占 GDP 的比重）分别为 2.27% 和 2.09%，已接近同期广东的投入强度（2.88%），但技术逆差的规模（技术输出与流入金额之差）在过去 10 年

① 数据来源：2012—2020 年《中国科技统计年鉴》和《中国统计年鉴》(2020)。

间却快速扩大。①

如图 5.3 所示，2019 年，陕西技术逆差规模由 2011 年 114.9 亿元扩大到 774.7 亿元。东北三省、湖北和湖南等地先后由技术净流入变为技术净输出，技术要素流失的趋势不断加剧。如湖北，2010 年，其技术流入的规模是其输出的 1.5 倍，至 2019 年，同比降至 66.1%，成为技术要素净输出的地区；黑龙江技术流入的规模在 2012 年相当于其技术输出的 70%，2019 年同比下降至 50%；云南、贵州、重庆等地区技术交易总规模（输出与流入之和）也都出现了不同幅度下降。对于经济发展水平相对较低的地区，技术要素的逆差，或者技术输出规模的扩大并非代表其技术创新能力的提升，相反，它反映的是本地区技术需求的收缩，进而造成技术要素非正常输出的一种区域发展的"假象"。如果这一趋势不能及时扭转，当地技术的活跃度还将受经济增长减缓的影响进一步降低，并形成恶性循环，导致本地区既有的人力资本、技术、金融资本等优质要素进一步溢出。

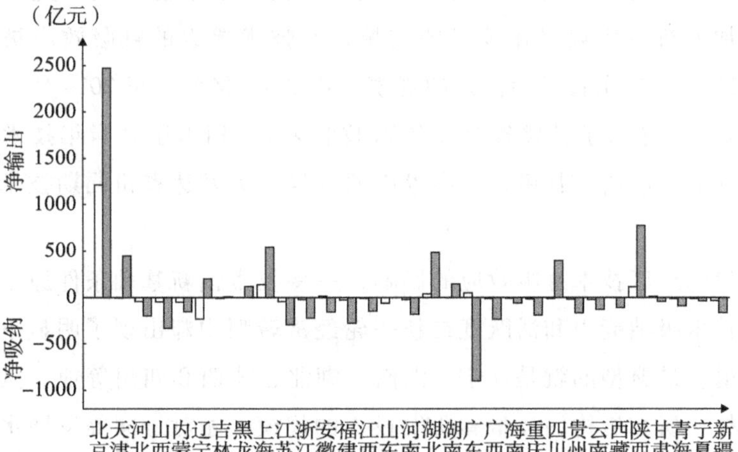

图 5.3　2011 年和 2019 年各地区技术市场净输出或净吸纳金额

资料来源：根据 2012 年和 2020 年《中国科技统计年鉴》相关数据计算。

① 数据来源：《中国统计年鉴》（2020）。

综上所述，我国当前技术要素的空间布局，既不利于欠发达地区获得新技术，形成以新技术、新产业为基础的经济增长路径，也阻碍了地区之间不同技术领域的交流与融合，技术市场的有效需求规模受到限制，相当于间接提高了我国技术创新的整体成本。从技术进步的一般规律来看，在封闭的技术循环内，发达地区的技术进步也可能受阻，很快形成“天花板”，导致国家整体创新能力的降低。① 技术要素跨区域流动的空间过窄，技术要素向少数地区过度集聚，不仅会减弱技术向其他地区辐射扩散的正向效应，还会给我国技术供应链和高新技术产品的供应链带来更大的不确定性风险，尤其是发达国家对我国技术封锁持续升级的情况下，技术要素集聚的负面效应将更加突出。因此，在推动各地区向创新发展转型，构建高质量区域经济布局时，应将技术要素的有效流动和空间布局的优化作为最优先破解的关键问题。

5.3 加快构建技术大循环，推动形成高质量区域经济布局的若干建议

根据第七次全国人口普查数据，在我国 31 个省份中，14 个省份的老年人口抚养比超过了 20%。2020 年，习近平主席在第七十五届联合国大会一般性辩论上，提出“中国将提高国家自主贡献力度，采取更加有力的政策和措施，二氧化碳排放力争于 2030 年前达到峰值，努力争取 2060 年前实现碳中和”。我国高质量经济布局的形成，不仅要受到国内地区发展不平衡不充分的制约，还需要应对新一代颠覆性技术、人口结构变化所带来的经济社会变革，以及绿色转型等诸多领域的挑战。“技术”是应对这一系列挑战的关键，没有先进的技术要素，任何一个地区都不可能实现真正

① Lee K, F. Malerba. Theory And Empirical Evidence Of Catch - Up Cycles And Changes In Industrial Leadership [J]. Research Policy, 2017, 46 (2): 337. http: //dx. doi. org/10. 1016/j. respol. 2016. 09. 08.

意义上的高质量发展。同时，技术要素相对于人才、数据、风险投资、产业资本等要素空间布局的优化又具有重要的引领作用。基于此，需要超越传统要素区域循环和统一要素市场的边界，在整个国土空间范围内着力构建“技术大循环”，为所有地区的高质量发展提供及时有效的技术支撑。这是我国实现区域经济高质量布局的前提条件和关键途径。

5.3.1 从建设技术产业生态圈的角度优化政策供给，实施更加“区域化”和“产业化”的创新政策，着力提高欠发达地区吸纳技术要素的能力

技术吸纳能力较低是限制欠发达地区技术要素流入的主要瓶颈，但传统创新政策更侧重于技术开发能力的提升，政策工具主要是针对技术链的中上游环节，如增加研发投入、R&D 活动的税收减免和财政补贴、针对新技术或新产品的政府采购等。从实施效果来看，这些政策工具更适合、也更有利于经济发展水平较高的地区。如果在欠发达地区只是单纯增加研发投入，或者对技术开发活动进行政策补贴，在吸纳能力不足的情况下，就相当于对发达地区技术创新的“逆向补贴”，不一定能提高落后地区的生产率水平。[①] 辽宁、陕西等地的情况正是如此，研发投入规模越大，技术要素的溢出反而越严重，还同时造成其他相关联的优质要素流失。这是我国技术要素空间布局中迫切需要扭转的趋势。鉴于此，需要将创新政策与产业政策和区域发展政策融合在一起，要优先将财政、减税等补贴类政策，用于扩大欠发达地区数字化基础设施投资、提升当地劳动力数字化技能；顺应新兴前沿技术驱动的产业变革趋势，实施以“技术”为总体导向的新型产业政策，着力培育和引进新的技术型企业等，全面改善欠发达地区的技术产业生态。一旦在某个技术领域形成科技生态，就会形成正向反馈，带动更多技术要素和相关产业向这些地区集聚，逐渐形成基于新技术的增长路径。

---

① Audretsch D, E. Lehmann. The Seven Secrets of Germany [M]. Oxford: Oxford University Press, 2016.

5.3.2 更好发挥政府对技术要素空间均衡布局的调控功能，在国家层面加强对地区间技术竞争的协调，以地区间的技术互补来带动技术跨区域的“大循环”

目前，我国技术要素在区域布局上所显现出的结构失衡、闭环流动或者技术鸿沟等问题，本质上是市场机制对技术要素和创新资源配置失效而引发的，不可能再通过市场机制或者地区间的竞争机制来解决，需要更好发挥政府对技术要素布局的宏观调控和再配置功能。可借鉴美国区域技术中心和德国、日本技术集群空间布局的经验（见专栏 5.1），[①][②] 在我国中西部和东北区域板块，选择一些具有战略接续性区位特征的外围地区，如城市群中的非中心城市或者多个行政区交界的经济区，按照政府主导、非竞争性的基本原则布局建设一定数量，与发达地区具有差异化技术导向的技术集群，并采取差异化的支持政策。[③] 核心目的是引导不同地区基于不同的技术领域各自形成领先的技术分工优势，通过地区之间的技术互补和相互合作，促进技术要素在整个国土空间范围内形成开放的“大循环”，共同向技术前沿迈进。

专栏 5.1　德国如何利用前沿技术集群为导向的区域政策促进技术要素跨区域流动[④][⑤]

2007 年，由德国研究和教育部发起了一项政策计划，即前沿技术集群项目（Leading Edge Cluster Competition，LECC）。该项目一直持续

---

① Mauroner O. Innovation Clusters and Public Policy—The Case of a Research - Driven Cluster in Germany [J]. American Journal of Industrial and Business Management, 2015, 5: 736 - 747.

② OECD. Broad - based Innovation Policy for All Regions and Cities [M]. Paris: OECD Publishing, 2020.

③ 孙志燕，郑江淮．加快在国家层面推动“技术集群”的战略布局，拓展高质量发展新空间［J］．现代管理科学，2021（03）：3 - 7.

④ Rothgang, Michael & Cantner, Uwe & Dehio, Jochen & Engel, Dirk & Fertig, Michael & Graf, Holger & Hinzmann, Susanne & Linshalm, Enikö & Ploder, Michael & Scholz, Anne - Marie & Töpfer, Stefan. (2017). Cluster policy: Insights from the German leading edge cluster competition. 3. 3 - 18. 10. 1186/s40852 - 017 - 0064 - 1.

⑤ Rothgang M., Dehio J. Lageman B. (2017). Analysing the effects of cluster policy: What can we learn from the German leading - edge cluster competition? The Journal of Technology Transfer, doi: 10. 1007/s10961 - 017 - 9616 - 6.

到2017年，是迄今为止最大的德国联邦集群项目，总预算为6亿欧元。先后经过了三轮竞争性筛选，最后在不同地区相对均衡地选择了15个集群，其中南部地区9个，北部地区6个，提供资金使其成为某个技术领域的国际领先者，如果该地区已经国际领先，则进一步强化扩大其领先地位。通过实施地区导向型的技术集群，持续挖掘区域经济发展潜力，其政策目标就是促进经济增长，创造更多就业机会，增强德国全球创新、创业的吸引力。

该项目建立了由评委会组织的两步选择机制。选择过程的设计充分体现两个方面的目标——竞争和不同利益群体诉求的战略性协调。选择过程公开透明，并与项目申请地区进行充分全面沟通，为其留有足够的时间进行准备和协调项目规划。评委会使用了多维度、综合一体化的遴选标准，即全面考虑技术集群所涉及各领域的需求。该评委会具有高度的独立性，在决策过程中可以征求各领域专家的意见和建议。与法国、澳大利亚等国家的模式不同，德国LECC项目评选过程中，州/地方政府在项目预选择过程中具有一定的作用，实际上是一种以地方申请为基础的选择机制，对于技术领域没有特殊的限制。确定的15个技术集群主要集中在生物/医药、协同材料、电子、汽车制造、信息通信技术和软件、物流、可再生能源等技术领域。

德国通过分布在不同地区的前沿技术集群，不仅有效地促进了地区的经济增长，还通过不同的机制设计形成了显著的网络效应，促进技术要素在全国更大空间范围内的流动和扩散，形成了更加广泛的增长效应。政策机制主要包括：政策激励集群内部的技术生产与转让，在区域内部建立技术流通网络。支持前沿技术集群与其他地区合作研发项目，形成技术合作网络，在不同地区之间启动，最大化不同区域主体之间的协同效应。学习过程不仅限于项目合作主体，对非项目主体、公共研究机构等都能形成学习效应，带动技术的扩散。

技术集群的项目可以是双边合作，也可以是在更大共同体范围内的多边合作。合作产生的结构效应进一步增强了技术集群的网络扩散效应。从德国的经验来看，在那些具有良好技术基础和创新潜力的地区建立技术集群，成功的概率更大。由此可见，该项目的机会窗口不只是出现在新技术的早期开发阶段，在已有行业中也可能出现。当出现全面的技术变革，或者产业发展需要重构已有的技术和生产要素来应对新挑战时，就会形成技术集群的内生动力。同时，技术集群能否成功，其组织模式也是一个关键因素。在集群培育的早期需要专业化的管理机构统一协调各类资源。技术集群还会受到中长期结构变化的影响，技术集群需要不断地调整发展方向。

由于当今交通运输和信息通信技术的进步，在德国前沿技术集群项目中，并没有把地理空间上的“邻近”作为技术集群区位选择的必要条件，这与传统意义上的集群显著不同。从技术的角度来看，超越地理空间、以技术为导向的“集群”更有利于在差异性较大的地区之间调动配置优势资源，形成更优化的创新组合。这种技术集群能够增强不同区域之间的交流，内部能够形成互补效应共同应对来自外部环境的影响，但一些重大环境因素，如无法克服的技术难题或者国际市场需求的变化等，技术集群也会面临重大的风险，需要自身建立较强的响应能力和适应性。这是德国前沿技术集群项目的重要经验之一。

资料来源：Rothgang, etc. *Cluster policy: Insights from the German leading edge cluster competition*, *Analysing the effects of cluster policy: What can we learn from the German leading-edge cluster competition?*

5.3.3 深化发达地区对欠发达地区对口技术援助制度的改革，加快技术要素向欠发达地区“下沉”，为国家层面的技术大循环建立更顺畅的网络

新兴前沿技术所形成的新业态，对技术要素具有较强的网络集聚和地理依附性，客观上会限制发达地区向其他地区的技术扩散。因此，亟须调整地区间围绕技术要素的竞争机制，尽快在发达地区建立技术扩散的内在

激励机制，促进技术向欠发达地区的下沉。充分借鉴和推广深汕经济合作区的模式，[①] 加强资源配置、规划建设、管理模式等方面的制度创新，以更大的改革力度支持发达地区与欠发达地区共建技术集群，推动技术要素在地区间的流动形成良性循环。进一步改革东西部地区对口支援和对口协作的机制，基于高质量区域经济布局的新要求，尽快启动实施新一轮以技术援助为引领的地区间协作规划，加快新一代技术要素的扩散。加快科技特派员制度的创新，扩大科技特派员的规模和覆盖地区，除了农村地区之外，要尽快将欠发达地区的城市转型、企业转型纳入政策支持范围，带动更宽领域的新技术向更多地区的渗透与扩散。

5.3.4 依托区域发展的转型战略，在相对落后或转型困难地区创造广泛的新技术应用场景，以需求带动技术要素向欠发达地区的流动

目前，制约我国技术要素大循环的关键原因除了欠发达地区技术吸纳能力较低之外，还与这些地区对新技术、新产品无法形成有效需求有关。从新一代技术要素的特性来看，更多属于通用型技术或者赋能型技术，几乎可应用在高质量转型的每一个领域。因此，在政策供给层面，需要从更广泛的意义上理解“技术要素”，以欠发达地区或转型困难地区为整体，面向其未来数字化转型、能源转型、绿色转型等方面的需求，依托智慧城市、低碳城市、生态城市、智慧乡村等综合性的区域发展战略，拓宽政策工具选择的范围，创造出更多面向新兴技术的应用场景和有效需求。这是实现发达地区与欠发达地区技术循环的前提条件和关键的政策着力点。

在数字化新时代，我国实现区域经济高质量的布局，需要每一个地区经济社会发展的高质量转型，而技术要素是新时代高质量经济发展不可或缺的关键要素，它在整个国土空间范围的大循环，不仅有利于提高各类资源要素空间配置的效率，推动各个地区经济发展范式向更高层级的转变，

---

① 深圳市推进中国特色社会主义先行示范区建设领导小组办公室．深圳中国特色社会主义先行示范区发展报告（2020）［M］．北京：人民出版社，2021.

也是新时代创新经济增长路径，实现更加平衡、包容、绿色的发展范式转变所必需的，对我国实现共同富裕的远景目标更是具有至关重要的战略意义。因此，我国区域政策的重点要加快由传统生产要素向以技术为核心的新型要素转变，建立与技术要素空间布局规律相匹配的政策体系，将构建技术大循环作为高质量区域经济布局的重要政策着力点，并以技术的大循环推动资本、人才、商品等要素循环体系的完善，为实现共享增长和共同富裕的发展目标奠定基础。

第6章　新生产要素：地区差距扩大的新机制与政策工具的优化

当前，我国相对落后地区（以下简称落后地区）向高质量发展转型的过程中遇到了一系列新的挑战和约束，既要应对新一代技术进步对传统区域经济增长路径的冲击，又要克服气候变化、碳减排、能源结构调整、人口老龄化等诸多发展环境条件变化所带来的新约束。这些地区转型相对缓慢，再次陷入经济增长的“停滞”，形成新的“问题区域”。我国长期存在的地区差距不仅没有随着技术进步得到缓解，还进一步叠加了高质量转型所带来的“新差距”。亟须采取新的应对政策，为落后地区的转型提供更全面、更系统的支持，有效抑制地区差距加速扩大的趋势。这对于数字化时代推动地区平衡发展、实现共同富裕具有重要意义。

6.1　地区间技术的“梯度”与新一轮地区差距关系的辨析

2020年，我国省级层面的相对差距（人均GDP最大最小值之比）约为4.6倍，相比2014年扩大了15%；绝对差距的扩大更加显著，2014—2020年扩大幅度约为64%，相当于每年扩大10个百分点。[①] 但此轮差距的扩大与我国20世纪90年代地区差距扩大的原因完全不同，更大程度上

① 数据来源：根据统计局网站相关数据计算。

是由于向创新驱动发展的转型过程中，各地区在技术要素的生产、配置能力等方面的差距导致技术进步和生产率增长在区域上出现了严重不平衡，[①]是更高发展阶段地区间技术水平分化的集中体现。

6.1.1　受数字化、智能制造、物联网等新一代技术进步的影响，相对落后地区的发展双向“承压”，地区差距被进一步扩大

2019年，我国高新技术企业总收入超过45万亿元，与GDP之比由2007年的28.2%增长至45.8%，成为驱动经济增长最重要的动力源之一。但由于高新技术产业的技术复杂度和资本密集度相对较高，主要集中在少数发达地区。广东、江苏和北京三个地区集中了全国44.5%的高新技术企业和37.7%的企业收入；长三角和珠三角两大区域内的高新技术企业净利润之和占全国的比重超过了80%；全国高新技术企业贡献的税收收入中近1/3来自于广东、江苏两地。[②] 从省级层面看，2019年，高新技术企业总收入对人均GDP的边际影响比2007年大约扩大了2.5倍（见图6.1）。表明我国在向创新驱动转变的过程中，地区间高新技术产业发展的不平衡，已成为新一轮地区差距扩大的直接推动力。更关键的问题是，高新技术行业向发达地区集聚的同时，地区之间的“梯度”越来越显著，技术水平相对较低的行业是否会向成本更低、发展水平相对落后地区进行“转移”？不同的回答需要不同的区域政策工具来应对相同的结果——差距扩大。

依照传统区域经济发展的理论和观点，梯度转移似乎已成为“默认项”。为此，有必要回归到“梯度转移”概念的本源之上。根据百度百科的定义，梯度（Gradient）实际上是微积分学中的一个名词，表示某一函数在该点处的方向导数沿着该方向取得最大值，即函数在该点处沿着该方向（此梯度的方向）变化最快，变化率最大（为该梯度的模）。在自然地理学中，该词则用以反映地理系统在时空上的非均衡性。美国区域经济学

---

① 详见国务院发展研究中心调研报告《构建“技术”大循环是推动形成高质量区域经济布局的关键路径》，2021年第325号。

② 数据来源：根据Wind数据计算。

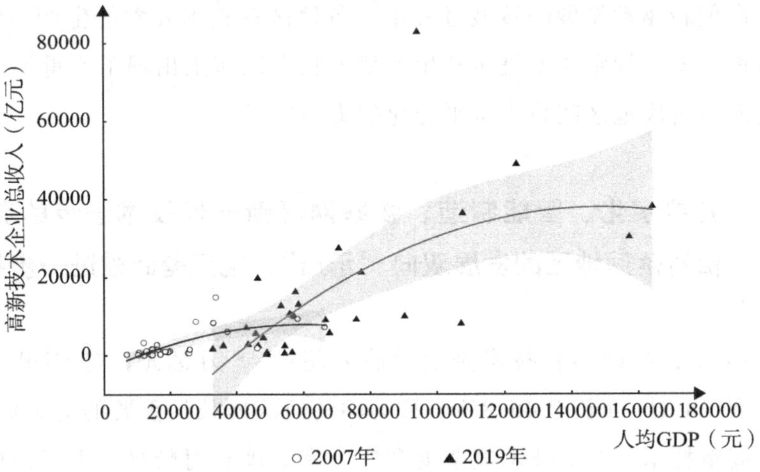

图 6.1 高新技术企业收入与人均 GDP 的相关性分析

资料来源：根据 Wind 相关数据计算。

家胡佛将“梯度”的概念引入到区域经济学中，用不同地区租金的梯度、人口密度的梯度等来分析经济活动的区位选择和空间分布。①

有关梯度转移的“理论”最经常被国内学者引用的有两个。一个是美国经济学家雷蒙德弗农（Raymond Vernon），他在 1965 年主持了一个跨国企业项目，研究美国和国外的跨国公司。1966 年，弗农发表了一篇文章《产品周期中的国际投资和国际贸易》，他本人将其描述为“将出现在我墓碑上的一篇文章”。② 该文章将产品划分三类（新产品、成熟产品和标准化产品）、五个阶段（引入、增长、成熟、饱和、退出），在此基础上分析了美国公司对外投资（离岸生产）过程中的布局选择（注：选择区位不等于转移）。例如，是在美国国内生产和出口还是在国外消费地生产或进口，并提出跨国企业成功的三个必要条件是创新、对不同的本地市场的响应能力和成本。整篇文章中并没有讨论地区之间的产业转移，更没有梯度转移

① Hoover Edgar M.，Giarratani F（1999）. An Introduction to Regional Economics. Reprint. Edited by Scott Loveridge and Randall Jackson. WVU Research Repository，2020.

② Buckley，Peter（1999）. In Memory of Raymond Vernon. Journal of International Business Studies. 30（3）：iv. doi：10.1057/jibs.1999.29.

之论述。[①]

另一个是日本经济学家赤松要（Kaname Akamatsu）在20世纪30年代，基于东南亚国家技术发展的研究而提出的雁阵模式，将日本视为“领头雁”。1962年，赤松要在《发展经济学》期刊上发表了一篇有关该观点的文章，即“发展中国家经济增长的历史格局”（A Historical Pattern of Economic Growth in Developing Countries），获得了广泛关注。[②] 赤松要所提出的雁阵模式是从东亚地区不同国家动态比较优势的角度构建的一种国际分工模型。雁阵模式假设商品在国际市场中存在一种垂直层级化的体系，领先国家在全球市场中比较优势的变化是发达国家从劳动密集型产业转向资本密集型产业，低生产率的生产部门向更低层级国家转移的推动力。依照雁阵模式，欠发达国家经济增长的不同阶段都落后于发达国家。该理论是以日本为中心，从国际贸易的角度讨论了国际产业分工，以及在国家之间产业转移的动力问题，但同样没有讨论一国内部的产业转移问题。

从国内来看，梯度转移在区域经济领域中更是被广泛引用。1983年，我国著名理论学者夏禹龙、冯之俊（时任上海科学学研究所所长）等四人发表了《梯度理论和区域经济》。该文指出：根据我国经济发展不平衡的特点，不能“一刀切”地搬用“中间技术”，应自觉地形成技术梯度，让一些有条件的地区首先掌握世界先进技术，然后逐步向“中间技术”和“传统技术”地带转移。该文还指出，长江三角洲最有条件建设成为一个“先进技术”的经济区。一开始，“梯度理论”并不完全被人们所认同。这被认为是最早将梯度转移理论引入中国的文章。[③④] 20世纪90年代和21世纪初，梯度转移都是国内区域经济和区域政策中频频出现的“热词”。我国在统筹区域发展中长期坚持的“两个大局”（一个大局，就是东部沿海

① Vernon, Raymond. International Investment and International Trade in the Product Cycle. The Quarterly Journal of Economics, vol 80, no. 2, 1966, pp. 190 - 207. STOR, https://doi.org/10.2307/1880689. Accessed 9 Oct. 2023.

② Akamatsu K. (1962) A Historical Pattern of Economic Growth in Developing Countries. The Developing Economies, 1, 3 - 25. http://dx.doi.org/10.1111/j.1746 - 1049.1962.tb00811.x.

③ 夏禹龙，刘吉，冯之浚，张念椿等．梯度理论和区域经济［J］．科学学与科学技术管理，1983（2）：5—6.

④ 吴传清主编．区域经济学原理［M］．武昌：武汉大学出版社，2008年6月．

地区加快对外开放，使之较快地先发展起来，中西部地区要顾全这个大局。另一个大局，就是当发展到一定时期，比如20世纪末全国达到小康水平时，就要拿出更多的力量帮助中西部地区加快发展，东部沿海地区也要服从这个大局)，与梯度转移理论也存在着相通之处。“梯度转移”究竟是区域经济发展在理想状态下的一种“假想”，还是区域发展客观存在的规律，无论是理论层面还是实践层面都还需要进行更充分的论证。

从目前我国不同行业的空间布局来看，地区间并未出现明显转移。以食品制造业为例，2019年，在长三角和珠三角两个区域，该行业的营业收入占全国比重为22.6%，比2014年提高了4个百分点，行业利润占比接近1/4；行业盈利水平和劳动生产率也要高于多数中西部欠发达地区。例如，占全国食品制造业营业收入比重最高的广东，行业生产率水平（营业收入/用工人数）大约是该行业规模相对较大的山东、河南两地的1.5倍左右。[①] 这一现象似乎并不符合工业化时期的“常识”，其根本原因还是由于新一代数字化技术和平台经济的快速发展，发达地区产业集聚成本大幅降低，市场的地理范围快速扩张，人工智能、自动化等技术替代效应又反向抑制了落后地区低要素成本优势的形成。[②] 国内学者安虎森在其著作《新区域经济学》中提出，“外资进入我国东南部地区已经30多年了，尽管期间一些产业已转移到劳动力更低廉的东南亚地区，然而主要部分仍停留在东部沿海地区，至今没有明显的迹象表明发生大规模的产业转移”。[③] 国内学者孙早、侯玉琳将工业智能化纳入新经济地理学经典分析框架，对我国区域间的产业转移是否符合雁阵模式进行了验证，也得出了否定的结论。

综上所述，高新技术产业向发达地区集中的同时，传统中低技术行业并未出现理论预期的“梯度转移”。对于落后地区而言，既没有足够的技术能力获取新技术来发展高新技术行业，低技术行业领域的传统优势又被新的技术进步所削弱，市场空间受平台网络效应的影响也被进一步挤压。

① 数据来源：《中国工业统计年鉴》(2020)。

② 孙早，侯玉琳．工业智能化与产业梯度转移：对“雁阵理论”的再检验［J］．世界经济，2021，44（7）：29—54.

③ 安虎森等著．新区域经济学（第三版）［M］．大连：东北财经大学出版社，2015年2月．

技术进步造成的双向压力导致落后地区的经济增长陷入“瓶颈”，与发达地区的发展差距进一步拉大。

6.1.2　技术要素的“资产化”和“金融化”加大了落后地区获取新技术的成本，成为制约其高质量转型的重要因素

在向高质量发展转型过程中，技术要素对所有地区的作用比以往任何时期都重要，而技术要素的创造依赖于大规模的创新投入。创新投入的规模决定了地区获得技术要素的能力。2020 年，我国研发支出为 2.4 万亿元，比 2010 年增长了 2.5 倍。广东作为我国高新技术产业最为发达的地区，研发投入达到 3479.9 亿元，占全国的比重接近 15%。而发展水平相对落后的地区在“技术要素”的投入方面存在十分显著的差距。① 如图 6.2所示，2020 年，中部六省研发经费投入之和相当于长三角地区的 2/3，西部 12 个省份研发经费的投入之和比广东省的投入还要低 8%。

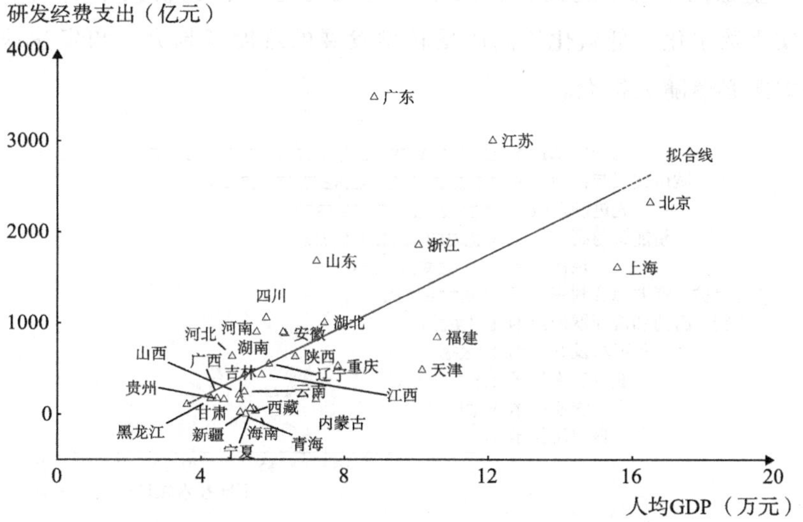

图 6.2　2020 年各省研发投入规模和人均 GDP

资料来源：Wind 数据和《2020 年全国科技经费投入统计公报》。

① 数据来源：Wind 数据、《2020 年全国科技经费投入统计公报》。

创新投入相当于区域发展中对各类创新资源和无形资产的投资，是“技术”要素生产、转化为金融资本的“增值”过程。2020 年，我国技术市场交易额达到 2.8 万亿元，已超过当年研发经费的总投入（2.4 万亿元）。2010—2019 年，全国技术服务的交易额扩大了 8 倍。2019 年增长至 1.2 万亿元；技术转让的交易额超过了 2000 亿元，其中专利权转让的技术交易额占比由 2010 年的 7.1% 提高到 2019 年的 37.4% 。[①]

“技术”要素的金融化对于增加创新投入的收益，实现可持续的创新固然具有不可替代的作用，但技术要素高度集中在少数发达地区，也会造成技术进步的收益在空间分配上的失衡。如广东、江苏和浙江三省的专利授权数占全国的比重约为 45.5% ，接近半数，广东占全国的比重超过 20% ,[②] 发达地区通过技术金融化获得更高收益时，落后地区获取新技术的成本也在增加。从技术交易的技术领域来看，又主要集中在发达地区领先的电子信息技术、先进制造、城市建设、新能源和节能等新兴前沿技术领域，占全国技术交易的比重约为 70% （见图 6.3）。这就意味着，技术要素“金融化”水平越高，发展水平较低的地区引进新技术的成本就越高，实现数字化、低碳化等高质量转型发展的难度就越大，与发达地区的发展差距必然随之扩大。

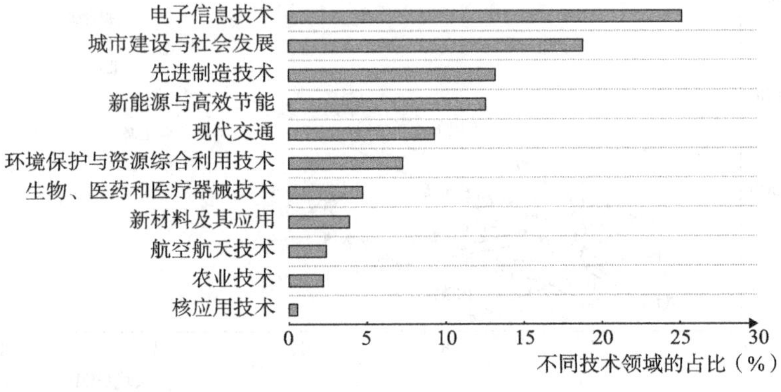

图 6.3　2019 年我国不同技术领域在技术市场交易中的占比

资料来源：根据 Wind 相关数据计算。

---

① 数据来源：Wind 数据库和《2020 年全国科技经费投入统计公报》。

② 数据来源：Wind 数据库和《2020 年全国科技经费投入统计公报》。

6.2　地区差距扩大的新机制需要为落后地区提供更有效的政策支持

我国新一轮地区差距的扩大，并非某个地区自身发展的问题，而是在新技术革命和产业组织模式大变革背景之下，整个区域经济系统运行出现的新问题。根本上是“技术”等新生产要素空间配置失衡，需要从总体层面采取系统化的政策措施才能加以解决。在整个政策设计中，首先要将政策的基点转向新生产要素空间配置的一般规律上，构建与之相匹配的区域平衡发展新机制，促进技术、数据等新要素在地区之间充分流动，形成新的要素循环，以此缩小地区间技术进步的“不平衡”。

6.2.1　以数字化时代新生产要素为核心，针对相对落后地区建立以市场需求为导向的支持政策体系

在传统工业化时期，我国针对相对落后地区实施的扶持政策大致分为两类：一类是以“生产”为导向，通过“大项目”的投资，提高落后地区的生产能力和生产规模；另一类则是以“消费”为导向，通过各种形式的财税补贴提高消费能力，扩大市场需求。这两类政策背后的共同逻辑都是基于落后地区传统资源优势，通过短期规模扩张来带动地区经济的增长。但随着传统生产技术的“成熟”和市场需求规模趋于稳定、饱和，如果继续实施这些区域政策，往往弊大利。主要体现在两个层面：一是会进一步强化落后地区对传统经济增长路径的依赖，使其错过数字化转型中培育发展新兴产业的市场机会；二是会加剧资本投入与市场需求的错配，特别是在生产率水平得不到改进，无法形成有效市场需求的情况下，还会导致落后地区过度负债。因此，亟须对现有区域支持性政策进行全面评估，对不符合数字化时代新经济模式的政策要尽快退出，顺应经济模式“平台化”

的大趋势，以落后地区数字化、绿色化、低碳化转型的新市场需求为导向，以技术、数据、算法等新生产要素为重点，加快构建与之相匹配的政策体系。

6.2.2 将“智慧城市”的建设作为新时期区域政策的重要平台，在相对落后地区或者新“问题区域”创造更多基于新技术的市场需求

在数字化时代，对于发展水平相对落后或者转型困难的地区，所面临的最大困难不是技术层面，而是来自新技术需求方面的障碍。这种“需求障碍”是多种因素综合作用的结果，需要利用一个整体的政策平台，对不同部门、不同领域的政策工具进行协同化设计。这是破解落后地区技术需求障碍的关键路径。而“智慧城市”涉及地区发展的方方面面，以其为“平台”可以形成相对综合的政策协同效应，在落后地区内部激发出更多有效的技术需求，有利于引导新生产要素的流入。

重点包括：一是利用智慧城市的建设，释放在医疗、教育、公共交通、能源等公共服务领域对新技术的需求，在全面提高落后地区公共服务质量的同时改善发展环境，促进落后地区的发展进入良性循环；二是将智慧城市的建设融入落后地区的产业转型之中，以传统产业升级和高新技术产业发展的需求，为人工智能、大数据、算法等前沿技术的导入创造更大规模的市场；三是将智慧城市作为技术供给和服务的平台，促进落后地区的数据、生态产品/服务、碳资产等“价值化”，形成新的市场需求，开发更多面向新生产要素的新产品/服务，形成新的经济增长点。

6.2.3 面向全国建立技术扩散网络，推动“技术”要素空间布局的均等化，促进地区之间发展机会的公平

在数字化时代，基于技术、数据或者算法等新生产要素发展的新兴产业，通过大数据或算法会形成一种内生的集聚机制，在地区之间产生非常

显著的网络集聚效应。这是未来我国控制地区发展差距的最大难点。新生产要素在地区之间的“再配置”也很难通过传统产业、投资或创新政策来实现，需面向全国建立技术扩散网络，构建一种新的要素配置机制，推动新生产要素空间分布的均等化，为所有地区的高质量发展创造公平机会。具体包括：

一是要根据国家共同富裕和高质量区域发展布局的总体战略目标，平衡好技术转移和知识产权保护的关系。对产业变革有重大影响的新一代通用技术（如人工智能、大数据、算法等技术），或者公共服务领域、非商业化的新技术应用，政府资助的重大技术研发成果，都应实施有条件的知识产权保护政策，降低制度壁垒，加快新技术向落后地区的扩散；二是针对不同类型问题区域特殊的技术需求，如能源密集型城市对新能源、低碳技术的需求，贫困地区公共服务领域数字化转型的技术需求等，设立专项技术推广基金，加大对落后地区政府采购技术服务的政策支持力度；三是建立以技术为中心的地区对口援助机制，引导发达地区与欠发达地区以智慧城市、低碳城市等为依托组建技术联盟，形成一种潜在的平衡发展机制，引导更多优质要素向欠发达地区渗透和应用。

6.2.4 以数字化基础设施、数据要素为核心完善相关的配套政策，加快落后地区数字化生态系统的形成

数字化基础设施是数字技术和新兴技术产业发展的必需载体，是技术、数据等新生产要素转化为生产力，成为一个地区经济增长动力的前提条件，是发展智慧医疗、智慧交通、新技术产业等各个领域都不可缺少的基础条件。对落后地区的意义就更加重要，是这些地区在数字化时代获得新发展机会、获得更优质的公共服务、创造更高质量就业的基础。加快落后地区发展，缩小地区差距，除了要对“技术要素”进行必要的空间“再配置”之外，还需要完善相关配套政策，推动落后地区数字化生态系统的形成。主要包括：

一是在国家层面对数字化基础设施进行自上而下的顶层设计和统筹布

局。结合我国人口空间分布和城镇化发展的总体趋势，将服务支撑区域高质量经济布局和更高层面推动公共服务均等化的基本战略需求，作为布局优化的基本出发点。二是创新数字化基础设施的投融资机制。由于数字化基础设施所产生的效益也是“数字化”形态，并不存在明确的地理边界，很难套用传统基础设施投资所遵循的“谁投资谁受益”原则。再加上数字化基础设施投资需要达到一定规模和范围，才能获得收益，前置成本较高。可借鉴北京、上海等地区智慧交通的开发组织模式，探索数字基础设施建设与关联产业一体化推进，通过数据资产化、碳交易等政策工具引导社会资本参与，建立普惠、可持续的运行新机制。三是加强不同地区有关数字化基础设施的标准、数据治理等领域政策的协调，建立一体化、相互兼容的治理框架，减少地区间政策性摩擦，适应数据驱动、算法驱动的新技术产业发展的需求，形成更包容的数字化生态系统。

第7章　“数据”驱动的地区转型与协调机制的数字化重构

2006年，英国数学家、数据科学家Clive Humby提出“数据是新石油”。[①] 石油为内燃机提供燃料，内燃机创造了许多新的服务和产品，并推动了20世纪的经济崛起。进入数字化时代，原始数据、信息是硅发动机的燃料，硅发动机创造更多的新产品和服务，推动21世纪的经济增长。2017年，《经济学人》上发表一篇文章《未来的燃料》（Fuel Of The Future），同样把“数据”比作“石油”，称其是数字化时代经济增长和变革的驱动力，数据的流动创造了新的基础设施、新业务、新垄断、新政治，更关键的是新经济。数字信息不同于任何以往的资源；它以不同的方式被提取、提炼、估价、买卖，改变了市场规则，并强制监管部门采取新的监管方式。许多人都在争夺“谁应该拥有数据”，并从中受益。[②] 美国斯坦佛大学商学院Charles I. Jones和Christopher Tonetti在《美国经济评论》发表文章提出，“思想是生产函数，而数据是生产要素”。[③] 由此可见，“数据”在数字化时代的战略重要性，其价值甚至超过了自然资源、土地、劳动等传统要素。

联合国贸发会议2021年的数字经济报告中，从产品的竞争性和排他性的角度，描述了数据在公共产品（public goods）、俱乐部产品（club

---

① Haupt Michael. Data Is the New Oil – A Ludicrous Proposition. Medium, Project 2030, May 2, 2016.

② The Economist. Fuel Of The Future. The Economist: New York, USA, 2017 May 6th – 12th.

③ Jones C. I. en C. Tonetti. Nonrivalry and The Economics of Data. American Economic Review, 2020 Vol. 110, No. 9, pp 2819 – 2858.

goods)、私人产品（private goods）和非排他性共同产品（common goods）四类产品构成的矩阵中的位置（见表 7.1）。[①]

表 7.1　　数据要素的四种特性

	排他性	非排他性
竞争性	**私人物品** 食品、油、服装和其他制成品（如智能手机）、私人鱼塘里的鱼等	**共同产品** 森林、土地、大气、水、海洋中的鱼类等
非竞争性	**俱乐部产品** 卫星电视、私人公园、电影院、版权软件、宽带互联网、付费流媒体电影等	**公共产品** 国防、空气、新闻、公共电视、公园、路灯、灯塔等

数据

资料来源：联合国贸易和发展会议（UNCTAD），《数字经济报告》（2021）。

2020 年，英国剑桥大学贝奈特研究所（Bennett Institute）和伦敦开放数据研究所（Open Data Institute）联合发布的研究报告《数据的价值》（The Value of Data），从 7 个维度更详细地概括了数据的经济属性[②]：

（1）数据是非竞争的。许多人可以同时使用相同的数据，并且不会被用尽。将数据视为拥有或交换没有实际意义。

（2）不同情景下数据具有不同的排他性。在经济语境中，当任何人都可以使用数据时，数据是公共产品；当部分人可以访问数据时，数据则是俱乐部产品。当数据很容易收集时，就很难把人们排除在外。例如，空气质量等环境数据可以很容易收集，任何有适当设备的人都可以收集，而行政数据只能由提供该服务的人收集。

（3）数据具有双重外部性。当一个数据库与其他组合之后，功能增强，就显现出正外部性；如果收集或使用数据产生负面作用，就是负外部性。数据的正负外部性也会体现在市场上，如数据采集使用过多，可能会侵犯隐私和个人自主权；过少又可能限制潜在的机会。

---

① 原报告认为数据不属于共同产品，本书作者的观点是数据兼具四类产品的特征。

② （Bennett Institute）Diane Coyle，Stephanie Diepeveen，Julia Wdowin.（ODI）Lawrence Kay，Jeni Tennison. The Value of Data summary report / 2020. bennettinstitute. cam. ac. uk/valuingdata.

(4) 数据可能增加回报，也可能减少回报。收集更多的数据，其优势在于可以提供更多的视角，但有时候更多的数据并不会增加额外价值。组织可能会持续积累数据，以限制其他人进入市场。

(5) 数据具有很大的期权价值。数据的价值不断变化，很难预测。新数据、新技术或算法和新问题可能意味着现有数据具有不可预测的价值。组织可以保留数据的潜在价值，而不是当期价值。

(6) 数据收集通常具有较高的前置成本和较低的边际成本。收集数据就需要对硬件（如传感器）、数字化进行投资。当经济社会活动高度自动化之后，收集成本就会非常低。高昂的前期成本或者追求资本回报，就会限制公司收集数据。

(7) 数据的使用需要补充投资。组织需要投资软件、计算机资源和技术人员等。这些成本可能是制约获取数据价值的壁垒。

为了监测“数据”创造的经济增值和经济影响，欧盟委员会将数据经济定义为——衡量数据市场对经济整体的影响，主要包括数字技术支持的数据生成、收集、存储、处理、分配、解析和开发利用。数据经济还包括数据市场对经济的直接、间接和诱发性影响。① 基于该定义，欧盟27国的数据经济规模已接近5000亿欧元，相对乐观地预测，到2030年欧盟数据经济将增长到8420亿—1万亿欧元（相当于GDP的5.9%—6.7%）。② “数据”在我国国民经济中的重要性也在稳步提升。2014年，“大数据”首次写入政府工作报告，并迅速成为各地区经济发展的热点，相关支持政策也陆续出台（详见专栏7.1）。2017年12月8日，中共十九届中央政治局就实施国家大数据战略进行第二次集体学习，习近平总书记在主持这次集体学习时指出，“推动实施国家大数据战略，加快完善数字基础设施，推进数据资源整合和开放共享”。③

① 资料来源：The European data market monitoring tool, Directorate - General for Communications Networks, Content and Technology, 2020.

② 数据来源：European Commission, DATA Market Study 2021 - 2023. D2.5 Second Report On Policy Conclusions25, May 2023.

③ 资料来源：科学技术部主编，《深入学习习近平关于科技创新的重要论述》. 北京：人民出版社，2023.9.

专栏 7.1　我国有关数据要素的政策文件

2015 年 9 月，国务院发布《促进大数据发展的行动纲要》，大数据正式上升至国家战略层面，党的十九大报告提出要推动大数据与实体经济的深度融合。

2016 年，《政务信息资源共享管理暂行办法》出台。

2017 年，《大数据产业发展规划（2016—2020 年）》实施。

2019 年 10 月，党的十九届四中全会首次将数据纳入生产要素范畴。

2020 年 3 月，《中共中央　国务院关于构建更加完善的要素市场化配置体制机制的意见》，提出“加快培育数据要素市场”。

2021 年 3 月，《国民经济和社会发展第十四个五年规划和 2035 年远景目标纲要》中提出，“要建立健全数据要素市场规则”，统筹数据开发利用、隐私保护和公共安全，加快建立数据资源产权、交易流通、跨境传输和安全保护等基础制度和标准规范。建立健全数据产权交易和行业自律机制，培育规范的数据交易平台和市场主体，发展数据资产评估、登记结算、交易撮合、争议仲裁等市场运营体系。加强涉及国家利益、商业秘密、个人隐私的数据保护，加快推进数据安全、个人信息保护等领域基础性立法，强化数据资源全生命周期安全保护。完善适用于大数据环境下的数据分类分级保护制度。加强数据安全评估，推动数据跨境安全有序流动。

2022 年 12 月，《中共中央　国务院关于构建数据基础制度更好发挥数据要素作用的意见》出台，确定了数据要素治理的顶层设计——以维护国家数据安全、保护个人信息和商业秘密为前提，以促进数据合规高效流通使用、赋能实体经济为主线，以数据产权、流通交易、收益分配、安全治理为重点，深入参与国际高标准数字规则制定，构建适应数据特征、符合数字经济发展规律、保障国家数据安全、彰显创新引领的数据基础制度，充分实现数据要素价值、促进全体人民共享数字经济发展红利，为深化创新驱动、推动高质量发展、推进国家治理体系和治理能力现代化提供有力支撑。

> 2023年3月，中共中央、国务院印发了《党和国家机构改革方案》。组建国家数据局。负责协调推进数据基础制度建设，统筹数据资源整合共享和开发利用，统筹推进数字中国、数字经济、数字社会规划和建设等，由国家发展和改革委员会管理。
>
> 2023年10月25日，国家数据局正式揭牌。
>
> 资料来源：作者根据相关文件整理。

在这样一个“数据”驱动的经济转型背景下，“数据”自然成为各地区经济社会发展中不可或缺的重要经济要素之一。如上文所描述的，数据作为“生产要素”具有非常复杂的经济属性，与资本、劳动力、自然资源等要素的经济特征不同，既改变了生产方式，也改变了生产关系，在跨区域流动、空间配置、增加值的分配和区域竞争等方面也与传统要素存在着本质区别，由此形成的区域性垄断、空间极化、经济安全等新的区域发展问题伴随着数字化转型的深入也日渐突出。如何构建更加符合“数据”经济规律的区域协调发展机制，在充分释放“数据”要素价值的同时又能确保数字化转型更加公平、包容地惠及每一个地区的发展，已成为我国区域发展在数字化时代要着力应对的新问题和新挑战。这对于我国有效控制区域发展差距扩大的趋势，稳步实现2035年共同富裕的远景目标具有重要意义。

7.1　地区在数据驱动的数字化转型过程中面临的新问题与新矛盾

与自然资源、劳动力、资本等传统生产要素一样，“数据”是数字化时代每一个地区实现经济发展、工业化、数字化不可或缺的基本要素，但数据资源参与区域经济发展的形态和内在逻辑又与传统生产要素完全不同，其中最为核心的问题是——数据增加值的分配，这是在数字化时代设计区域协调发展机制的关键问题。为了更好地理解数据增值，及其对一个地区以及地区间关系的影响，本书借鉴了传统产业价值链的思路，基于“数据价值链”的逻辑视角，重点从数据要素的流动与区域之间的竞争、数据增加值在区域之间的分配，以及数据价值链在地区间的分工和数字化发展生态等四个维度，讨论了我国区域经济在数据驱动的转型中所面临的主要问题和矛盾。

7.1.1 地区之间传统要素的竞争机制不再适用于“数据”，不同发展水平的地区在数字化转型中获得的发展机会不平衡

数据作为一种经济资源，在参与经济活动的过程中，首先不再需要依托传统生产要素的买方或卖方的交易市场，只要有互联网，数据就可以被采集，生产和流动成本非常低，在技术层面不受任何地理距离的限制，是一种具有超级流动性的资源要素；其次，“数据”要素几乎遍存于所有地理空间，元数据也不像传统自然资源存在地理区域上的质量差异，并且可以被不同主体复制重复利用。在此过程中，使用数据的彼此各方主体并不会出现传统要素的非此即彼或者资源消耗的内在矛盾，甚至在一些场景下，数据越利用越有利于提高附加价值，如人工智能中的数据采集利用，本身就是训练—开发—再训练的过程。与传统要素相比，数据在本质上既不存在传统经济学意义上的资源“稀缺”性，也不存在传统资产要素的“贬值”。

从资源要素配置的角度来看，纵然数据的生产或者使用是非竞争性的，但由于采集数据的技术能力或者数据的开发能力掌握在少数大型技术公司手中，他们可以对数据资源进行再加工，从而使其具有竞争性。因此，在数据要素的市场中，资源如何配置不是对交易成本的响应，而是对技术或开发能力不对称的一种响应。[①] 这显然与科斯定理所倡导的观点有所不同，该定理认为市场交易成本为零，不管权利初始安排如何，市场机

---

① Katharina Pistor, Rule by Data: The End of Markets?, 83 Law and Contemporary Problems 101 - 124 (2020).

制会自动使资源配置达到帕累托最优。[①]

由此可知，传统意义上的市场供需关系、价格竞争机制、市场配置资源的机制等并不完全适用于“数据”要素在区域经济发展中的竞争。这里需要说明的是，数据作为一种经济要素，兼具有传统要素的“旧”特征和非传统要素的“新”特征，并不是说传统市场机制全部不适用，而是要区分不同适用情景。这是一个需要更深入研究的问题。由于数字技术、智能技术都在快速进步，其适用机制也在不断地变化调整，很难套用具有明确界限的单一框架。但由于技术门槛的存在，可以确定的是，数据要素的有效性，及其对经济增长的贡献实际上是由少数技术相对领先、数字化转型较早的地区所主导。后发地区在数字化的区域竞争中没有太多可选择的空间，既不能利用传统的市场交易将数据资源转换为本地区的经济财富，由于数据的“无形性”和“高流动性”，也难以利用数据资源吸引实体资本的投资，拉动本地区的经济增长。换言之，“数据”要素在区域发展中，只有先发优势，并不存在所谓的比较优势或者后发优势。某些地区在数字经济中一旦形成先发优势，在无外界干预的状态下，很快就会形成自然垄断的优势。这就意味着，数字化程度越高，数据要素在经济增长中的作用越大，同时，地区之间分化的风险也会增大。如果应对不及时，指数级变革的数字技术极有可能演变成为地区分化的“加速器”，导致地区差距出现“倍速”级的扩大，而这种扩大留给政策调整的周期相比工业化时期（技术进步相对要慢）要短得多，还需要承担更多缓解区域差距扩大所带来的成本。如何为技术相对落后、发展水平较低的地区创造更加平等的发展机会，应作为我国未来区域协调发展中要着力破解的关键问题。

7.1.2 数据价值链中存在着单向、网络化集中的内生机制，导致数字化转型的红利在地区之间的分配更加不均衡

从数据价值链的构成来看（见图 7.1），主要包括三大功能层：

---

① Elodie Bertrand. The three roles of the Coase theorem in Coase's works. European Journal of the History of Economic Thought, 2010, 17 (4), pp. 975 - 1000.

(1) 数据生产→ (2) 数据采集储存（数据中心、云平台等）和算法→(3) 智能化开发应用（算力设施、云计算、人工智能、机器学习等）。数据要素的增加值主要集中在算法和智能化（AI）技术对数据资源的开发应用，而这一领域不仅是技术密集型，也是资本密集型，通常集中在少数技术领先地区。这些地区利用数字技术的网络特性，超越地理边界、超越行业边界，从不同地区不同部门获取各种“数据”，然后通过算法模型、人工智能、远程智能制造等技术将其转换为数字化产品和服务，再提供给不同地区不同的主体以获取“增加值”。

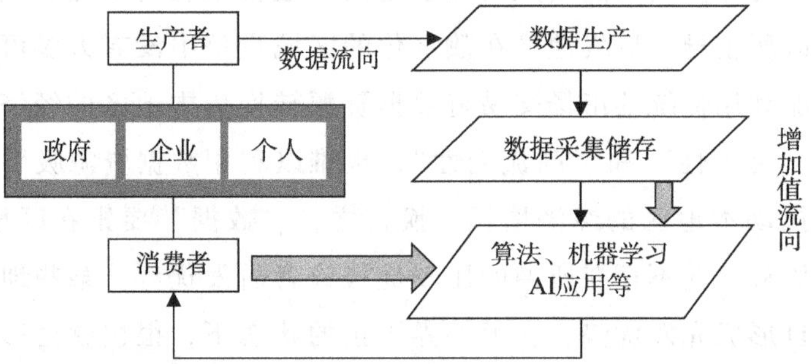

图 7.1　数据价值链的构成与增加值流向

在以实体经济为基础的传统税收体制下，由于“数据”智能加工后的产品和服务多数以数字化形态存在，客观上就会造成部分地区税基的减少，再加上平台化运作的商业模式，还会导致税源进一步向平台企业注册地集中。随着各地区数字化转型的加快，数字化产品（服务）的范围越来越大，必然给处在数据价值链低端的地区财政收入带来更大的损失，即使是数据资源的生产地和消费地，也难以公平分享到数字化转型的红利，不利于我国数字经济的长期可持续发展。

7.1.3 “数据预测”成为数字化时代区域分工的新机制，部分地区的发展路径面临着被数据资本锁定的风险

在工业化时代，不同发展水平的地区之间基于各自的资源禀赋或者市场等条件，形成了上下游产业间的水平分工或生产、分配、消费等产业内

部的垂直分工。但在以“数据”为中心的数字经济时代，数据的功能不只是创造经济财富的生产要素，还具有对未来经济活动进行预测的功能。如谷歌开发的谷歌趋势（Google trends）模型，利用其搜索引擎的大数据对46个国家（主要是OECD成员国和G20国家）的GDP增长进行周预测。从预测结果来看，该模型对上述国家2020年第一季度和第二季度预测的误差仅为2.42%和3.86%。该模型还可以利用机器学习技术对经济增长、就业、商业周期进行更长期的预测。

这种基于大规模“数据”和机器学习对未来经济活动的预测，在区域层面对资本投资、产业发展、资源流向，甚至包括商品价格，都会形成一种新的筛选机制，并演变成为数字化时代区域分工的新机制。尽管这种基于大数据预测的分工机制在短期内有利于资源空间配置效率的改进，带来一些短期的经济收益，或者规避一些短期的风险和不确定性因素，但从长期来看，有可能形成被“数据资本”所垄断的区域分工格局，使得地区发展路径过度依赖于“数据预测”，导致区域发展的创新机制被僵化，一些地区被锁定在数据价值链分工的底端。

7.1.4 “平台化”是以“数据”为主体要素的数字经济社会发展的主体范式，其网络扩张效应为我国供应链的安全和经济安全带来了更大的风险

以数据要素为主体的数字经济，相对于以传统要素为主体的工业化，最深刻的变化就是发展范式的“平台化”。这种范式在微观层面表现为企业生产组织模式由工业化时代的“规模化生产”转变为数字经济时代的“平台化企业”。如我国目前最大的平台企业阿里集团，包括27个主体公司，1486个成员企业，其中全资控股（100%持股）和绝对控股（所持股权比例超过50%）的企业为674家，经营领域不仅涉及农业、制造业、金融、能源、餐饮、生物医药、文化旅游、物流、信息技术、云计算等多个行业部门，还涉及市政、教育、医疗、交通等公共服务部门。“平台化”并非个别企业现象，传统行业企业在数字技术的支撑下也在平台化。以一

汽集团为例，包括 245 家企业，全资控股（100% 持股）和绝对控股（所持股权比例超过 50%）的企业分别为 78 家和 130 家。[①]

这些平台化的企业通过极为广泛的数据网络和数字化基础设施在不同地区之间构建了一种多维、高度一体化的数字化生态，整合集成了大规模跨领域、跨地域的“数据”资源，几乎可以深入到从超大规模城市到农村的经济社会系统的各个层面。这不只是数据流动和安全的问题，相当于重建了一个数字化的经济系统，给各个行业部门以及整个供应链系统的稳定和经济的安全也会带来更多难以预知的不确定性风险。2020 年，国际货币基金组织负责人格奥尔基耶娃（Kristalina Georgieva）在美国华盛顿彼得森研究所演讲时说：“……这种令人不安的趋势让人想起 20 世纪初——当时技术和一体化的双重力量导致了第一个镀金的时代（20 世纪 20—30 年代），最终导致了金融灾难……没有什么可以替代高质量的监管和监督。”[②]根据世界经济论坛 2023 年《全球风险报告》的调查，数字力量的集中（指关键数字资产、能力或知识集中在少数个人、企业或国家中，这些所有者控制着其他主体能否获得数字技术，并掌握着全球数字技术和产品的定价权）。这主要源于，但不限于全球反垄断监管政策的失败、对创新生态系统的投资不足或国家对关键技术的控制、数字不平等和缺少数字服务（指投资不足、数字技能低、购买力不足或政府对技术的限制导致对数字网络和技术获得的不平等）已经成为全球前 32 个最严重的风险。对于不同国家前 5 个重要风险的调查显示，数字力量的集中是中国第 5 大风险因素（其他四个分别是地缘经济对抗、自然灾害和极端天气、快速或持续的通货膨胀、传染病、资源的地缘政治争议和资产泡沫破裂等）。[③]

---

① 数据来源：Wind 数据库，2021 年 5 月查询。

② Inman P.（January 17，2020）. IMF boss says global economy risks return of Great Depression. The Guardian. https：//www. theguardian. com/business/2020/jan/17/head - of - imf - says - global - economy - risks - return - of - great - depression.

③ 资料来源：世界经济论坛（WEF），《全球风险报告》（2023）。

7.2 把握"数据"要素的多重属性，加快推动区域协调发展机制的数字化重构

在数据驱动的数字化转型过程中，我国区域经济发展的逻辑，包括区域之间的竞争和分工机制都将改变。在此转型过程中，我国既需要充分挖掘"数据"要素对经济社会高质量发展的有效价值，也要遵循数据要素的内在规律，把握政策优化的窗口期，尽快将数据要素的一体化治理纳入我国区域协调发展总体战略之中，推动区域协调发展机制的数字化重构，及时防范化解数字化转型对区域经济产生的各种不利影响，推动各地区更高质量地实现数字化转型。

7.2.1 在国家层面建立一体化的数据要素治理机制，并将其纳入我国区域协调发展机制的总体框架之中

随着数字化转型的加快，各地区对"数据"要素都倍加重视，在"十四五"规划中纷纷提出要建立与数据要素相关的制度和规则，建立各种类型的数据交易市场，北京、广东等地启动了"数据"领域相关立法的工作。在本书写作之时，至少有18个省市已通过了相关数据立法。如《深圳经济特区数据条例》是国内数据领域首部综合性立法，在2022年1月1日施行。上海、天津、山东等地先后出台了相关法律。一些地级市也纷纷出台地方性法规，如苏州在2023年3月发布了《苏州市数据条例》。可见地方在发展数据经济方面的积极性之高，这种积极性可以理解，也需要鼓励。同时也需要进一步研究思考的是，自下而上的数据资源发展模式是否符合数据经济的内在规律？因为，数据潜在价值的释放与其规模性、网络性密切相关，各地各自为政的发展模式极有可能导致地区之间形成各种形式的"数据壁垒"，诱发各地区陷入数据资源的低效竞争，导致国家整体

数据要素治理体系的碎片化，人为因素造成数字化转型成本的提高，抑制“数据”潜在价值的形成。此外，数据驱动的数字化转型是一个系统性工程，涉及区域之间数据的共享、数字基础设施的连接和利益的平衡等系统性问题，自上而下系统性协调更符合“数据要素”的基本特性。鉴于此，我国应加快在国家层面的数据立法，建立全国统一的数据要素治理机制，明确各地区在数据治理中的事权，将数据要素的一体化治理与区域发展的数字化转型和数字基础设施空间布局的优化相结合，形成统一的区域协调发展机制。

7.2.2 加快区域政策的创新，构建数字经济空间布局的平衡机制，弱化基于“数据”的区域分工新机制的空间极化效应

在数据驱动的经济转型中，参与地区间竞争的要素不是“数据”，而是能够创造数据增加值的算法和智能化应用的技术能力。这种技术能力的差距在短期内很难依靠落后地区自身的发展而改变。再加上数字化对区域分工机制的改变，落后地区在数字经济的区域竞争中处于完全不对等的竞争地位。这就需要政府发挥更积极主动的调控作用，加快区域政策的创新，构建数字经济空间布局的平衡机制，避免在数字化转型中出现更严重的空间极化，其中最为关键的是要为相对落后地区实现“数据”要素的增值创造更适宜的条件。具体包括：数字基础设施的空间布局、数据智能化应用项目要向非优势地区优先布局，并将数据资源的开发利用与地区实体经济的转型升级有机结合，如以大数据算法为基础的无人驾驶技术的项目布局可以向东北老工业基地优先布局，促进新兴数字化技术与该地区传统汽车制造业的优势融合形成新的增长动力。国家层面要加强对数字化人才区域流向的宏观引导，加大对落后地区人才引进的财政投入，使这些地区在薪酬水平、住房、社会保障等方面具有更强、更长期的吸引力，为其实现更高质量的数字化转型提供人力资本的保障；加大对落后地区社会资本和生态资本的投资力度，改善后发地区数字化应用和数据资源创新的环境条件，引导更多创新资源向后发地区转移。

7.2.3 以数据价值链为整体，在地区间构建更加公平、包容的“数据”收益共享机制，促进各地区共享数字化转型的红利

与传统生产性要素相比，数据要素最大的不同是其所有权对其增加值的分配不具有实际意义。也就是说，如果数据没有达到一定的规模或者缺乏后期的算法和智能化开发，数据对于所有者不具有任何经济意义。因此，在构建数据增加值的分配机制时不能将数据简单看作一种原材料或者资产，需要统筹考虑数据资源的多重属性，将数据价值链作为一个整体来协调利益分配机制。可以在区域或部门层面设立“数据信托基金”，由该基金负责对数据收益和流向进行监测、评估和分配，数据的生产者享有一定比例的股权，与其他主体（平台企业或者技术机构）共同参与数据增值收益的分配。积极探索对以数据为基础的增值产品或增值服务征收“数据税”，考虑到数据要素的特殊性和我国地区之间数字化水平的差距，建议将该税源归属为中央税，更有利于统筹平衡地区之间的税收收入，确保各地区能够公平共享数据资源的增值收益。

7.2.4 加快对平台企业的监管，从机制上防止区域性垄断的形成，确保我国供应链的安全和经济安全

无论是从数字技术层面还是从数据经济的平台化组织模式来看，都存在着较强的网络效应。与传统实体经济不同，以数据为中心的平台化垄断往往涉及多个部门，对我国的数据安全、供应链安全和经济安全都会带来较大的风险。本书建议按照数据价值链的功能层级（见图 7.1）对平台企业进行功能上的拆分和行业间的结构分离，防止数据资源过度集中，同时又能保证数据的规模和整体性，不影响其核心价值的实现。另外，数据中心、云计算等基础设施是数据存储和智能化开发过程中的关键基础设施。这些数字基础设施在某种意义上近似于国家铁路、高速公路或者通信网络等基础设施所承担的功能，对于保障国家的数据安全和经济安全具有至关

重要的作用。鉴于此，可借鉴传统基础设施的管理模式，从数据作为公共产品和国家公共利益最大化的角度，探索将重要领域的数据中心和云计算设施国有化，从体制机制上避免关键数字基础设施被商业垄断，影响我国数字经济的高质量发展和数据安全。

第8章　“双碳”目标约束下的区域协调发展与地区之间的碳公平

继2020年9月，我国提出“双碳”目标（即二氧化碳力争于2030年前达到峰值，努力争取2060年实现碳中和）之后，在2021年9月，党中央、国务院印发《关于完整准确全面贯彻新发展理念做好碳达峰碳中和工作的意见》；2021年10月，国务院印发《2030年前碳达峰行动方案》。这两个文件是我国实现“双碳”目标的顶层设计文件。为更有效地落实“双碳”目标，各地区都采取了多项政策措施，政策效果正在逐步显现。但“碳”作为经济要素，其复杂性并不亚于数据要素。一方面如同“数据”要素，遍存于所有经济活动之中，并且具有非常强的跨区域流动性；另一方面又不同于生产要素，对经济增加值的约束性大于其创造性。

为什么研究区域经济发展问题需要考虑“碳”的问题？1972年，诺贝尔经济学奖获得者诺德豪斯和托宾[①]提出，“现行的标准增长模型假定在扩大非人类生产要素的供给时没有可行性方面的限制。这是基本的双要素模型，生产仅仅取决于劳动和可以不断再生产的资本。土地和资源，古典三位一体的第三位成员已经被完全地抛弃了……在经济学中，经济学家已经达成了一个心照不宣的共识，即可再生产的资本是对土地和其他可消耗资源的一种几乎完美的替代”。[②] 在“环境气候”问题已经成为全球性的问题时，资本替代资源的说法显然无法成立。真正约束经济增长的实际上是资

① Nordhaus, William. Is Growth Obsolete? Economic Growth: Fiftieth Anniversary Colloquium 5. National Bureau of Economic Research, New York, Fiftieth Anniversary Colloquium, 1972.

② 赫尔曼·E. 戴利著，季曦，骆臻译. 稳态经济新论［M］. 北京：中国人民大学出版社，2020年1月.

源，而“碳”是资源消耗过程的副产品，代表着资源消耗的程度。因此，“碳”不是生产要素，而是经济活动的约束性要素。任何一个地区的发展都无法回避“碳”要素的影响，也有必要将该要素考虑到整个地区发展之中。根据牛津大学的调查数据，至 2023 年，全球 198 个国家中 151 个国家、1186 个城市中 260 个城市明确提出了“净零”目标，70 个城市提出了碳中和目标，最早是澳大利亚阿德莱德市（Adelaide）提出到 2025 年实现碳中和。①

“碳”高度流动性的特征决定了一个地区的“碳”问题不只属于一个地区，也不是单纯的经济问题。国家的碳减排目标不等于每一个地区减排的加总，如果地区之间的“减排”缺乏整体性协同，尤其是不少地区都提出了有时间期限约束的“碳中和”和“净零”的目标。在这些目标的激励之下，技术领先和经济发展水平较高的地区可能通过碳核算、碳税等各种形式的政策工具向其他地区“碳转移”，这并非真正意义上的“减排”，而是一种减排责任的“转嫁”，不利于国家整体碳达峰、碳中和目标的实现，会严重影响到地区之间的碳公平。另外，由于发展阶段和资源禀赋条件不同，不同地区在不同时期“碳”的意义不同，未来发展所面临的“减碳”压力也显著不同。在此背景下，“双碳”目标如何更科学地与不同类型地区的经济发展目标进行平衡，确保地区之间发展机会的公平，防止出现更严重的地区分化，也是落实“双碳”目标过程中不容忽视的关键问题。

8.1 “碳”排放持续向落后地区集中，空间失衡加剧

本章节利用城市层面基于生产端的碳排放数据，从地区经济发展的角度对我国 260 个城市②在 2012—2019 年碳排放的空间分布特征进行比较分析。

---

① 数据来源：牛津大学 Net Zero Tracker 项目。

② 对部分城市的缺失数据进行了差值估算或用相邻年份的数据替代。

8.1.1 从静态的角度看，我国碳排放在空间分布上呈现出三个"50%"的特征

第一个"50%"是中小城市在城市碳排放总量中的占比接近50%。从不同人口规模城市的碳排放来看，2019年，特大城市（城区人口超过500万人，包括超大城市在内）、大城市（城区人口100万—500万人）碳排放总量的占比①分别为13.4%和37.6%，而城区人口规模在100万人以下的中小城市碳排放占比约为49.02%，接近城市碳排放总量的一半。

从图8.1可以观察到，三类不同规模的城市相比，中小城市碳排放的累积曲线（近似于洛伦兹曲线）与均衡线的偏离程度最大，说明城市之间碳排放的差距较为显著，而且人均碳排放强度相对较高。据估算，2019年，我国中小城市人均碳排放强度的平均水平大约是超大城市的1.7倍。不同规模城市人口增加对碳排放所带来的规模递增效应也存在显著差异，中小城市要明显高于特大城市。部分中小城市在人口明显减少、经济衰退

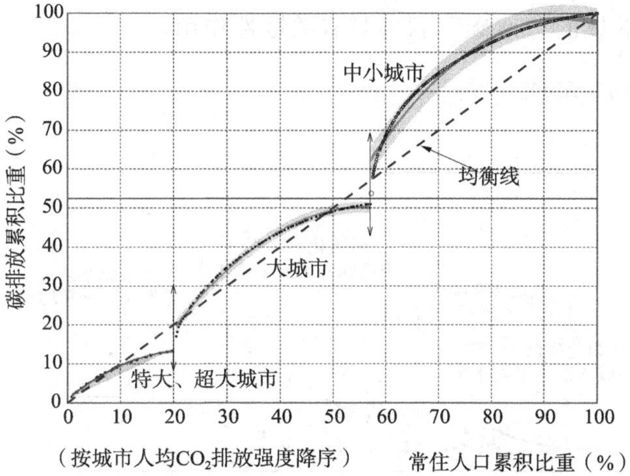

图8.1 不同规模城市碳排放占比的比较（2019年）

资料来源：碳排放数据来自中国碳核算数据库（CEADs），人口数据来自《中国城市建设统计年鉴》（2019）。

---

① 指的是在本书所比较的260个城市中的比重，下同。

的情况下，碳排放总量仍持续增加，最突出的就是一些资源型城市，如鄂尔多斯、通辽等地，表明这些城市已经出现了较为明显的“碳锁定”效应，未来碳减排的难度更大。

第二个“50%”是从城镇化水平看，我国至少还有半数地区仍处在碳排放快速增长的发展阶段。本书参照世界银行不同收入水平国家城市化率的平均水平，将所比较的260个城市划分为四组，即城镇化率超过高收入国家水平（约为80%）、高于中高收入国家平均水平（约为66.8%）、高于和低于中低收入国家水平（约为50.7%）。碳排放规模最高的是城镇化率水平最高的地区，相当于城镇化率最低地区的1倍。对各地区城镇化率水平和碳排放总量进行分阶段拟合，结果如图8.2所示。城镇化率超过80%，进入成熟城镇化阶段之后，碳排放逐渐达峰，并趋于下降；城镇化率在40%—50%和70%—80%区间时，碳排放增长的趋势相对平缓，而碳排放增长相对较快的是城镇化率在50%—70%区间的城市。2019年，我国有184个城市的城镇化率低于70%。依据上述碳排放规律推测，至少超过一半的城市仍处在碳排放快速增长的城镇化阶段，这部分城市的碳减排对于实现国家总体的“双碳”目标具有关键性作用。

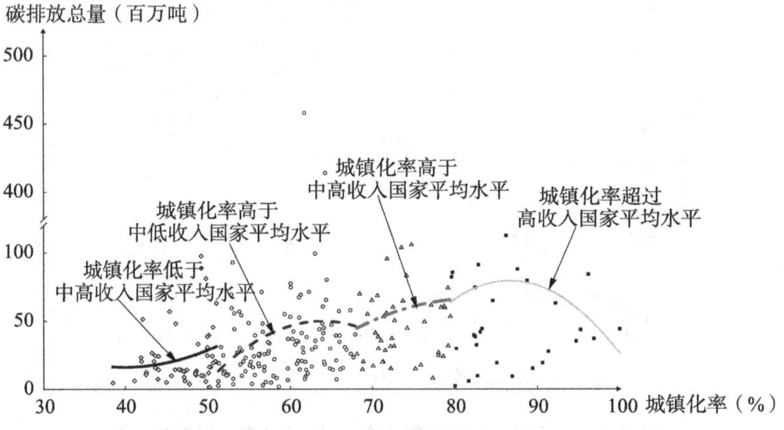

图8.2 不同城镇化率的城市碳排放总量的变化趋势（2019年）

注：图中曲线为分阶段拟合曲线。

资料来源：碳排放数据同上，城镇化率根据《中国城市统计年鉴》（2020）计算。

第三个“50%”是城镇人均可支配收入水平最低（后10%）的城市

碳排放总量仅相当于收入水平最高（前3%）城市的一半。我们对所比较的260个城市按照城镇人均可支配收入水平进行了十等分分组。如图8.3所示，2019年，碳排放最多的是收入水平前20%的城市，大约占城市碳排放总量的1/3，而收入水平最低的城市（后10%），碳排放总量的占比还不到4%。与之相比，收入水平前3%城市，人均可支配收入约为6.9万元，大约是后10%城市的2.5倍，碳排放总量也比这些低收入城市高出1倍还多。总体表现为收入水平越高的城市，碳排放的规模越大。如果考虑历史碳排放的累积规模，不同收入水平地区之间的差距更大。

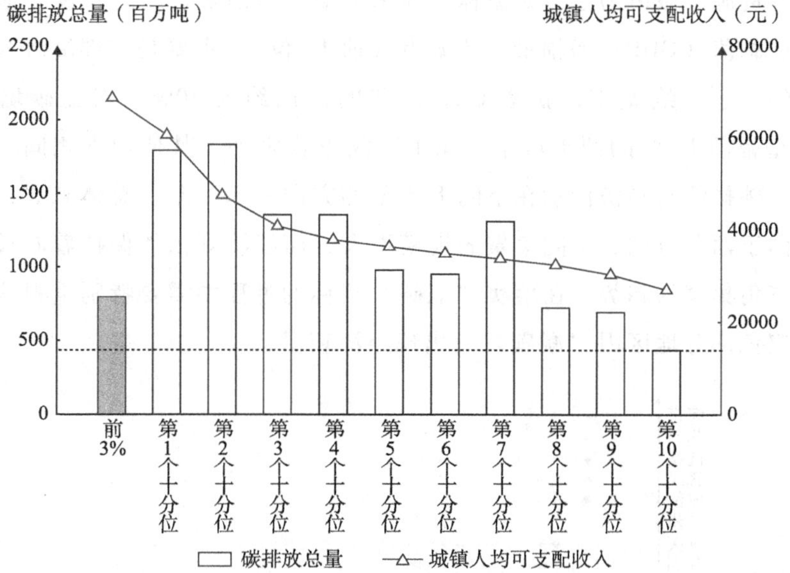

图8.3　不同收入水平的城市碳排放占比（2019年）

资料来源：碳排放数据同上，城镇人均可支配收入来自Wind数据库。

8.1.2　从动态角度来看，我国碳排放与经济在空间上出现了明显的反向集聚

从近期各地区碳排放的变化趋势来看，本书比较的260个城市中，大约1/3的城市在我国经济进入新常态之后，即2012—2019年，碳排放总量因经济增长减速、人口减少或者其他原因，规模出现了下降，主要集中在东北、山西、甘肃等地制造业衰退较为明显的中小城市。同时，随着东部

沿海发达地区产业结构的升级和生产率的提高，碳排放的增速趋于减缓，北京、深圳、上海等少数城市碳排放已初步达峰。这两方面因素共同推动碳排放在空间分布上出现了更显著的集中趋势，2019 年碳排放规模最大的前 10 位城市占比（CR10）由 2012 年的 18% 提高到 21%，但这些地区生产总值（GDP）所占比重仅为 5.3%，比 2012 年还略有下降。表明碳排放与经济活动在空间上的集聚出现了显著分离。

从各城市新增碳排放的规模来看，如图 8.4 所示，2012—2019 年增幅最大的 10 个城市（前 3%）占城市新增碳排放总量的比重已超过了 60%，以北方资源型城市为主，如榆林、鄂尔多斯、唐山等。与之相反，地方国内生产总值（GDP）增幅最大的城市（前 10 位），主要是东部沿海和西南地区的一、二线城市，新增 GDP 之和的占比约为 30%。对比碳增幅和 GDP 增幅前 10 位的两类城市，除了武汉重合之外，其他均不相同。再次表明，碳排放与经济活动在空间上集聚的方向并不一致。总体来看，碳排放趋向于西北方向，空间集聚的规模更大，而经济则依然保持着向长三角和珠三角集聚的趋势。在落实“双碳”目标的过程中需要特别重视这一现象，避免部分地区因“减碳”而出现经济衰退。

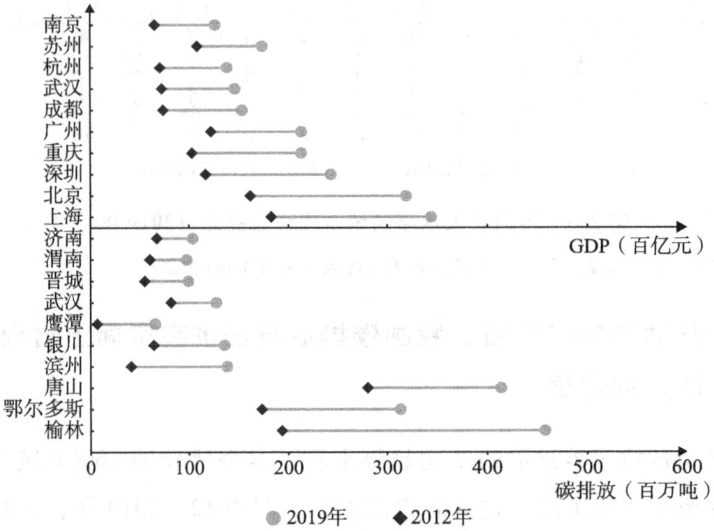

图 8.4 2012 年和 2019 年碳排放和 GDP 增幅最大的 10 个城市

资料来源：碳排放数据同上，GDP 数据来自《中国城市统计年鉴》（2020）。

综上所述，我国碳排放在空间上的分布特征突出表现为大城市与小城市、高收入与低收入地区，以及高城镇化率与低城镇化率地区之间的“不平衡”。这种“不平衡”导致部分地区在落实“双碳”目标的过程中，面临着进退维谷的矛盾和难题。一是中小城市、收入和发展水平较低的地区，虽然碳排放强度较大，但其碳排放的总规模和经济规模的基数要比发展水平较高的大城市低很多，潜在的减排空间相对较小；二是随着地区功能分工的深化，碳排放与经济在空间分布上还将出现更严重偏离，碳排放密集地区的发展必然受到更大约束，潜在的“碳公平”问题更加突出。对于发展相对落后的地区而言，如果要在“碳减排、碳达峰”的目标下实现经济发展的赶超，其经济增长的速度必须要超过发达地区，同时碳排放强度下降的速度又要高于经济增长的速度，才可能实现碳排放总量的达峰。由此，“双碳”目标与经济增长目标之间的内在矛盾在短期内有可能被进一步激化。鉴于此，我国需要把“碳”作为一种新的区域经济发展要素，置于区域协调发展的一体化布局之中，才可能从根本上解决“减碳”与区域经济发展之间的内在冲突。

8.2 “碳公平”基础上推动区域协调发展的若干政策建议

我国是一个发展差距较大、碳分布又高度不均衡的国家，而“碳”在区域经济布局中，通常是作为生态环境的约束性要素，其自身的经济属性往往被忽略或者重视不够，使得“碳”与其他要素在区域层面上缺乏统筹协调，造成不同发展水平的地区在低碳转型过程中所承担的减排责任与发展机会不对等，制约地区之间的协调发展。需充分考虑地区之间的碳公平，调整优化政策制定的出发点，尽快建立碳与其他发展要素相统一、相协调的区域发展政策体系。

8.2.1 城市层面的碳核算需同时考虑生产端和消费端，以维护地区之间的“碳公平”

科学合理的碳核算是区域经济实现低碳转型的关键环节。2009 年，英国学者 Lohmann 提出，“共同不加区分的碳核算，正在使不同的技术、社会经济背景和气候变化时间等同，而对气候公平和环境完整性的关注则要求将它们分开”。[①] 目前，在国际上针对一个地区碳核算的方法主要有两类：一类是基于生产端的方法（production based approach，PBA），也称为“区域方法”[②]。该方法主要测算在一定的地理空间范围内产生的温室气体排放量，实际上是基于碳排放源点的一种核算方法。另一类是基于消费端的方法（consumption based approach，CBA），通常被称为“碳足迹”[③] 或“温室气体（GHG）足迹”。[④] 该方法是对不同行为主体消费的商品和服务而产生的温室气体排放量进行量化核算，实际上是基于碳排放的最终用户点进行核算的方法。对于一个固定边界的地区而言，选用不同的核算方法，就代表着碳减排的责任将归属到不同的主体。在生产端的碳核算方法中，责任分配给排放的“生产者”，而在消费端的碳核算方法中，无论其生产地点在哪儿，责任都分配给货物和服务的最终“消费者”。[⑤] 选择哪一种核算方法不只是经济层面上的选择，还与不同地区发展水平和治理能力

---

① Lohmann L (2009). Toward a different debate in environmental accounting: the cases of carbon and cost - benefit. Account. Organ. Soc. 34, 499 - 534. doi: 10. 1016/j. aos. 2008. 03. 002.

② Chavez A, Sperling J. (2017) Key drivers and trends of urban greenhouse gas emissions. In Creating low carbon cities (pp. 157 - 168). Cham: Springer. DOI: https://doi. org/10. 1007/978 - 3 - 319 - 49730 - 3 - 14.

③ Chen G, Shan Y, Hu Y, Tong K, Wiedmann T, Ramaswami A, Guan D, Shi L, Wang Y. (2019) Review on city - level carbon accounting. Environmental Science and Technology, 53 (10), 5545 - 5558. DOI: https: //doi. org/10. 1021/acs. est. 8b07071.

④ Pichler P P, Zwickel T, Chavez A, Kretschmer T, Seddon J, Weisz H. (2017) Reducing urban greenhouse gas footprints. Scientific Reports, 7 (1), 1 - 11. DOI: https: //doi. org/10. 1038/s41598 - 017 - 15303 - x.

⑤ Wright L A, Kemp S, Williams I (2011). Carbon footprinting: Towards a universally accepted definition. Carbon Management, 2 (1), 61 - 72. DOI: https: //doi. org/10. 4155/cmt. 10. 39.

密切相关。

如前文所述，我国基于生产端核算的“碳排放”在地区之间的分布极为不平衡，并且与经济活动的空间分布出现了显著分离。如果仅以此作为基准，对地区进行静态的“双碳”目标考核和相关政策的设计，“减排”责任必然向少数地区集中，而这些地区大多数经济发展水平相对落后，在碳减排的约束下，不仅发展成本要高于先发地区，还可能因此失去一些产业发展的机会，地区之间可获得的发展机会愈加不平衡。此外，由于“碳”具有高度的流动性，可通过生产分工网络或供应链网络在地区之间转移。基于生产端的碳核算并不能足量地反映一个地区碳排放的真实规模。另外，随着经济增长的减缓，生产端碳排放的总规模趋于稳定，而消费领域的碳排放占比将越来越高。经济越发达的地区，消费领域的碳排放占比也会越高。因此，有必要将消费端的碳排放统一纳入各地区整体的碳核算之中。这是实现地区间“碳公平”的前提条件。

8.2.2 在地区之间建立低碳技术共享和再分配的协调发展机制，确保相对落后地区在低碳转型过程中获得更公平的发展机会

我国区域碳排放的基本趋势是——工业化城镇化水平越低、收入水平越低的地区，碳排放强度就越大，需要承担的减排责任、面临的增长压力也越大。解决这一问题的关键是要引入先进的低碳技术，这既需要大规模的资本投入，也需要较强的技术创新能力，依靠地区自身的发展或者市场机制都难以实现，需要创新相关的政策工具。经合组织（OECD）利用专利数据所做的一项研究表明，风能和太阳能技术可以在国家层面产生显著的知识溢出效应。英国伦敦政治经济学院 Dechezlepetre 等学者，通过对上百万的专利和引用数据进行了一项研究，表明低碳创新对提高生产率带来的知识溢出效应比传统技术（能源生产和运输部门）带来的知识溢出效应高出 40% 以上。同时，低碳投资可以促进更高水平的中短期经济增长，前

提是低碳技术增加的投资不会对其他领域的创新带来挤出效应。①

综合上述研究，我国的区域政策应结合各地区低碳转型的发展新诉求，逐步以“技术”替代传统支持政策工具中的财政补贴或相对低效的研发资本投入，将清洁能源、绿色建筑等相关低碳技术，以财政转移支付的形式向发展相对落后的中小城市转移，前置性地嵌入到城市发展之中，降低后期“去碳”的成本。在国家层面针对低碳绿色技术采取有条件的专利保护、研发投入和税收减免等政策，国家财政资金支持的技术研发项目，其技术成果要以更低成本向落后地区转让，从而在地区间建立相关技术共享和技术要素的二次分配机制，畅通人才、资本、产业项目等向后发地区集聚的通道，提高其低碳转型的发展能力。

8.2.3 在碳排放集中的地区实施以低碳技术为导向的产业政策，避免这些地区“低碳化”的同时出现过度“去工业化”

一些碳排放规模较大或者增长较快的地区，仍处在工业化、城镇化的中前期，“减碳”与经济增长之间的矛盾短期来看依然突出。解决这一矛盾的根本在于为这些地区寻找到更绿色、更可持续的新增长点。如果从经济发展的视角来看，虽然减碳、低碳是一个应对气候变化的长期环境问题，但也创造了长期、巨大的市场和投资需求。根据彭博新能源财经（NEF）年度投资报告，2021 年，全球能源转型的投资达到 7550 亿美元，我国能源转型投资为 2660 亿美元，比 2020 年增长了 60%，是美国投资规模（约为 1140 亿美元）的两倍多，已成为全球能源投资领域规模最大的国家。另据该机构预测，为了实现全球“净零”的碳排放目标，2022—2025 年全球对能源转型的投资需求年平均为 2.06 万亿美元，大约是 2021 年的 3 倍；到 2026—2030 年，投资需求将翻一番，每年大约需要 4.20 万亿美元的投资规模，其中下一代低碳技术的投资需求占总投资需求的比例

① Antoine Dechezlepretre, Ralf Martin, Myra Mohnen, 2017. Knowledge Spillovers from clean and dirty technologies. GRI Working Papers 135, Grantham Research Institute on Climate Change and the Environment.

为 20%—40%。[①] 这将成为未来拉动经济增长的重要来源，也为后发地区实现经济赶超提供了一个前所未有的战略机遇期。

我国人均 GDP 的水平与欧美等发达国家还存在较大的差距，部分地区的发展水平还较低。2021 年，在 295 个地级及以上城市中有 25 个城市的人均 GDP 水平低于中低收入国家的平均水平，占比接近 10%。[②] 最低城市的人均 GDP 为 2960 美元，刚刚超过中低收入国家的平均水平的一半。因此，在实现“双碳”目标的过程中，需要从更宽、更广的发展视角，以更积极的政策措施加强发展与低碳转型的平衡，把“减碳”作为数字化、绿色化发展时代一个新的技术产业去发展，聚焦新能源设备制造、电池材料、绿色建筑材料、智慧电网技术、复杂能源系统的软件开发等关键领域，采取地区导向性的产业政策，在碳密集地区构建更适合低碳技术产业发展的生态，使其后发“劣势”尽快转变为新的增长动能，在“减碳”的同时实现更高质量的经济增长，而不是被动地用“去工业化”来达到“减碳”的目的。这是平衡地区经济发展与“双碳”目标的关键路径。

8.2.4 加强经济领先地区与相对落后地区之间“碳”相关政策的协调，防止在地区之间形成新的碳“壁垒”，制约我国区域协调发展目标的实现

在“双碳”目标背景下，碳要素对一个地区经济的影响越来越大。但是“碳”在经济活动中存在的形态非常复杂，既可以嵌在各类产品或服务之中，也可以通过金融化以不同形式的资本产品存在。正因如此，不同地区的“碳”、不同行业的“碳”并不完全等值。各地区对碳要素的各种监管，如碳定价、低碳产品的认定标准、碳核算等方面的能力也存在显著差距，如果对地区层面的政策缺乏协调，就会形成各种形式的“碳壁垒”，既制约要素跨区域的有效流动，也会影响地区间的公平竞争。在实施每一项减碳、低碳等政策工具时，要对其区域影响进行充分评估，将对不同类

① 数据来源：Bloomberg NEF，energy Transition Investment Trends（2022）.

② 数据来源：《中国城市统计年鉴》（2022）。

型地区的不利影响降至最低。此外，需要重视不同政策工具的局限性，如碳定价政策，虽然可以引导市场中的技术选择和发展路径，但“碳”定价改变的是边际成本，可以通过产业链和地区之间的要素流动向其他环节或地区转移，对改变一个地区的产业、能源等结构方面的作用有限。这就需要通过地区导向型的“碳”政策构建更加科学合理的政策实施机制。这也是提高减碳、去碳等政策工具有效性的路径（详见专栏8.1）。

专栏8.1 部分地区成功实施碳定价政策的国际经验

瑞典——自1991年引入瑞典碳税以来，瑞典经济增长了60%，但碳排放量下降了25%。被认为是实行碳定价最为成功的国家。部分归功于广泛的公众对话和社会商议，在引入碳税的财政改革之前加强了政治信任和透明度。

加拿大艾伯塔省——“碳税”的成功是将碳税收入分为两部分：一部分用于绿色支出，另一部分用于对那些受到碳定价不同程度影响的主体的经济补偿。改变了传统的标签定价或者征收庇古税。

英属哥伦比亚省——所有的碳税收入都归还于家庭和公司。由此创造了支持碳定价的强大选民。在具有环保意识的选民基础和商界的支持下，政府能够设计实施一项被广泛政治认可的碳税改革。

澳大利亚——2012年，按照“教科书”引入了一套碳定价机制，也考虑了公平和效率的问题。但由于缺乏一定的政治可信度，以及过于关注技术细节的公开辩论，在当时较为激进的政治环境下，在2014年就被废除。表明仅满足公平和效率目标的碳价格设计是不够的，加强政治和社会层面的沟通并达成共识至关重要。

资料来源：Franziska Funke1，Linus Mattauch（2018）. Why is carbon pricing in some countries more successful than in others？. Published online at OurWorldInData. org.

我国是一个区域差距显著、各地区资源禀赋条件差异较大的国家。在围绕“双碳”目标设计相关政策时，要特别重视地区之间低碳产品和“碳”相关技术标准的协调，不能“一刀切”，要为不同地区设置科学合理的过渡期，避免发达地区过快提高标准，导致相对落后地区的产品面临更高的市场壁垒，对落后地区的经济增长造成过大冲击。加强地区之间碳定价、碳税等政策的协调，建议对交通、电力等网络化特征较强的行业部门，要在国家层面实施统一的政策，防止“减碳”成本过度向相对落后地区转嫁，对其转型发展带来更大的负面影响。

第三篇

共享增长与繁荣导向的生产力布局

自2019年以来，美国通过技术出口管制、实体清单、禁止市场准入、限制科技人才交往等一系列政策措施，在人工智能、通信网络、量子信息、半导体、生物等新兴技术领域对我国实施技术封锁，我国技术创新和新兴技术的产业发展正处在重要的历史关口。对国内区域发展而言，由于新一轮技术体系复杂度显著提高，在全球科技竞争不断升级的背景下，一些传统产业集聚或者创新能力较弱的地区，将因无法及时获得新技术，经济增长和结构转型停滞风险正在加大，难以适应新的全球竞争格局。如何面向未来科技发展的方向，加快推动我国创新资源和产业资源在空间上形成更具前瞻性和引领性的战略布局，是当前推动区域高质量发展，构建发展新格局过程中需要解决的关键问题。

数据、技术、碳等新要素在我国经济社会发展中的作用越来越显著，基于新要素的新产业、新业态、新生产模式正在成为经济增长的核心动力，“新质生产力”正在形成之中，新旧生产力转型过程中的新问题和新矛盾也会不断显现，更高质量的生产力布局需要新的路径和新的政策体系来推动。为此，这一部分内容首先讨论新要素跨区域流动和空间聚集形态对我国空间结构带来的趋势性变化，在此基础上，本篇分别从两个视角，一是自下而上的视角——新技术产业发展的需求，二是自上而下的视角——国家在新发展阶段实现高质量转型和共同富裕战略目标的要求，详细论述数字化时代我国生产力布局优化的着力点和相关政策工具的创新。

生产力布局是区域经济研究领域中一个传统而又重要的问题，其重要性不仅体现在经济层面，对于生态环境、社会公平和国家发展安全等诸多方面都具有非常重要的意义。德国经济学家韦伯在1905年提出的工业区位论是关于生产力布局最经典的著作之一。该理论的提出距今已有上百年的历史，全球经济正从区位理论创立之初的工业化1.0向数字化驱动的工业4.0和工业5.0转型。在此背景之下，生产力布局如何顺应技术的变革是数字化新时代各国区域发展都需要深入探讨的问题。这一部分内容将从我国近期空间结构变化的新趋势切入，深入探讨新生产力空间布局和相关政策优化的问题。

什么是生产力？从经济学的角度来看，该概念源于18世纪古典经济学（详见专栏1）。经济学家对生产力的内涵一直是存在争议的。1961年，孙尚清（曾任国务院发展研究中心总干事、主任）在《经济研究》期刊上发表文章“论研究生产力在政治经济学中的地位”，指出生产力研究的三个层面：生产力的自然要素问题、社会要素问题（分工与协作）和生产力的组织问题（企业内部和生产力在全社会空间的布局、国民经济体系的建立和合理化）。① 历史学家李平心先生在《论生产力性质》一文中将生产力概括为，“生产力包含生产物质财富所使用的劳动资料（首先是生产工具）和具有劳动经验与生产技能使用劳动资料生产物质财富的人。生产力性质是在一定历史阶段生产力的物质技术属性与社会属性的总和，同时又是生产力的一般强变性和特殊强变性的综合”。② 20年后（1980年），著名经济学家孙冶方同样在《经济研究》发表文章——“什么是生产力以及关于生产力定义问题的几个争论”，对在新中国成立之初15年有关生产力的三个争论逐一进行了讨论，并支持李平心先生有关生产力的观点。③

2023年9月，习近平总书记在黑龙江考察时提到，“整合科技创新资源，引领发展战略性新兴产业和未来产业，加快形成新质生产力”④。“新质生产力”是从社会发展进程和技术变革的角度而提出，是对马克思关于生产力理论的一个重大创新。新质生产力区别于工业化时期基于大规模生产方式的传统生产力，代表着源于新技术、新要素、新产业而形成的一种更先进、更现代化的生产力，也是我国实现高质量发展三大变革（即质量变革、效率变革和动力变革）的核心来源。可以从两个维度来理解新质生产力，一是“新”，代表新生产力，即新产品、新产业、新技术形成的发展新动能，落到区域层面上就是新的要素组合和新的产业结构；二是“质”，代表更高质量的生产力，也就是依靠技术创新创造更高水平的劳动效率、资本效率、土地效率、资源效率、环境效率和科

① 孙尚清．论研究生产力在政治经济学中的地位［J］．经济研究，1961（12）：31－45.

② 李平心．论生产力性质［J］．学术月刊，1959，(06)：14－19，69.

③ 孙冶方．什么是生产力以及关于生产力定义问题的几个争论［J］．经济研究，1980(01)：28－37.

④ 资料来源：中国政府网，2023－09－08。

技进步贡献率、全要素生产率，实现有质量、有效益、没水分、可持续的增长。[1]

什么是生产力布局？顾名思义，生产力布局是指社会生产力要素的地域分布与组合，根据不同目标对各类资源、生产要素在不同地区进行配置组合的过程（见专栏1）。在要素配置的过程中，需要科学的计划[2]，同时也需要发挥市场机制的作用引导要素向特定的区域流动和集聚。事实上，被多数国家所采用的地区导向型政策本身就是生产力的布局。

专栏1　什么是生产力和生产力布局

生产力概念产生于18世纪欧洲古典经济学理论。法国重农学派创始人F. 魁奈最早提出“生产力”概念，但他主要强调“土地生产力”和“人口生产力”。英国经济学家亚当·斯密扩大了生产力的内涵，把各个生产部门劳动量的总和看成是社会财富的源泉，由此提出“劳动生产力”的概念。大卫·李嘉图从多种意义上使用“生产力”概念，把生产力看作是各种不同因素的自然力，并在“劳动的生产力”的基础上提出了“资本的生产力”概念。德国国家经济学家F. 李斯特进一步把生产力理论系统化，从国家立场提出了“国家生产力”和“精神生产力”概念，认为生产力作为物质财富的原因比物质财富本身要重要得多，甚至认为物质生产者所生产的只是交换价值，而教师、艺术家、法官和行政官员等精神生产者所生产的才是生产力，从而把生产力最终归结为一种政治力量和精神力量。

生产力布局是社会生产力要素的地域分布与组合，是一个多层次、经纬交织的多维网络结构。主要包括：

①宏观层次布局。这是生产力布局的总体部署和轮廓方向。包括全面分析整个国民经济范围内生产力地区分布的现状及其基本特点和存在问题，综合评价全国及各地区的自然资源、社会经济资源及其开

---

① 资料来源：中共中央宣传部，国家发展和改革委员会．习近平经济思想学习纲要［M］．北京：人民出版社，2022年6月第一版．

② 计划（plan）是一个中性词，在任何一个国家的经济社会发展中都需要，市场经济发达的欧美国家依然需要计划，本书将在第四篇中详细讨论规划在区域发展中的重要作用。

发利用的状况与潜力和随时间的推移而发生的变化，研究并确定全国生产力布局的战略发展方向，论证其宏观效益，解决全国生产力布局中全局性问题的基本政策、途径和方法，形成全国生产力综合布局的总蓝图。

②中观层次布局。这是生产部门布局和地区生产力布局。包括具体分析各部门、各地区的优势与劣势；研究并确定开发的目标、主攻方向、重大项目地区分布的部署；围绕重大项目、主导产业安排相关项目或相关产业的布局；分析各部门、各地区在全国地域分工体系中的地位，部门联系、地区联系的基本趋势和以大中城市为中心的经济区域、经济网络形成发展的前景。

③微观层次布局。这是企业区位的选定。主要内容包括研究并确定企业的区位；摸清四周相邻企业的情况，建设区内的土地资源、气候、地形、地质条件，与水源、能源的距离及其保证程度，企业对外联系的运输条件，企业取得各种生产条件和销售产品的市场状况；预测企业生产建设对环境的影响等。

资料来源：《中国大百科全书》第三版网络版。

和生产力的概念一样，生产力布局在我国也存在着争论，即使是在区域经济研究领域也未形成统一的观点。改革开放至今已有40多年，关于生产力布局的争论一直没有停止。也许正是由于生产力布局在国民经济发展中的重要地位，才会在发展中引发如此“争论”。国内有不少学者反对生产力布局，通常认为生产力“布局”在哪个地区是市场的功能，需要发挥市场机制的决定性作用，而政府推动的布局则是“计划经济”。早在1979年，我国区域经济研究领域著名学者陈栋生就曾发表文章“试论生产力布局问题”，指出“生产力布局，特别是工业布局，是社会主义建设中一个重大战略性问题。……把社会主义计划经济误认为是自然经济的思想，和按照这种经济思想建立起来的管理体制与方法……各个地区因地制宜、用己之长、避己之短、分工协作、互通有无，就可以提高整个国民经济的效果”。[①] 江西财经大学的刘振，也曾详细论述了“计划”与“市场”在生产力布局中的不同功能和利弊，强调只有使两者有机结合、扬长避短，才能实现区域经济的全面发展。[②]

2013 年 11 月 12 日，中国共产党第十八届中央委员会第三次全体会议通过的《中共中央关于全面深化改革若干重大问题的决定》提出，“使市场在资源配置中起决定性作用”；2020 年《中共中央 国务院关于新时代加快完善社会主义市场经济体制的意见》提出，“更加尊重市场经济一般规律，最大限度减少政府对市场资源的直接配置和对微观经济活动的直接干预，充分发挥市场在资源配置中的决定性作用”。之后，在生产力布局中如何发挥市场“在资源配置中起决定性作用”逐渐成为讨论的重点。但正如诺贝尔经济学奖获得者，著名经济学家斯蒂格利茨所说，“市场并不存在于真空中，它们需要政府制定的游戏规则、公共政策与公司治理、竞争政策和劳动力市场监管相关的法律，需要包括国家、社会公共组织等在内的强大机构。这些机构相互互动、形成正确的制衡”。[③] 因此，对于生产力布局的必要性进行争论并没有实质性的意义和必要性，对国家高质量发展更有益的是在生产力布局中，如何把市场机制能够调节的经济活动交给市场，需要政府协调、监管的交由政府。各类资源要素的配置在不同地区的配置实现最优化，服务于国家总体的发展战略，并能促进所有地区在新一轮技术革命推动的转型发展中获得平等的发展机会，共享技术创新的红利和增长的繁荣。这才是生产力布局最重要的目标。

---

① 陈栋生．试论生产力布局问题［J］．学习与探索，1979（04）：29 – 34. 陈先生曾主持过“‘七五’和后十年（1990—2000 年）中国生产力布局战略研究”“九十年代中国区域经济政策研究”等国家重大研究课题。

② 刘镇．论生产力布局中的计划经济与市场调节问题［J］．当代财经，1991（05）：59 – 60,63.

③ Stiglitz Joseph E. Markets States and Institutions, in Ajit Mishra, and Tridip Ray (eds), Markets Governance and Institutions in the Process of Economic Development (Oxford, online edn, Oxford Academic, Dec 21 2017), https://doi.org/10.1093/oso/9780198812555.003.0002.

第9章 数字化转型驱动的经济空间结构变化与新问题区域识别

数字经济的快速发展，尤其是传统行业部门数字化水平的提高，使得地区之间要素流动、资源配置、利益分配的路径和模式出现了显著变化，区域经济的空间体系结构也随之改变。基于数字技术形成的新空间体系存在哪些新的问题和潜在风险，未来国家的经济布局如何优化以适应经济数字化转型的内在要求，不同类型地区如何在数字经济构成的空间体系中实现更高质量的分工合作，这些都是我国实现现代化和共同富裕之路上的重要议题。

本章节重点从人口、产品等要素的跨区域流动、城市空间网络体系变化的维度，观察我国近期区域经济空间结构变化的总体趋势，借助夜间灯光大数据对区域发展中新的问题区域进行识别。

9.1 经济数字化正重塑我国区域经济的空间结构

不同国家对数字经济的测算口径有很大差别。根据世界银行的估计，数字经济占全球 GDP 的比重超过了 15%。在过去 10 年中，数字经济的增长速度是传统实体经济增长的 2.5 倍。预计到 2030 年，数字经济占全球 GDP 的比重将超过 30%。美国经济分析局（BEA）将数字经济概括为四种主要类型的商品和服务：（1）基础设施或支持计算机网络和数字经济存在及使用的基本物理材料和组织布局，主要是信息和通信技术（ICT）相关的商品和服务。(2) 电子商务或通过计算机网络远程销售商品和服务。(3) 定价的数字服务，或与计算和通信相关的服务，向消费者收取费用。(4) 联邦非国防数字服务，代表联邦非国防政府机构的年度预算，其服务与支持数字经济直接相关。据此测算，2021 年，美国数字经济的规模大约为3.7 万亿美元，占 GDP 的比重约为 10.3%。根据中国信通院的测算，2018 年，我国数字经济的规模就达到了 31.3 万亿元（按当年平均汇率估算，相当于4.7 万亿美元），占 GDP 的比重为 34.8%。各地区的数字经济都呈现高速增长的态势，增速在 10%—25%，显著高于同期国民经济的增速，11 个省市的数字经济规模超过了 1 万亿元。[①] 在数字经济加快发展的过程中，要素跨区域流动呈现出以下变化趋势。

9.1.1 人口、产品等要素跨区域流动减缓，流动的空间半径趋于缩小

本节用客运和货运总量（包括公路、铁路、航空等各种运输方式）的增量与 GDP 增量之比来衡量人口、产品在不同区域的流动性。如图 9.1 所示，我国客运量自 2015 年开始持续负增长，2019 年的客运总量相比 2014 年降幅超过了 20%；同期货运量的增速也明显下降，2019 年为负增长，比 2018 年减少 8.5%。[②] 相对于经济总量的变化，无论是客运和货运跨区域的流动性都已显现出减缓的趋势，而这一趋势并非我国独有。与数字经济发展全球领先的美国相比，其国内货运和客运的流量变化也显现出与我国基本一致的趋势。自 2011 年，美国的货运量持续下降。2017 年，货运增量与 GDP 增量之比，相比 2010 年降幅大约在 70%。[③] 旅客周转量的波动比较大，2011 年为负增长，之后有所上升，2015 年之后又开始下降。2017 年公路、铁路和航空旅客周转量的增量与 GDP 增量的比值，比 2015 年下降大约 40%。

---

① 数据来源：中国信通院，《中国数字经济发展与就业白皮书（2019 年）》。作者注：该机构的测算虽然被广泛引用，但也存在争议。

② 考虑到 2020—2022 年全球新冠疫情的影响，对比分析使用了 2019 年和之前的数据。

③ 数据来源：Wind 数据库。

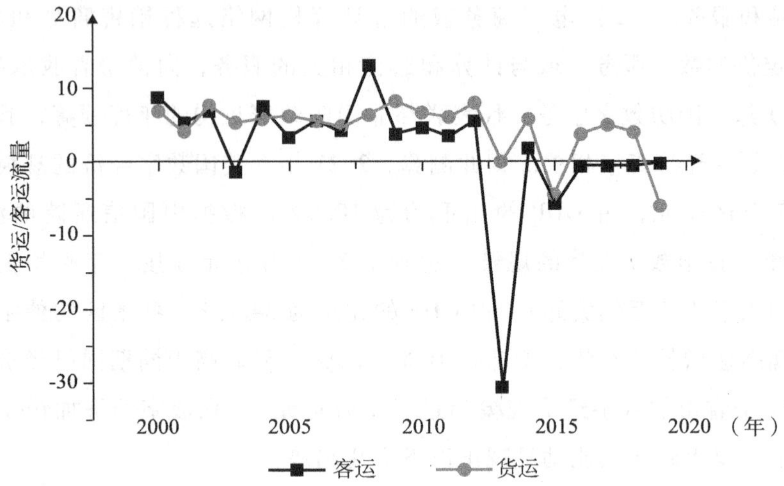

图 9.1　2010—2019 年我国货/客运流量变化

资料来源：Wind 数据库。

从要素流动的空间半径来看，2018 年我国货运的平均运距比 2010 年下降约 9.2%，旅客铁路运输的平均运距同比下降近 20%，公路和民航的平均运距略有增长。从客运量减少的地区分布来看，广东、江苏、山东、四川等人口进出大省下降的幅度最为显著，2018 年广东客运总量比 2010 年减少近 70%，同期四川减少近 60%。但同期我国公路、铁路、航空等营运里程，路网密度都保持了快速增长，如铁路网密度与 2000 年相比大约翻了一番，公路网的密度同比也扩大 1.9 倍。由此可推断，运量和运距下降的主要原因并非交通基础设施条件所限。

在传统经济模式下，人口、产品等要素的跨区域流动，通常会随着一国经济规模的扩大、交通基础设施体系的完善而增长。综上所述，近期我国要素的流动在基础设施条件显著改善的情况下却出现了与之相反的趋势。这与我国经济增长减速和产业结构调整有关，但更主要的原因还是新一轮生产方式、经济活动组织模式的变革。由于经济数字化水平的提高，发达地区工业、服务业等领域信息技术的应用更加广泛，产生了显著的劳动力替代效应。同时，一些传统的服务部门和专业技术服务等服务性产品的数字化，都在一定程度上减少了人口跨区域流动的需求。

9.1.2 城市体系的网络密度增加，多中心的空间结构正在形成

由于人口、产品等要素的空间流动在新一代技术进步和产业变革的推动下出现了显著变化，区域经济的空间体系也随之深度调整。本节利用空间引力网络模型，并用地区之间人均 GDP 之比（发展水平差距）、百度城市间人口的迁徙数据（人口流动）对模型进行修正，分别测算了 2010 年和 2018 年我国 35 个城市（直辖市、省会城市和计划单列市）在整个区域经济网络中的中心度，以及城市间的关联度（引力值表示）。中心度越高，代表该城市在整个网络中的影响力越大，集聚人口等各类要素资源的能力越强。主要变化趋势如下：

（1）我国城市空间网络整体中心度指数略有下降。2018 年，以上述 35 个城市为核心节点的区域经济网络整体中心度指数为 37.7%，比 2010 年下降约 4 个百分点。这一趋势主要源自两方面的驱动因素——天津、上海、广州等层级较高的城市中心度有所下降，如 2018 年天津相对于整体网络中心度下降约 30%，而武汉、重庆、成都、郑州等中间层级城市中心度相对提高，如同期武汉的中心度提高 31.2%，重庆提高 27.3%。中西部区域板块中的部分中心城市在整个区域网络中的影响力正在增强，以北京、上海和广州三极支撑的空间结构逐步向多极化方向演变，城市网络体系的非均衡性在一定程度上有所缓解。

（2）城市网络体系的密度增加，城市间的关联度加强。2018 年，我国 35 个城市构成的网络体系，其密度相比 2010 年提高了 6 个百分点（见图 9.2 和图 9.3），同期城市间引力值超过 2.5 的比例提高了 40%，[①] 一线城市（北京、上海、广州和深圳）之外的城市之间引力值超过 2 的比例提高了大约 17%。中心度相对较低的城市之间的关联度有所提高，新的区域性网络初步形成。例如，以重庆、成都为核心的西南地区，以武汉、郑州为核心的中部地区等。但需要重视的是，目前我国城市之间的关联关系更多

① 为便于比较，本书将城市间引力值标准化为 0—10 的无量纲数值。

表现为流向核心城市的引力远大于其向外的引力，而具有相对均衡双向引力的关联城市，如北京—天津、上海—南京、成都—重庆等依然较少。

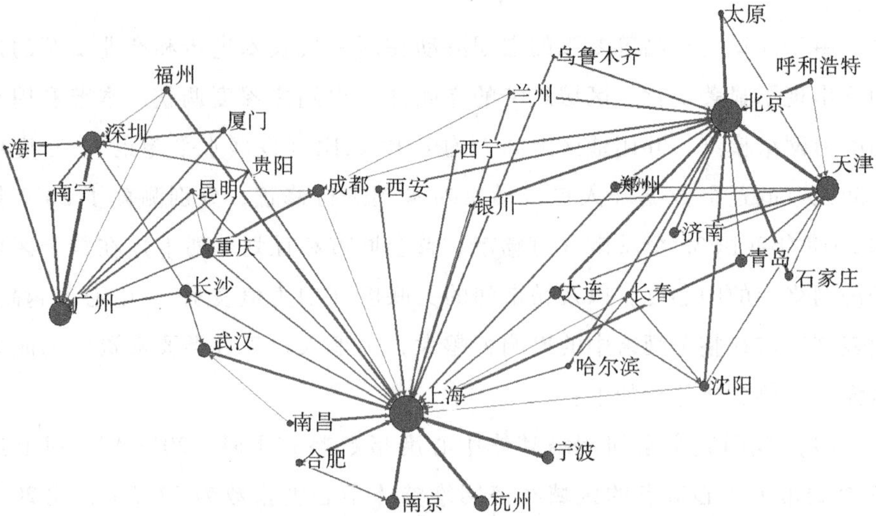

图 9.2　2010 年我国空间网络结构图

注：图中圆圈大小表示城市中心度，连线粗细表示城市间引力值（同图 9.3）。

资料来源：根据《中国城市统计年鉴》（2011）计算。

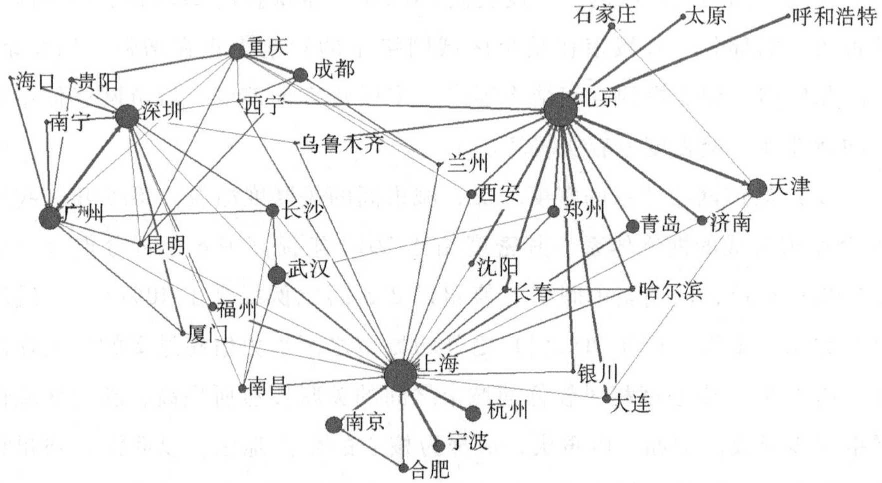

图 9.3　2018 年我国空间网络结构图

资料来源：根据《中国城市统计年鉴》（2011）计算。

(3) 城市体系扁平化的趋势增强，层级分化和地区之间的分化愈加明显。尽管整体上我国城市体系网络的中心度有所降低，空间结构的平衡相对于上一个发展阶段有所提高，但从不同发展水平和不同区域的中心城市来看，仍存在着显著分化。东北地区三个省会城市和大连的中心度下降更为明显，相互之间的关联度也弱于其他地区。甘肃、青海等西北地区中心城市的中心度也没有明显提高。从城市群的维度来看，除了长三角城市群之外，在2010—2018年，其他城市群内部向中心城市极化的趋势不仅没有减弱，还在进一步增强。如京津冀城市群，北京的中心度提高而天津、石家庄下降；成渝城市群继续向成都、重庆极化；长江中游城市群则表现为向武汉极化的趋势。随着我国服务业比重提高、制造业比重下降，再加上各行业数字化水平的提高，势必会推动人口和产业进一步向区域性中心城市集聚，导致整个城市体系层级的减少，加剧城市网络扁平化的趋势。

9.2 数字化转型背景下要素流动和空间结构演变的展望

综合近期我国区域经济空间结构变化的主要特征，以及新一代技术革命和数字经济展现出的新特征，我国要素流动和区域经济空间结构将呈现出以下三个新趋势。

(1) 生产要素和产品的数字化在一定程度上降低了人口、产品等实体经济要素流动的内在需求，人口跨区域的流动将随着经济数字化水平的提高而减缓，流动的方向也会出现结构性调整。“数据”作为一种新的生产要素，已经参与到越来越多的经济活动中，数据资源的产生和应用几乎可以分布到所有空间。一些传统意义上的产品和服务（专业技术服务、金融等）在物联网、混合现实等新技术的支撑下已转变为超越地理空间，具有高度流动性的数字化产品，而这种数字化的要素在虚拟空间的自由流动，在某种意义上会替代实体要素在地理空间上的流动。

（2）经济活动组织模式的平台化将进一步加速我国城市体系结构的多中心化和扁平化。“平台化”是经济数字化的重要特征之一，不仅包括线上交易平台，还包括供应链的平台化、行业的平台化。平台化的产业组织模式具有强大的网络集聚效应，在地区之间重构形成了与传统产业分工完全不同的供应链网络，成为城市体系和分工格局重塑的重要推动力。考虑到我国各地区经济的数字化水平尚存在显著差异，部分地区在数字经济转型的大背景下将难以避免地出现“收缩”，空间结构扁平化的趋势进一步强化。

（3）价值链分工体系的数字化，资源要素空间配置的传统路径与格局将改变。区块链、大数据、人工智能等新技术的应用，将分散在价值链不同环节的资源、产品、服务数字化。数字化的资源要素在不同区域的流动也会随着数字经济的发展而加快，推动区域经济的“去中心”化，加快一体化程度更高的空间网络结构形成。

9.3 基于夜光大数据对我国新问题区域的识别

随着我国经济社会数字化转型的加快，农业、制造业和服务业的智能化、数字化、平台化的趋势日益增强，传统基于行政区的统计核算方法在衡量各地区经济发展水平和经济活动空间分布等方面的技术性误差不可避免地有所增大，可能造成我们对区域发展态势和核心问题的判断出现偏差，使得区域政策的有效性降低。鉴于此，本书尝试利用区域夜间灯光大数据作为补充性指标，对我国当前的区域发展格局和潜在的“问题区域”进行识别，为新时期构建区域发展新格局更加精准地把握政策着力点，进一步提高区域政策供给与需求的匹配性提供参考。

夜间灯光大数据是通过卫星传感对地面各类光源影像采集而形成的地理栅格数据，不受地理空间和各种人为因素的限制，在源头上克服了传统经济指标基于各级行政区汇总核算、价格因素或者政绩考核等因素造成的统计误差，能够相对直接、客观地反映人口、经济活动的空间分布和活跃度。本节重点利用了两类夜间灯光数据——区域夜光指数（区域内夜晚所有发光区域像元值的加总，代表整个区域的夜光强度，值越高代表区域发展活力越强）和区域夜光扩张活力指数（区域内夜晚发光像元的总个数，不考虑夜晚发光亮度的波动性影响），[①] 并对照传统经济指标从市、县不同层面对我国区域发展格局的总体趋势进行分析，主要结论如下。

（1）基于夜间灯光数据测算的区域发展差距显著高于传统经济指标，区域发展的不均衡水平在数字经济快速发展的背景下可能被低估。利用区域夜光指数、区域夜光扩张活力指数和单位行政区面积的夜光强度（区域夜光指数/行政区面积）对我国在2014—2019年城市层面的区域差距（变异系数CV）进行估算，并与传统利用人均GDP测算的地区差距相对比，两者总体上所反映出的区域发展格局相一致，即东部沿海地区的亮度值高于中西部地区，中心城市高于外围地区。两类数据所反映的区域差距变化趋势也基本一致，但基于夜光数据所测算的区域差距相当于地区间人均GDP差距的2—4倍（见图9.4），所反映的区域发展不均衡程度更高。

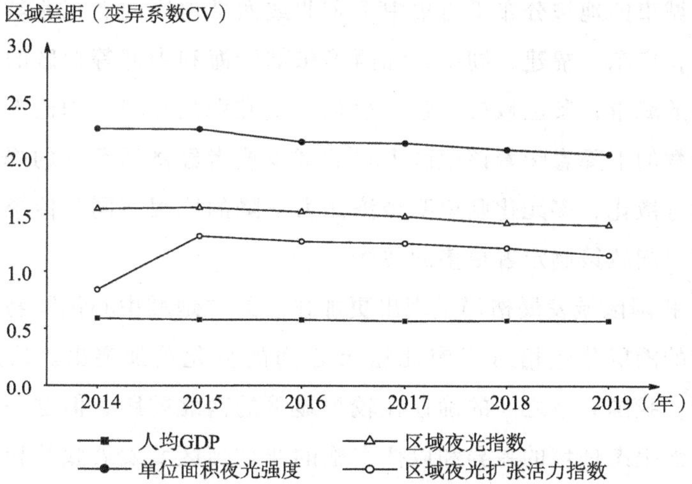

图9.4　不同指标对区域差距的衡量

资料来源：Wind数据库。

---

① 本书所有夜间灯光数据均为Wind数据库中的望眼中国城市夜光数据。

两类指标对区域差距的衡量之所以出现偏差，除了传统统计方法上的误差之外，还有一个重要原因是越来越多商品服务和经济活动的数字化，包括平台经济的快速发展，一些新业态，如流量经济、共享经济等，所创造的经济增加值在传统统计框架下无法准确核算在内，数字经济发展水平越高的地区被低估的可能性就越大，由此造成对地区发展差距的衡量出现系统性低估。

（2）与上一阶段工业化转型相比，当前经济活力下降的城市类型更加多元化、地域分布更加分散化。由于夜间灯光数据不存在价格因素或者核算范围的影响，并且随着卫星精度的提高，可以更广泛地采集到一些传统经济统计中未能涵盖的经济活动信息，尤其是人口的空间分布和一些数字化的服务业。因此，夜间灯光强度的变化相比传统经济指标，更有利于反映一个地区人口集聚和经济活力的真实情况。

如图 9.5 所示，本书所比较的 287 个地级及以上城市中，2015 年有近 1/3 的城市区域夜光指数相比 2014 年出现了不同幅度的降低；至 2019 年，降低的趋势有所缓和，但仍有 46 个城市的夜光指数为负增长，另有 22 个城市的增长低于 2%。与上一阶段工业化转型相比，区域夜光指数低增长或负增长城市的地域分布不再集中于东北或西部地区的老工业基地或者资源型城市，广东、福建、湖南、江西等东部沿海和中部等地区的一些人口规模较小的城市，其区域夜光强度也显现出减弱的趋势。理论上，一个地区夜光指数的下降意味着该地区人口的减少或者经济活跃度的降低，而区域分布的分散化、多元化则说明经济活力下降的原因不同于传统工业化时期，需要引起政策制定者更多的关注。

（3）我国区域发展格局呈现出更加显著的“地域中心化”特征，环绕中心城市的圈层分化相对于南北城市之间的分化更加突出。从人均 GDP 水平来看，我国城市之间的确存在较为显著的南北差距，但这一差距更多是由于自然生态环境的差异和以往实施的非均衡区域发展政策积累形成的长期问题，并非是新近出现的区域问题。如果对比不同区域中心城市（主要包括直辖市、省会城市和计划单列市）的经济发展，无论是用传统经济指标，还是区域夜间灯光数据来衡量，发展差距都在缩小。长春、哈尔滨、郑州、西安等北方中心城市的区域夜间灯光指数在 2014—2019 年的增

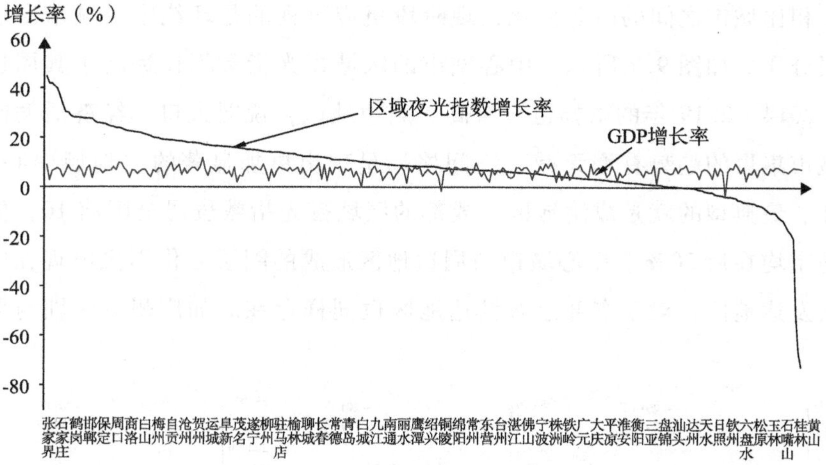

图 9.5　2019 年我国地级及以上城市 GDP 和区域夜光指数的增长率

资料来源：Wind 数据库。

长幅度都超过了部分南方城市，如长春增幅为 61.6%，超过广州、南京、福州、贵阳、南宁、昆明等多个地区（见图 9.6）。因此，对于规模较大的中心城市而言并未显现南北分化加剧的趋势。

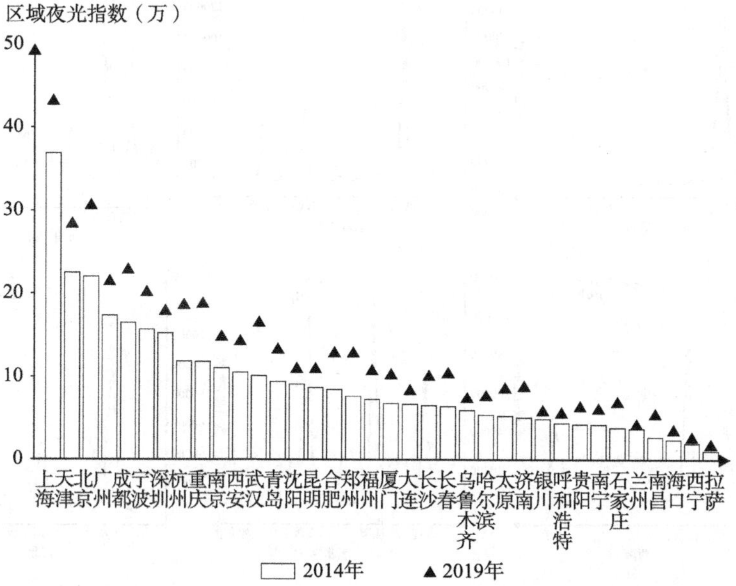

图 9.6　2014 年和 2019 年我国 36 个中心城市区域夜光指数的比较

资料来源：Wind 数据库。

相比城市之间的南北分化，现阶段更应重视的是环绕中心城市出现的圈层分化。如图9.7所示，中心城市的区域夜光指数不仅远高于其周边地区，2014—2019年的增幅也显著高于周边地区，说明人口、经济活动向中心城市集聚的趋势有增无减，空间格局呈现出更加显著的“地域中心化”特征。最典型的就是成渝地区，成都的区域夜光指数位居全国前10，但周边地市均在后20%。中心城市与周边地区形成的圈层分化不仅出现在中西部欠发达地区，对于东部沿海发达地区也同样存在。如广州、深圳与粤西

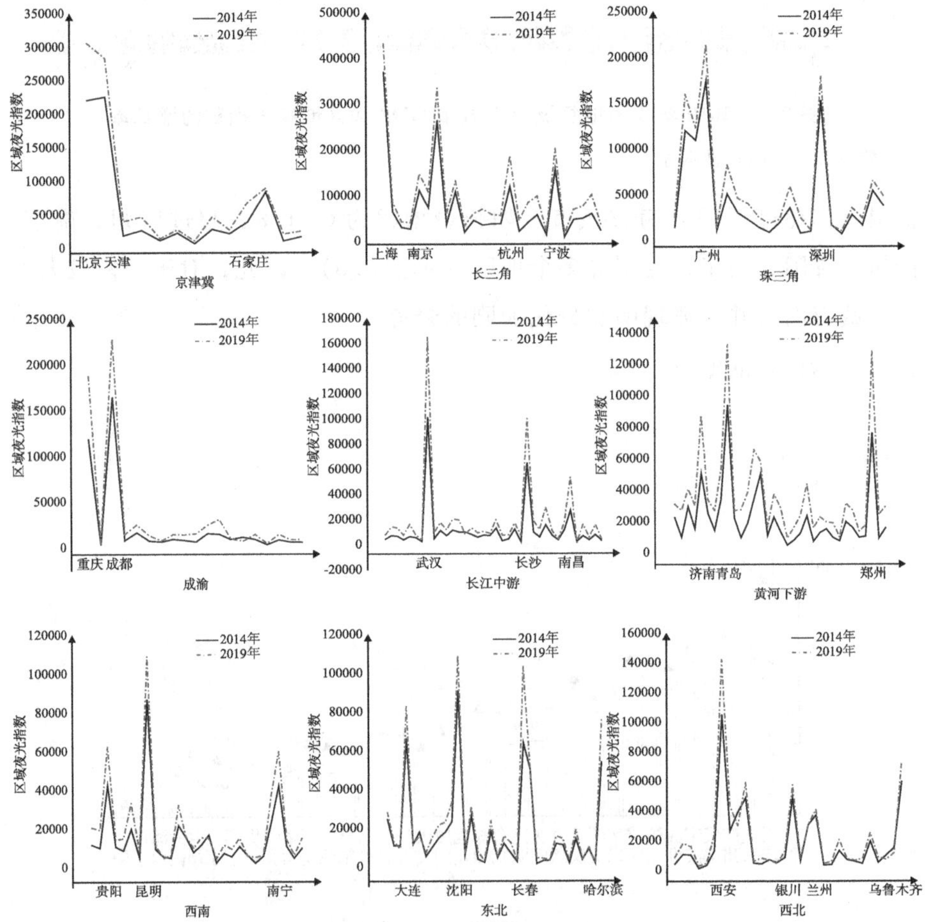

图9.7 部分中心城市与周边地区区域夜光指数的比较（2014年和2019年）

资料来源：Wind数据库。

北地区的差距也呈现扩大的趋势。这种圈层分化已成为经济数字化转型过程中地区分化最为突出的特征之一。数字化水平较高的地区就像超大型的"平台企业"，城市规模越大，对各类要素的磁吸力就越强，对周边地区形成的"虹吸"效应也就愈加显著。这种圈层化的区域差距随着数字经济规模的扩大，还将进一步加剧。

（4）在新一轮结构转型过程中，中西部地区县域经济发展活力下降，衰落的风险进一步积聚。在上一发展阶段，我国县域经济在大规模工业化和快速城镇化的带动下实现了快速发展。进入数字经济转型发展的新阶段之后，县域经济的传统优势趋于减弱，发展出现了更显著的分化。考虑到县域经济产业结构的差异比城市层面更加显著，对夜间灯光强度的影响较大，为了扣除这一结构性因素的影响，更准确地观察我国县级层面（县、县级市、旗，不包括市辖区）区域经济发展的情况，本节选用了另一类夜光数据——区域夜光扩张活力指数（只考虑光源数量）。

如图 9.8 所示，江苏、浙江、福建和广东等沿海经济发达地区县域的夜间灯光扩张活力指数的平均值远高于中西部欠发达地区。2014—2019

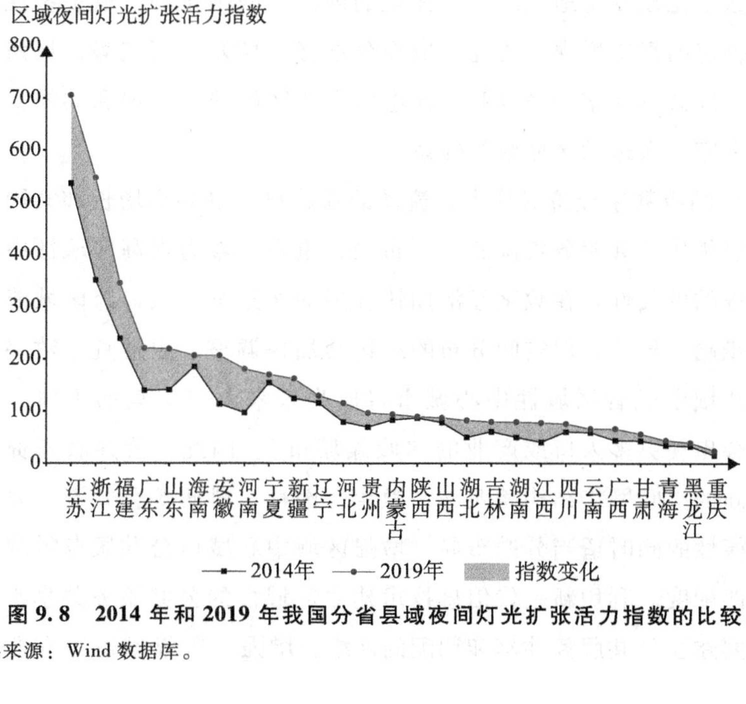

图 9.8 2014 年和 2019 年我国分省县域夜间灯光扩张活力指数的比较

资料来源：Wind 数据库。

年，上述地区县域夜间灯光扩张活力指数的增幅也高于西部和东北地区，山东、河南和安徽等中部省份同期均值的增幅最为显著，县域经济的活跃度有所增强。本书比较的1754个县中，近1/4的县夜间灯光扩张活力指数在此期间明显降低，多数集中在经济欠发达地区。其中，海南、宁夏、内蒙古等省份超过半数的县夜间灯光扩张活力指数下降；山西、甘肃、辽宁、云南等省份，指数下降的县占比也都超过了1/3，这一数据的背后揭示着在新的发展时期，县域的发展面临着更加严峻的“萧条”风险和挑战。

9.4 以共享增长和共同富裕为目标完善区域政策体系

“数字化”已成为第三次技术革命背景下经济、社会发展不可逆转的趋势。新要素跨区域流动的新趋势推动着区域发展空间结构体系的变化，地区差距由区域板块之间的差距向核心—外围地区圈层化、累退式的差距演变。数字化改变了地区之间一体化的内涵，网络化的区域系统性风险在各种不确定因素中增强。为此，应充分把握区域发展新趋势，聚焦新的问题区域，以共享数字经济红利、促进所有地区的繁荣发展和共同富裕为总体目标来完善未来的区域政策体系。

（1）顺应数字经济时代人口流动的新趋势，以共享增长和共同富裕为目标，以优化公共服务资源的空间布局为重点，着力提高区域性中心城市公共服务的可及性。在数字经济加快发展的背景下，人口跨区域流动的规模将逐步趋于稳定，但空间分布的结构会加快调整，更适宜于数字经济发展的二线城市或者区域性中心城市将成为未来人口聚集的主体。与此同时，也会出现更多人口或产业的“收缩城市”。因此，公共服务资源的配置要与新的空间网络结构相匹配，教育、医疗、科研等公共资源要在保持一定规模性的同时适当分散布局，增强区域中心城市公共服务需求与供给能力的匹配度。利用新一代信息技术建立区域性的公共服务共享平台，在地区之间建立公共服务共享和调配的网络，增强“收缩城市”和非中心城市公共服务的可及性，确保各地区遇到重大突发事件（如自然灾害、网络、公共卫生事件等）时能够及时获得相应的公共产品或服务。

立足于国家区域发展新格局的构建，加快县域经济的功能化转型，避免出现大范围的衰落。随着经济发展水平和城镇化水平的提高，我国人口持续向大城市集聚，县域经济出现一定程度的规模收缩有其客观必然性，也符合区域经济发展的一般规律。如果范围过大，也会使得城市的经济发展缺乏腹地经济的支撑，不利于长期可持续的发展。从夜间灯光大数据来看，我国已有400多个县出现了活跃度下降的迹象，随着数字经济规模的扩大和城市体系的扁平化，还会有更大范围的县域受到影响。这种趋势对于我国进一步巩固脱贫成果，实现乡村振兴和更高质量的区域发展都非常不利，必须在政策层面加以重视。要将县域经济的发展纳入区域协调发展总体战略之中，及时调整县域经济在我国区域发展新格局中的功能定位。考虑到数字经济规模集聚的基本规律，需要弱化县域在数字经济分工中的“经济功能”，强化其作为联结城市群与乡村的支点功能；通过财政补贴、公共服务资源的配置、基础设施的改进等更有针对性的政策，减缓县域地区人口外流的趋势；利用新技术改进县域地区消费场景，促进新型消费服务业的发展，充分发挥其稳定内需、拓展内循环的作用。

（2）采取更有倾斜性的政策支持区域性中心城市的发展，在地区之间构建更加均衡稳定的网络化结构，适应数字经济背景下空间结构扁平化的发展趋势。由于数字经济自身所具有的网络分布和去“中心”化的技术特性，地区之间在传统经济模式中形成的规模层级体系将逐渐被打破，经济活动的规模集聚也逐步转向网络集聚。从技术上而言，这种集聚具有无限扩展性，其规模要远远超越传统经济中的“集聚规模”，一些具有全球影响力的“超大规模”区域正在形成。目前全球排名前50位的城市，其经济总量占全球GDP的比重超过了20%。非核心地区聚集资源要素的能力被进一步弱化。这一趋势在我国区域经济中已非常突出，需采取相应的政策措施加以控制缓解。

由于区域经济极化的动力机制已根本改变，以往财政补贴、减免税收等政策工具很难发挥有效作用。根据新的空间体系，加快区域政策体系的结构化改革，应重点转向如何促进中小城市和非大都市区与大城市实现一体化发展，建立以城市群和大都市区为主体的一体化区域政策框架和协调机制。在财政、项目布局、数字基础设施、能源等政策领域加大对区域性中心城市的倾斜力度，使其真正参与到数字经济的分工之中，成为区域经济网络中的“增值层”，辐射带动更多中小城市的发展，从而构建更加均衡、稳定的空间结构。

（3）以数字基础设施的空间一体化布局作为现阶段缓解区域发展差距扩大的先行政策着力点，促进不同地区共享数字经济增长的红利。从夜间灯光大数据来看，无论是现阶段的区域发展差距、空间布局的极化，还是问题区域的分布都呈现出一些与传统工业化时期不同的趋势和特征。这些趋势和特征形成的本质原因在于新一代技术革命背景下经济社会发展范式的转变，与传统工业化时期存在根本性的差异。解决这些区域发展问题必须要突破传统工业化时期的思维模式，遵循数字经济发展的内在逻辑和规律，把握数字化时代区域发展的关键问题，及时调整区域政策的着力点，推动区域政策体系的系统性优化。

此轮区域差距的扩大已不再局限于传统四大区域板块或者南北区域之间（见专栏9.1），当前最首要的任务是控制中心城市与周边城市、不同行政层级地区之间发展差距的扩大。新一轮差距扩大的重要原因就在于不同地区数字化转型不同步，数字基础设施的差距又是制约相对落后地区数字经济发展的瓶颈因素。需要以更大的政策支持力度推动数字基础设施在不同层级城市之间的一体化布局，信息网络、算力、云平台等对产业数字化转型具有重要影响的数字基础设施项目，要优先向二、三线城市布局，促进这些地区电力、土地等方面的成本优势转化为发展新优势，提升低层级城市数字化转型、发展新兴产业的基础能力，尽快融入全国数字经济分工体系之中。其次，数字基础设施与传统基础设施不同，在工程建设标准、专业技术标准、信息安全标准等方面都尚未统一。在推动数字基础设施空间一体化布局的过程中，国家层面要及时建立跨地区、跨行业的协调机制，避免多重标准、交叉标准，更要避免地区之间陷入无序的“标准之争”，形成数字化要素流动的新壁垒。

专栏 9.1　南北差距并非我国区域发展的新趋势

明朝的官府税赋统计显示，江南八府的田亩数占全国的 6%，税收占全国的 20% 以上。全国每五石税粮中有一石以上来自江南。江南八府是指苏州、松江、常州、镇江、应天府和浙江的杭州、嘉兴、湖州，其中苏州、松江两府尤其富裕，以不到 2% 的土地缴纳税赋占到 10% 以上。到了清代，税收变为现银。康熙二十年（1681 年），江南田地占全国 7%，税银占到全国的 17%。全国 400 多万石米粮，70% 以上来自江南。

资料来源：《三联周刊》，2023 年第 25 期，第 62 页。

（4）顺应数字经济大背景下城市发展的内在逻辑，以“平台、共享”的数字化新思维推动建立以“共享增长”为导向的城市群治理新机制，有效控制地区之间圈层分化的加剧。综上所述，新一代信息技术的发展进一步强化了中心城市网络集聚效应。随着数字化水平的提高，中心城市凭借其规模优势，可能形成“赢者通吃”的“平台城市”，而且这种规模集聚理论上不受地理空间的限制，可以延伸拓展到更大的空间范围，不仅会加剧中心城市与周边城市的分化，与其他地区的发展差距也会扩大。此外，在数字经济转型过程中，区域发展空间的“数字化”特征也更加显著。不同地区之间依托于这种数字化空间聚合各类数字化要素，构建形成了类似于“平台网络”的新型发展生态，地区之间的关系已超越了传统工业化时期产业的功能分工。在此背景下，建立在传统生产模式和产业链基础上的区域分工合作机制，已很难发挥缓解区域发展差距扩大的作用。需转变发展思路，以数字经济的新思维来应对这一新型区域分化。关键不在于控制中心城市的规模集聚，而是要建立与之相匹配的城市群治理机制，实现“共享增长”。

重点包括两个方面：一是治理机制的“平台化”，将中心城市与周边地区作为区域发展整体建立城市群一体化治理平台，促进区域内基础设施、产业发展、技术创新、社会治理等全领域的互联互通，以功能共享为基础构建多中心、区块式分布的“平台生态”，从机制上分散弱化中心城市的规模集聚，促进中心城市与外围城市的发展形成良性循环；二是治理机制的“共享化”，建立包括数据、技术等数字化要素和各类传统资源要素的共享机制，在不同层级城市之间建立经济功能、生态功能，以及以教育、医疗、交通、住房等公共服务为核心的社会功能共享机制，以城市群内部功能的“共享化”来实现经济增长的“共享”。

（5）强化国家层面空间规划的统筹作用，促进产业在空间上均衡布局，加强对地区之间供应链分工深化所带来的结构失衡和地区极化的风险防范。数字化转型对我国区域经济的发展既有促进均衡、提高资源要素配置效率的积极作用，同时也增加了地区之间数字化网络一体化水平提高之后的系统性风险，即出现在某个地区的“不确定性”事件，其影响都会沿着更广泛的经济网络在整个区域经济系统中不断扩散、放大，经济风险、社会风险、自然风险等各种风险因素还会交互作用产生出更加不确定的风险。因此，未来区域政策体系的完善，除了要顺应上文所描述的要素在数字经济中流动的新趋势，还要重视地区间网络一体化加速过程中的“不确定性”风险防范。

从经济层面来看，这些风险产生的源头来自数字经济对区域经济更深层次的影响，也就是产业链、供应链数字化之后在更大空间范围内的延长和重组。与传统经济模式下的地区分工相比，数字经济发展中的先发地区，不仅具有规模集聚的累积效应，对供应链还拥有自然的垄断优势。不具有竞争优势的后发地区在供应链数字化和分工调整中，则被进一步“专业化”，甚至有些地区只是先发地区的“仓库”或者“数据备份中心”，并未真正进入数字经济的供应链分工体系之中，大量的劳动力、土地资源都被锁定在低附加值部门，长期来看不利于其经济增长。数字经济越发展，这种分工就会越深化，地区之间的发展就会越失衡，后发地区的经济也会由于过度地“专业化”而变得更加脆弱，整个区域经济系统的稳定性也会降低。但这种分工格局很难单纯依靠市场机制改变，需要发挥国家空间规划的统筹协调作用，尤其是要把握我国数字经济尚处在拓展时期的政策窗口，加快编制地区之间一体化的空间规划。借助新一代信息技术，推动产业、基础设施等重点领域空间布局的整体优化，为后发地区创造有利条件，引导供应链不同环节在空间上相对均衡布局。

（6）顺应区域经济空间结构网络化的趋势，以共享增长和共同富裕为目标完善区域一体化协调机制。随着信息技术向更多领域的渗透，地区之间网络极化的趋势将不可避免地增强，导致空间失衡加剧；再加上地区间的关联关系在网络化过程中变得愈加复杂，局部地区出现的债务、环境、社会等各种风险和不确定性事件都可能迅速扩散到整个经济网络。因此，在经济数字化水平不断提高的背景下，我国区域政策不仅要关注到地区经济发展过程中对基础设施、人力资本、金融资本等方面的政策需求，还需要重视区域经济数字化过程中存在的系统“不确定性”，加快构建与数字经济相匹配的一体化协调机制，及时跟踪、评估和响应区域经济系统中的各种潜在风险，提高空间网络结构的稳健性。

重点包括：建立跨部门、跨地区的数据、信息沟通与共享机制。要涵盖人口、产业、重要公共资源等各领域的数据，为监测和评估区域经济发展中短期和长期的结构性风险奠定基础。加快建立横向的财政均衡机制，随着数字经济在国民经济中所占比重的提高，数字化资源和资产在经济活动中的地位越来越重要，也是经济增值的重要来源，但此类资产的流动性非常强，又通常被所有者垄断并获取垄断利润，政府很难通过传统的税收政策和纵向的财政转移支付来调节数字资产的利润在地区间的不均衡分配，需建立更有效的横向财政均衡机制，促进各类地区共享数字经济发展的红利，防止地区差距进一步扩大。构建一体化的资源要素统筹配置机制，有效控制数字经济发展中的区域性垄断，推动空间布局向更加均衡的方向发展。该机制也可作为“不确定性”风险出现时的区域应急机制，尤其是要加强战略性资源和重要产业的区域统筹和一体化配置。

此外，还需要充分考虑数字化、绿色化转型与全球新冠疫情相互作用对区域经济衍生出的叠加性影响。其中，需要优先关注的是对不同地区“就业”的影响。这是关系民生最基本的问题，需对疫情以及数字化、绿色化等转型对就业的影响进行一体化的评估，构建与之更加匹配、覆盖面更广的社会救助与社会保障体系，防止就业影响通过“收入”传导扩散形成社会风险。从疫情对各国的影响来看，中低收入群体所受影响都是最大的。疫情之后，自动化、机器人、人工智能等技术的应用必将加快，低技能就业被替代的进程也会提速，劳动力市场的极化可能会进一步加剧。根据国际劳工组织的分类和相关数据，2019 年，我国就业人员中大约有 3.7 亿人属于中低技能水平（不包括第一产业中的就业人员），约占就业总规模的 49.2%，即使有 1/30 被替代，也涉及上千万人员的就业。整个就业中属于自雇佣者的超过 3 亿人。全职依靠各种平台的就业规模已达到 7500 万人（2018 年），但超过 90% 的从业者都因缺少正式的劳动合同而无法享受有关的社会保障，[①] 他们的收入更容易受到各种风险的冲击。目前我国参加失业保险的人数为 2.17 亿人，[②] 占就业总规模的比重尚不足 1/3。因此，迫切需要根据疫情之后就业市场变化的基本态势，尽快建立与新需求更加匹配的社会救助和社会保障体系，稳定中低收入群体的收入水平。以疫情为契机，加快推动失业保险制度的改革，尽快将依托平台经济或者自雇佣等新形态的就业者纳入失业保险的覆盖范围。考虑到我国地区间财政能力的差距和降低企业经营成本的需要，需要提高中央财政对失业保险和社会救助等资金的统筹力度。针对容易受到疫情等不确定因素影响的中低收入群体、灵活就业者要尽快建立应急社会救助机制和有关的就业保险制度。

① 数据来源：ILO《Digital Labour Platforms and Labour Protection in China》，2020.

② 数据来源：人力资源和社会保障统计快报数据（2020）。

第10章　区域经济“数字服务化”转型与生产力布局重心的调整

当前我国经济社会正同时经历两个重大转型，一是经济发展阶段向工业化中后期的转型，产业结构“去工业化”“服务化”的特征日益显著；二是经济社会的数字化转型，更多的产品和服务被“数字”化，并由“机器”（相当于虚拟化、智能化的劳动力）生产或提供。两者叠加之后的转型被英国牛津大学的一位学者卡尔·弗雷（Carl Frey）称为是“后生产”社会转型，代表着一种全新的发展范式。[①] 1998年，美国总统克林顿访问上海时，曾在一个圆桌论坛上描述中国正在同时经历美国的工业化和后工业化社会转型。[②] 时隔20多年，“绿色化”转型已成为区域发展的一项新任务。由此我国的区域经济实际上正在经历“新三化”（数字化、后工业化和绿色化）的转型。这就意味着生产力的布局不仅要考虑“数字化”转型的需求，同时要考虑不同地区后工业化、绿色化转型的现实需求。事实上，新“三化”在现实经济的运行中虽然有不同的“区域效应”，但往往“纠缠”在一起，很难加以区分。数字化对我国要素跨区域流动的影响和区域空间结构的变化在上面的章节已经详细讨论，这一章节的内容将重点从我国工业化阶段的变化来讨论新发展时期生产力的布局。

---

① Carl Benedikt Frey. Technology At Work v6.0：The Coming of the Post - Production Society. Citi GPS report（the sixth edition），Oxford Martin School，June 2021.

② 资料来源：https：//clintonwhitehouse5. archives. gov/WH/New/China/19980630 - 3597. html.

10.1 经济结构“数字服务化”转型产生的“区域效应”

从发展阶段来看，我国已进入工业化的中后期，整体经济结构“去工业化”“服务化”的特征越来越显著。2020 年，制造业增加值占 GDP 的比重已由 2006 年的 32.5% 降至 26.2%，而服务业增加值的占比由 2006 年的 41.8% 上升到 54.5%，并在 2012 年超过了工业部门在 GDP 中的占比。[①] 经济结构向“服务化”转型是国家现代化的重要标志之一，但对于不同发展水平的地区而言，其意义和作用并不一致，具有显著的“区域效应”。部分地区由于没有平衡好“去工业化”和“服务化”的关系，转型过程中出现了人口流出、经济增长减速、居民收入增长停滞等衰退性特征。一些区域政策的创新因多种因素的影响相对落后于转型的进程，导致部分地区的发展没有得到及时有效的支持，出现了新的转型问题。这不仅不利于我国解决当前地区发展不平衡、不充分的问题，长期来看，还会破坏国家整体经济增长的基本面，削弱内生增长动力，影响现代化建设的进程。

10.1.1 多数地市“去工业化”的趋势明显增强，对经济增长的负面影响向更大空间范围内扩散

本书对可获得数据的 284 个地级及以上城市，在 2010—2019 年就业结构的变化进行了分析，以此来评估经济结构“服务化”转型在区域层面的影响。[②]

我国制造业就业规模出现绝对数量的下降是在 2013 年之后，至 2020 年已减少大约 27.6%，占全国城镇单位就业的比重降至 22.3%，相比 2013 年下降近 7 个百分点。[③] 从地区层面来看，大多数地市的制造业就业

---

① 数据来源：世界银行数据库。
② 如无特别说明，本书中的就业数据均为城镇单位就业。
③ 数据来源：《中国统计年鉴》（2021）。

呈现出与国家整体相同的下降趋势。如图 10.1 所示，2010—2019 年，在本节所比较的 284 个地级及以上城市中，有 166 个地市的制造业就业出现了不同幅度的下降，所占比重接近 60%；如果加上年平均增长幅度不到 2% 的地市，相当于全国约 3/4 的地市制造业就业出现了增长停滞或负增长的趋势。表明我国当前已在较大区域范围内出现了“去工业化”的趋势。

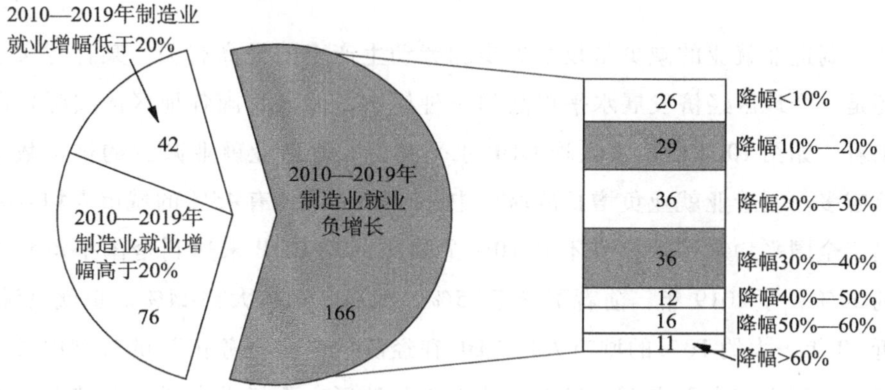

图 10.1　2010—2019 年 284 个地市制造业就业变化情况

注：图中数字代表不同类型的城市数量。

资料来源：根据 2011 年和 2020 年《中国城市统计年鉴》相关数据计算。

在上述制造业就业负增长的地市中，近半数的降幅高于全国平均水平，其中降幅在 30% 以上的城市占比约为 45%，降幅超过 50% 的城市占比约为 16%。从受影响的就业规模来看，大约 10 年间减少了 580 万人的就业。制造业的衰退也导致人口流出的趋势明显增强。根据全国第六次和第七次人口普查数据，这些城市中近半数常住人口的规模下降。对经济增长的负面影响也难以避免，超过 2/3 的地市，2010—2019 年 GDP 年均增长率（按可比价计算）低于全国同期水平。东北等制造业衰退相对严重的地市还出现了负增长，不利于稳定我国总体经济增长的基本面。

尽管从技术进步和全球化发展的角度来看，我国制造业因自动化、智能化水平的不断提高，以及新技术革命驱动的全球产业分工体系调整等因素的影响，而且我国已是世界第二大经济体，经济结构出现“服务化”的转型也是一种必然趋势，是一国经济发展内在规律所向，但正如上文所描述的，地区之间的差异很大，“服务化”转型的红利不仅不会均衡惠及每一个地区，还会产生非常显著的区域效应，并衍生出一系列新的风险与挑战。因此，生产力布局过程中需要特别重视发展阶段变化带来的影响。

10.1.2 相对落后地区被动“去工业化”的现象尤为突出，不利于我国城市化进程的稳定推进

制造业就业的减少与技术进步和劳动生产率的提高有关，某种意义上还是一个地区经济发展水平提高的一种标志，但从我国各地区的实际情况来看，如图 10.2 所示，人均 GDP 水平越低，制造业就业减少的城市数量就越多。制造业就业负增长的城市中，2010 年大约有 45% 的城市人均 GDP 高于全国平均水平，只有不到 10% 的城市人均 GDP 未达到全国平均水平的 50%；至 2019 年，前者下降至 35%，而后者却扩大到 24%。也就是说，近 10 年，大约 10% 的城市人均 GDP 在经济结构“服务化”的转型中衰退到了国家平均水平之下，还有大约 1/4 的地区，不仅没有通过制造业的发展实现本地区的工业化和收入水平的提高，反而比发达地区还要早地出现了“去工业化”现象。

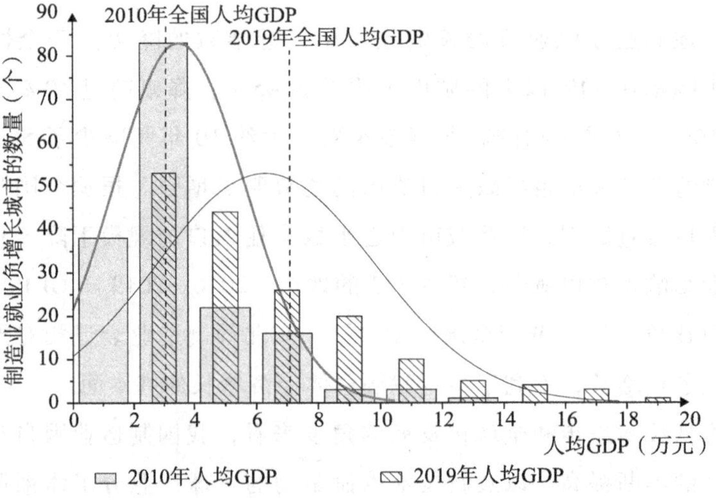

图 10.2 2010 年和 2019 年按人均 GDP 分组的制造业衰退城市

资料来源：根据 2011 年和 2020 年《中国城市统计年鉴》计算。

这实际上是相对落后地区在国家整体结构转型中出现的一种被动、消极的“去工业化”。随着国家整体经济结构“服务化”程度的加深，这种趋势还可能向更多地区蔓延，对我国缩小地区之间的发展差距、稳定国家整体的经济增长都将带来重大挑战。此外，工业化是城市化的直接动力，如果过多的地区出现了这种被动的“去工业化”，城市的就业机会减少，人口由农村向城市集聚的动力减弱，就会影响到我国城市化进程的正常推进。极端情况下还可能出现“逆城市化”的现象，即人口重新返回农村。这对我国现代化目标的实现也会产生一定的负面影响。

10.1.3　中小规模的传统制造业城市“去工业化”与“服务化”转型不相一致，经济发展面临着更大的衰退风险

本书以2010年各地市制造业就业在本地区城镇单位就业中的占比作为基准，对制造业就业占比相对较高的地区，在2010—2019年就业结构的变化做了进一步分析。如图10.3所示，在所比较的284个地市中，以制造业为主导产业（为便于比较，本书将其简化定义为2010年制造业就业占比超过全国同期平均水平，约为29.2%）的城市共有93个，所占比重约为1/3。在此基础上，筛选出58个制造业就业为负增长的城市（在以制造业为主导产业的城市中占比约为62%），主要集中在那些人口规模和人口密度都相对较低的地区。其中，超过3/4的城市人口密度低于本书所比较的284个城市的平均水平；近半数是城区总人口（即城区人口和城区暂住人口之和）小于100万人的中小城市，城区人口在100万—300万人的Ⅱ型大城市所占比重略高于1/3。

由于人口规模和人口密度偏低，再加上地理区位、生态环境、相对落后的服务设施等因素的限制，这些地区发展服务业的基础条件并不具备优势。2010—2019年，大约30%的制造业衰退城市，批发零售、住宿餐饮等传统服务行业的就业也随之出现了负增长（服务业分类见表10.1），全部集中在城区总人口200万人以下的中小城市。说明这些地区的“去工业化”与其“服务化”转型出现了“脱节”，造成经济社会发展缺少新的动力支撑。

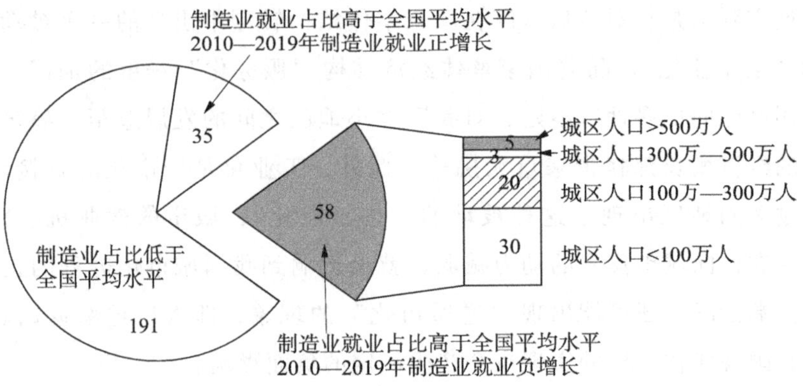

图 10.3　2010—2019 年以制造业为主导产业城市的就业变化和规模特征

注：图中数字代表不同类型城市数量，城区人口为 2020 年的数据。

资料来源：根据 2011 年和 2020 年《中国城市统计年鉴》，2020 年《中国城市建设统计年鉴》计算。

10.1.4　在“去工业化”总体趋势影响下，部分地区已显现出服务化转型的“鲍莫尔增长病”

为了进一步观察制造业就业衰退城市就业的流向，本报告按照行业功能的不同将服务业进一步归总为五类（见表 10.1）。从上述地区 2010—2019 年服务部门就业的结构变化来看，医疗、教育、社会保障等社会服务类的服务业增长最快。至 2019 年，半数以上的城市该部门在本地区城镇单位就业中的占比都超过了 30%，远高于其他四类服务业就业的比重。人口规模越小的城市，此类服务业的就业比重越高。城区人口规模 100 万人以下的中小城市，该行业的就业占比已接近 50%。相比之下，对新一轮经济转型有着决定性作用的信息传输、计算机服务和软件业、科学研究和技术服务业等知识密集型服务业，除了广州、南京等少数人口规模较大的中心城市，在制造业就业减少之后出现明显增加之外，多数地市的发展普遍落后，占比基本上在 5% 以下（见图 10.4）。

由此可见，这些地区在制造业衰退之后，与其相关联的生产性服务需求收缩，金融、商业、技术服务等行业的发展受到制约，就业更多地流向了那些主要由政府提供公共服务的部门。这些部门对保障一个地区公共服

表 10.1　　　　　　　　不同功能服务业的分类

传统服务业	住宿和餐饮业 批发和零售业 交通运输、仓储和邮政业
知识密集型服务业	信息传输、计算机服务和软件业 科学研究和技术服务业
金融服务业	金融业 房地产业 租赁和商务服务业
社会服务业	教育 卫生和社会工作 文化、体育和娱乐业 公共管理、社会保障和社会组织 水利、环境和公共设施管理业
居民服务业	居民服务、修理和其他服务业

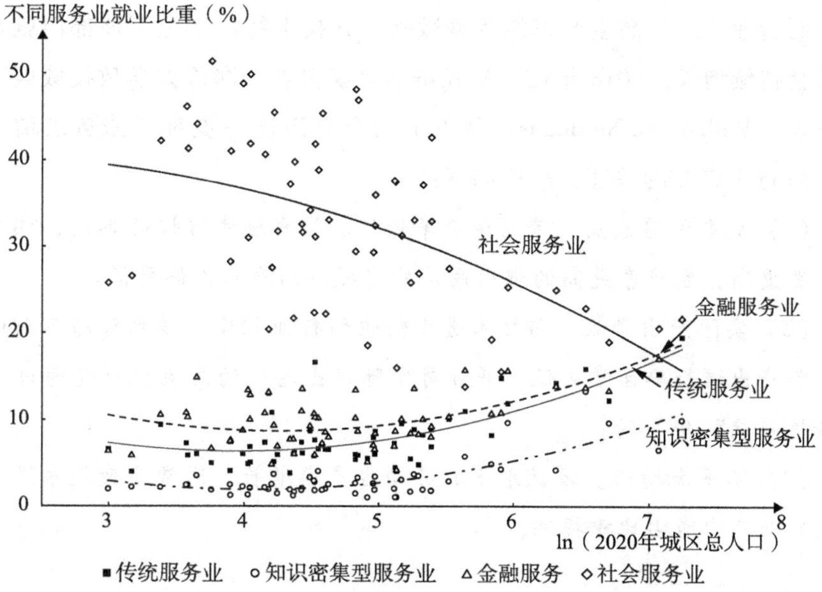

图 10.4　2019 年部分制造业就业衰退城市服务业的发展

资料来源：根据 2020 年《中国城市统计年鉴》计算而得。

务的质量具有重要意义，但在税收贡献、培育新产业等方面的作用较小，由此便形成了所谓的“鲍莫尔增长病”。这是美国著名的经济学家、普林斯顿大学教授威廉·杰克·鲍莫尔（William Jack Baumol）于1967年提出的概念，源自在《美国经济评论》上发表的一篇论文——《不平衡增长的经济学》[①]，指劳动力由生产率水平较高的制造业流向生产率水平较低的服务业时，对总体经济增长具有显著负效应。

鲍莫尔在该文中将经济活动划分为技术不断进步和停滞不前的两类活动，广义上分别对应着制造业和服务业两个部门。这两个部门之间生产率的差异，推动资源向生产率更低的部门转移，因为高生产率部门需要不断减少劳动力。技术进步缓慢的部门，特别是护理、酒店、餐饮等劳动密集型、生产率水平相对较低的服务部门，提高人均产出存在规模上限，如理发师一小时内能剪多少个发型，或者医生一天能做几台手术都是有上限边界的。这些部门提供的服务，其市场通常也是本地区的，市场半径的边界较为明显，很难像制造业产品一样跨地区交易。因此，这些部门天然就没有像制造业部门提高生产率的竞争激励，其技术特性注定了该部门就业的比重会持续增长。2018年诺贝尔经济学奖获得者，耶鲁大学教授威廉·诺德豪斯（William D. Nordhaus）从以下六个方面进一步对“鲍莫尔增长疾病”进行了定量的验证，结论如下：[②]

（1）成本价格疾病。劳动生产率较低、技术进步缓慢的部门，相对价格上涨更高，生产率更高的部门向消费者提供的产品价格更低。

（2）实际产出滞涨。与技术进步较快的行业相比，技术停滞不前的行业实际产出增长率通常较低，并且对实际产出增长的影响机制是通过“成本价格疾病”传导的。

（3）不平衡增长。较低水平的劳动生产率增长，通常导致技术进步缓慢的行业产出所占比重提高。

---

① Baumol WJ（1967）Macroeconomics of unbalanced growth：The anatomy of urban crisis. The American Economic Review，57（3）：415－426.

② William D Nordhaus. Baumol's Diseases：A Macroeconomic Perspective. NBER Working Paper No. 12218，May 2006.

(4) 就业的影响。生产率增长对就业的影响取决于价格需求弹性，价格需求弹性较大的行业，生产率增长有利于促进就业，对国际开放水平较高的制造部门相反。

(5) 要素回报的影响。不同行业生产率增长水平的差异对总体要素回报率的影响较小。多数情况下，行业工资和利润趋势由总体经济增长来决定，并不是由单个部门的生产率水平决定。

(6) 总体生产率增长的影响。这是"鲍莫尔增长疾病"最重要的影响。由于就业从制造业等生产率快速增长的部门转移到政府、教育和建筑等技术停滞不前的部门，导致总生产率增长放缓。在过去近50年中，"鲍莫尔增长疾病"将每年总生产率的增长率降低了半个多百分点。

诺德豪斯虽然用美国不同部门的产业数据验证了"鲍莫尔增长疾病"的存在，论证了制造业在国家经济发展中的重要性，但这些观点的局限性也需要我们充分地重视。无论是鲍莫尔还是诺德豪斯的论述，反映的都是美国不同工业化阶段的特点，不完全适用于发展中国家的工业化。数字技术兴起之后，产业变革推动各国的发展路径都出现了重大改变。服务业的生产率水平在数字技术的驱动下快速增长，服务业产品的交易方式和市场半径出现显著变化，对国家总体生产率增长的拉动效应不断增强，预示着数字化服务业引领的新型工业化时代将开启。

此外，在数字化时代优化生产力布局还需要重视一个特殊现象或者趋势，即制造业"服务化"的变革越来越显著，整个经济结构的"数字服务化"转型明显加速。在传统工业化阶段，"制造"的基本逻辑就是利用能源和机器将各种"材料"转换成"产品"。随着数字技术、智能技术的发展，"云"和物联网正在改变这一制造逻辑，创造了制造业的新模式，即制造就是服务（MaaS），利用数字技术和数字基础设施构建形成一个分布式生产系统，其中，技术、设计、制造等资源（包括数据和软件）和生产能力都作为一种服务来提供，允许制造商访问分布式提供商来实施其制造流程。通用电气和其他飞机发动机生产商最初提供的机器设备租赁和维修的有偿服务就是MaaS模式的雏形。目前，已有不少制造业企业开始推进"产品即服务"的商业模式。类似于淘宝、亚马逊等服务业平台企业采用的“云零售”的组织模式，被称为“云制造”。传统依赖于“机器”生产制造的逻辑正向着“云”集成和机器人制造的服务化模式转型。[①] 这种模式在数字化时代不会止步于制造部门，还会向农业部门、传统服务业部门扩散。随着人工智能的发展，农业即服务、交通即服务、金融即服务、教育即服务等全方位、系统化的数字服务化的转型都将随着数字技术、人工智能、云计算等技术的发展而加快转型。因此，在数字化时代，生产力的布局要超越传统第一、第二、第三产业布局的逻辑和传统工业化的思维框架，将布局的重心聚焦于新技术产业。

10.2 需为区域经济结构的“数字服务化”转型做好前瞻性政策安排

“服务化”转型实际上是经济活动在空间上的一种重构，不是制造业、服务业之间的简单转换，而是在新发展格局中寻找到新的“支点”，实现两者的“再平衡”。即一个地区“服务化”的转型不必然要“去工业化”。因此，需要科学认识“服务化”转型的内在逻辑，以更前瞻性的政策安排做好不同类型地区转型发展的战略引导和潜在风险的应对。

10.2.1 在国家层面加强重点地区“去工业化”风险的监测，提高区域政策响应的精准度

经济结构的“服务化”转型对某些地区而言，并不是制造业和服务业同步增长引起的结构相对变化，而是制造业衰退引发的一种被动“去工业化”，导致高质量就业机会的减少，进一步带动人力资本向外溢出，导致人口“收缩”、税源流失、地方债务风险加大等一系列问题，整个地区的

---

① 资料来源：Mark P Mills. The Cloud Revolution：How the Convergence of New Technologies Will Unleash the Next Economic Boom and A Roaring 2020s［M］. New York：Encounter Books，2021.

经济社会发展陷入一种“恶性循环”，衰退风险加大。这些地区表面上看服务业的占比提高，貌似实现了经济结构向更高阶段的转型，实际上是经济增长内生动力的退化。这是此轮结构转型最大的风险所在，重点集中在人口规模较小的传统制造业城市。过早地“去工业化”使得这些地区近乎形成一种无产业支撑的“中空”状态，地方的就业、财政、居民收入和社会保障等都会受到冲击，也给我国经济的稳定增长带来了更大的不确定性。建议利用大数据技术和算法技术，尽快在国家层面整合人口、就业、产业、财税、社保等多个领域的数据，建立一体化的区域监测平台，加强不同地区“去工业化”进程的监测和风险评估，为政策调整提供决策依据，提高区域政策响应的精准度。

10.2.2　积极响应落后地区在“服务化”转型过程中“主体功能”转变的政策诉求，加快相关扶持性政策的改革

此轮结构调整中有一类地区需要特别重视，就是那些发展水平较低，还未享受到上一阶段工业化、城市化红利，就被动地进入“去工业化”的阶段。这些地区能否在服务业驱动的新发展阶段实现“赶超”，缩小与发达地区的差距，仍面临着较大的不确定性。从产业发展的总体趋势来看，制造业对加快落后地区经济增长的功能趋于减弱，服务业的发展水平对经济增长的影响加大。这就需要突破传统区域政策的框架，更多地从不同地区在服务化转型过程中主体功能的转变，来推动相关政策的改革。可借鉴京津冀、长三角等地区一体化发展的实践经验，从城市群一体化发展的角度，赋予落后地区一些新的区域功能，如住房、生态、农业等，带动地区之间要素的有效流动，为落后地区创造新的发展机会。围绕数据、碳资源、生态产品等新生产要素建立新的地区间财政平衡机制，确保落后地区能够公平参与到新要素增加值的分配之中，形成可持续的发展能力。对于人口密度较低的中小城市，建议通过行政区划的调整、土地分区管理政策的改革，优化城市内部的空间结构，适度提高人口空间集聚度，为服务业的发展创造条件，提升城市的消费功能。

10.2.3 利用数字技术加快推动传统工业城市的功能更新，积极应对服务转型带来的“鲍莫尔增长疾病”

制造业对于一个地区的意义不仅限于经济增长，还是新技术扩散的载体，可以创造出更多的“消费”功能，促进地区产业结构的多元化，形成更多相对稳定、技能和收入水平也更高的就业机会，对一个城市的繁荣和可持续发展具有不可替代的作用，也是克服“鲍莫尔增长疾病”最为关键的途径。应积极利用数字技术、人工智能、区块链、智慧城市等新兴技术，加快传统制造业城市“制造功能”的更新，并将其作为应对当前经济衰退的新支点。以3D、智能制造、分布式制造为重点，实施具有明确技术导向和地区导向的产业政策，引导城市的发展由被动“去工业化”向主动“再工业化”转型。将制造业的功能有机融入城市更新的整体战略之中，构建生产功能与消费功能相互融合的新型发展生态，带动本地区创意产业的发展。综合利用绿色金融、财税、碳税、数字货币等政策工具，盘活传统制造业遗产，为传统工业城市服务化转型提供资本支撑。加大劳动力技能升级培训的政策扶持力度，加快人力资本的转型，引导更多劳动力进入技能水平更高的行业。

第11章　新技术产业空间布局的优化是我国数字化时代重大生产力布局的首要任务

伴随着数字技术的进步和扩散，地区之间的经济距离明显被“压缩”，但经济活动在空间上的分布并未随着“数字化”而变得更加分散。相反，无论是制造业还是服务业，由于“数字服务化”的转型导致向发达地区集聚的趋势变得越来越强劲，传统李嘉图式的生产分工正在被替代，向落后地区的“梯度转移”似乎成为理想化的政策目标，越来越难以实现。这已成为数字化时代制约我国构建高质量发展新格局、实现地区共同富裕的重要瓶颈。能否突破这一瓶颈，关键在于如何优化“新技术产业”的空间布局，为相对落后地区在新一轮技术革命和数字化转型过程中创造公平发展机会，形成经济增长的新路径。

11.1　新技术产业发展失衡是实现各地区共同富裕的难点之一

新技术产业通常是指以人工智能、物联网、算法技术、区块链、大数据、虚拟现实（VR）等数字技术为主导的经济活动。因篇幅所限，本章节重点讨论新技术产业中最为重要、也是我国近期增长较快的两个行业——计算机、通信和其他电子设备制造和信息传输、软件和信息技术服务。这两个行业是构成各地区经济实现新“三化”转型基础生态的硬件和软件，也是实现数字服务化转型不可或缺的支撑因素。本节首先利用微观企业数据和就业数据对这两个行业空间分布的主要特征，以及对我国区域协调发展格局的长期影响机制进行分析。与传统产业相比，新技术产业的技术属性和组织模式对区域经济的发展形成了三大影响机制。

11.1.1 影响机制Ⅰ——要素资源的垄断集聚机制

该机制是指新技术产业在空间上具有显著的集聚趋势，相对落后地区尚未充分参与到新技术产业的分工体系之中。

一个地区某个行业的企业数量，是该地区该行业活跃度的直接体现，也是该地区参与行业分工水平的标志之一。从我国新技术企业的空间分布来看，主要集中在长三角和珠三角两大经济区。2021 年，珠三角地区聚集了超过全国 40% 的计算机、通信和其他电子设备制造业企业，长三角地区（包括苏浙沪皖四省市）是信息传输、软件和信息技术服务企业相对集中的区域，存续企业数量占全国的比重大约为 25%。相比之下，西部 12 个省份和东北两大区域板块，上述两个行业的存续企业数量之和占全国的比重大约为 11.0% 和 21.3%。[①] 随着行业整体规模的扩大，新技术产业向领先地区集聚的趋势还在持续强化。2015—2021 年，计算机、通信和其他电子设备制造业新增企业中近半数都集中在珠三角地区，信息传输、软件和信息技术服务业新增企业中接近 1/4 集中在长三角地区。西部、东北、京津冀等区域，上述两个行业存续企业数量占全国的比重均出现了不同程度下降。换言之，我国新技术产业在空间上出现了与地区经济相一致的分化趋势，意味着该产业布局的优化是构建区域新发展格局的关键性节点。

新技术产业在城市层面发展的不平衡程度更高。2021 年，在本书比较的 287 个地级及以上城市中，计算机、通信和其他电子设备制造业企业数量最多的前 16 位城市，所占比重之和超过全国的 60%；深圳占比最高，约为 22.6%。深圳、广州和东莞三个城市企业数量之和已超过人均 GDP

---

① 数据来源：Wind 企业数据库。本书中的企业数量指 2022 年 5 月查询的存续企业数量。因查询时间不同，数据略有差异，下同。

低于全国平均水平的全部城市的总和。同比，信息传输、软件和信息技术服务业在空间上的集聚度略低，但北上广深4个一线城市集聚的企业数量之和占全国的比重也接近30%（见图11.1）。该行业企业数量最多的5个城市（四个一线城市和成都）与人均地方生产总值（GDP）低于全国平均水平的城市（共有221个）所拥有的企业总量相当；76个人均GDP低于全国平均水平50%的城市所拥有的信息传输、软件和信息技术服务业企业数量仅相当于广州一个城市的规模。表明那些经济发展水平相对落后的地区，尚未充分参与到新技术产业的分工之中。

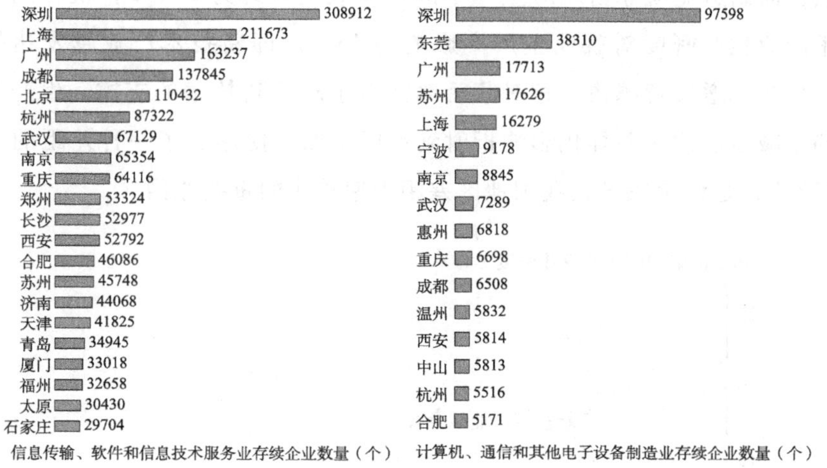

图11.1　2021年我国主要新技术企业的空间分布

资料来源：Wind企业数据库。

11.1.2　影响机制Ⅱ——地区差距“放大”机制

该机制是指新技术产业对地区生产率和高质量就业具有更强的乘数效应，导致地区差距加速扩大。

新技术产业作为推动经济社会数字化转型的核心产业，其作用不单是拉动一个地区的经济增长或者创造GDP，还是提高地区生产率水平，创造收入水平更高、更稳定的高质量就业的重要推动力。本书利用省级层面的数据对比分析了新技术产业和制造业对不同地区生产率和高质量就业的影响（注：用知识密集型服务业[1]的就业密度来衡量）。

回归分析结果显示，2020 年，一个地区新技术产业的就业密度（该行业就业占本地区就业总规模的比重）平均每提高 1 个百分点，大约可以带动知识密集型服务业就业密度提高 1.3 个百分点，而制造业[2]就业密度与知识密集型就业的相关性非常弱，对其所产生的带动效应仅为 1:0.05（见图 11.2）。再看新技术行业和制造业对地区生产率的影响，也存在同样的差异性。如图 11.3 所示，一个地区新技术产业就业密度每提高 1 个百分点，大约可以带动本地区就业生产率（地区生产总值/就业）提高 2 个百分点，而制造业就业密度对生产率的带动效应大约为 1:0.3，仅相当于新技术产业就业密度对就业生产率影响的 15%。即新技术产业越发达的地区，生产率增长就越快，相对落后地区由于缺乏新技术的支撑，生产率增长趋于减缓。这一差异化影响折射到地区层面，便形成了一种差距的"放大机制"，是现阶段导致我国地区差距加速扩大的重要原因。

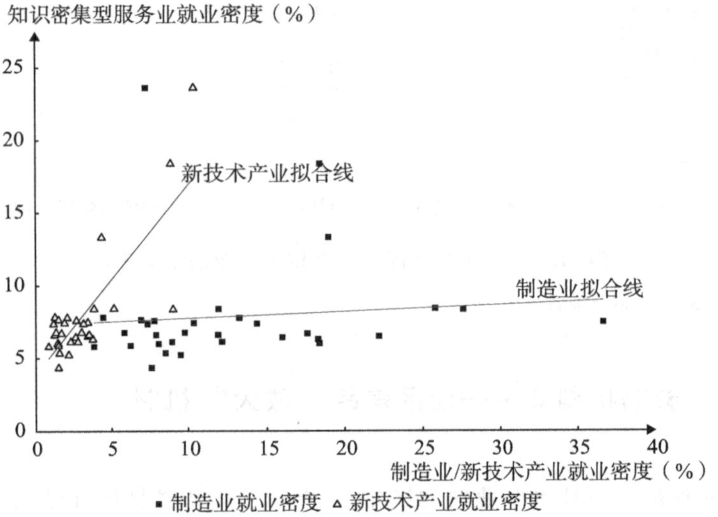

图 11.2　省级层面新技术产业与知识密集型服务业就业密度（2021 年）

资料来源：根据 2021 年《中国统计年鉴》相关数据计算。

① 指金融、房地产、租赁和商务服务、科学研究和技术服务四个行业。

② 已扣除计算机、通信和其他电子设备制造业，下同。

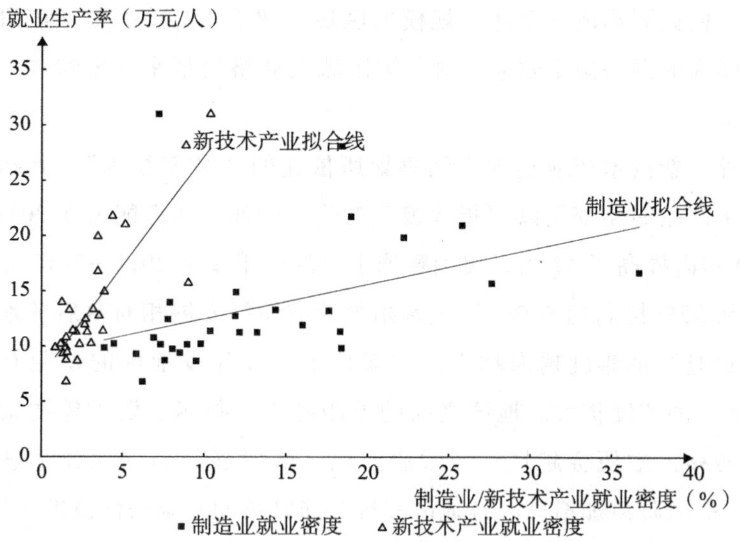

图 11.3　省级层面新技术产业就业密度与就业生产率（2021 年）

资料来源：根据 2021 年《中国统计年鉴》相关数据计算。

11.1.3　影响机制Ⅲ——“平台化”机制

“平台化”机制是指新技术产业基于数据、技术等新要素形成的空间集聚效应，进一步推动区域发展格局“平台化”趋势增强。

工业化时期，产业在空间上的集聚主要是基于自然资源、要素成本或者市场规模等因素而形成，其空间分布和集聚的规模都会受到地理空间或物理条件的上限约束。随着经济结构数字服务化的转型，其催生的新技术产业在空间上的集聚主要是基于数据、技术、软件等无形资源要素而形成。这些无形或者数字化的资源要素对地理空间的需求明显低于传统制造业，该行业的主要产品或服务也多是数据密集型或者无形的。技术层面而言，其市场范围可以扩展到网络覆盖的所有地区，几乎不受地理边界的限制，人工智能、物联网等技术也明显降低了该行业对劳动力的需求。因此，新技术产业空间集聚的成本不仅不会因规模的扩大出现“拥挤效应”，其先发优势还会随着集聚规模的扩大进一步强化，并不存在向成本更低地区进行生产性分工转移或梯度转移的内生动力。一旦在空间上出现规模性的集聚，便如同形成一个超大规模的区域“平台”，对各类要素的空间配置形成强大的网络集聚效应，对我国区域发展格局带来的影响也将是长期而深远的。

另外，新技术产业实现空间集聚所依托的“数字技术”，其迭代、扩散和技术产品周期都是以“指数级”变化。例如，超算能力在2011—2021年的10年内提高了42倍，美国智能手机的使用率在2011—2019年的8年时间内从35%提高到80%。[①] 这种指数效应使得发展相对落后的地区实现技术“追赶”的难度越来越大，与新技术产业先发地区的差距有可能以“指数化”的速度扩大。地区之间的差距越大，技术、资本等要素向落后地区的转移扩散便会越慢，导致这些地区的发展与新一代技术进步逆向“脱钩”的风险愈加增大，各地区实现共同富裕的基础条件被进一步削弱。

11.2 构建更加均衡的新技术产业布局，适应数字化时代发展新范式

新技术产业本质上是数字技术与各类经济社会活动的融合体，如区块链，既是一项可应用到多个领域的数字技术，同时也是一种新的金融科技产业，拓展应用到其他行业还可以衍生出一系列新产业。该产业对一个地区全要素生产率的提高有着决定性作用，是数字化新时代最具战略意义的重大生产力之一，同时对区域发展格局的影响也是重大而长期的，需要高度重视该产业空间均衡发展的重要性、战略性和必要性。这不仅是拉动地区经济增长、缩小地区发展差距之所需，也是加快新技术向更广泛的地区扩散，提高国家整体生产率水平、促进各地区共享经济增长、实现共同富裕的关键之举。

---

① 数据来源：超算500强数据库（TOP500 Supercomputer Database），国际通讯联合会。

11.2.1　充分利用新技术产业发展的战略窗口期，加快在国家层面完善新技术产业空间布局的顶层设计

当前，我国新技术产业的发展正处在三方面的政策窗口期：一是从近期全球数字化技术的发展来看，以芯片为代表的数字技术更新已接近物理极限，相对于21世纪前10年技术变革的速度明显减缓。这为落后地区布局发展新技术产业、实现追赶创造了有利时机。二是从全球新技术产业发展周期来看，整体处在快速扩张期，将有大规模资本进入该领域，并催生大量活跃度较高的初创企业，产业资本对政策的敏感度也相对较高。这是进行产业空间布局重构最有利的政策窗口。三是我国中西部地区在高质量转型发展过程中，对新技术的需求呈现出规模性增长，为新技术产业的发展创造了有利的市场条件。为此，我国应顺势而为，加快在国家层面完善新技术产业空间布局的顶层设计规划，促进地区间基于技术互补形成相对平衡，又非均质化的新技术产业发展新格局。

11.2.2　新技术产业的空间布局应兼顾其“技术”与“产业”的双重属性，将“共同富裕”作为布局优化的基本目标

新技术产业是数字化时代的重要生产力之一，空间布局的优化不能将其单纯地作为一类产业，需要从国家区域发展新格局的构建上对其“技术”与“产业”双重属性在空间上进行战略平衡。首先，新技术产业作为新技术的载体，对相对落后地区发展农业、获得更高质量的公共服务、生态环境治理等各方面都有非常重要的影响。如农业地区需要利用算法技术对气象、土壤、农作物生长等数据进行分析来发展精准农业，需要通过云计算、虚拟现实等技术获得更高质量的教育、医疗服务等。因此，在布局优化时需充分考虑到新技术作为公共产品的属性，为各地区获得新技术提供平等的机会。其次，新技术产业是后发地区实现赶超发展的关键，如果错过此轮新技术革命带来的发展机遇，将面临更大的挑战。基于此，我国

应将“共同富裕”作为新技术产业空间布局优化的基本目标，面向未来数字经济发展的基本趋势来平衡不同地区的新技术产业发展。

11.2.3 超越传统产业分工布局的框架，以技术分工为着力点推动新技术产业的均衡布局

由于数字技术本身的网络化、数字化特性，新技术产业在地区间并不存在传统的垂直分工或者横向分工。此外，新技术产业在价值链分工中，生产、创新与消费等不同环节往往集中于一体，如某些新技术企业既是大数据、算法等新技术的供给者，又是“数据”要素的消费者。由此可见，新技术产业的生产力布局很难再沿用工业化时期产业分工布局的思路去实现。我国新技术产业空间布局的总体思路应以数字技术体系为基础，面向新技术产业的技术特性，重新设计以数据、资本、技术、碳等新要素增值为导向的地区分工体系。以新技术集群为载体塑造不同地区各具优势的“技术空间”，并通过数字化要素连通先发地区与后发地区的“产业空间”“创新空间”和“消费空间”，形成数字化赋能、多支点、网络化的新生产力布局结构。

11.2.4 创新政策供给，为新技术产业布局的优化提供更有效的政策支撑环境

新技术产业空间集聚机制，其发展所必需的数据、技术等新型要素在地区之间的流动，以及该产业在地区之间的竞争机制都与传统产业不同。仅依靠现有的政策，很难改变该产业在空间上日益增强的集聚趋势。因此，需要构建新的政策体系来推动新技术产业空间布局的优化。首先，要改变对后发地区基于当前、静态比较优势的认识，更大力度推动数字基础设施投资、新技术研发投资在空间上的再平衡，为后发地区创造发展新技术产业的新优势。其次，可借鉴浙江省科技成果转移支付体系改革的成功经验，通过“先用后转”“以需定转”“要素跟转”等新机制，推动技术、

人才、资金等科技要素向后发地区“下沉”集聚，为后发地区的新技术产业发展构建新的赋能生态系统。最后，利用财政补贴、公共研发基金、新要素增值分配新机制等政策工具，以技术飞地或创新飞地的跨地区合作模式，激励引导新技术产业向后发地区布局，形成更稳健、可持续的新技术产业发展格局。

11.2.5　后疫情时代，我国生产力布局要更加重视供应链的安全和稳健

持续近3年的全球新冠疫情对经济社会发展带来的影响不是短期即可消退的，一些结构性影响有可能存在相当长一段时间，还有一些尚未显现的隐性影响也可能随着经济转型或其他因素逐步显性化。不同风险之间也非独立存在，有些风险相互传导、相互强化，而有些风险的化解又彼此冲突，如过于强调债务风险，经济增长的恢复就会较慢，进而带来更突出的就业风险。因此，防范和化解这些潜在风险时需要以系统性思路，着眼于我国未来更高质量发展的长远战略，要将风险的化解与长期发展能力的建设相结合，平衡好短期与中长期的风险。

11.2.6　进一步强化区域政策的作用，增强我国经济发展的内生动力和系统稳健性，有效防范疫情之后全球经济格局调整出现的不确定性风险

全球经济进入后疫情发展阶段之后，各国大规模经济刺激政策、投资项目将集中实施，我国面临着比以往更加突出的金融风险和全球价值链重构带来的不利影响，而防范这些风险的关键是要增强我国自身经济发展的动力和韧性。这需要强化区域政策的作用，挖掘释放更多地区的增长潜力，形成更加多元化的动力源，为我国经济发展提供有力支撑。突破按照传统生产力要素的静态优势，在地区间进行生产力布局的思路，以新兴前沿技术集群的空间布局为核心抓手，在国家层面加强不同区域功能定位的

战略统筹，防止疫情之后地区之间出现更严重的分化；发挥国家重大区域战略对各类资本要素的集聚引导功能，稳定市场预期，为相对落后地区的发展营造更积极的发展环境；加大对中西部欠发达地区数字基础设施建设的扶持力度，为疫情之后数字经济的发展、数字化的公共服务和新型消费服务业拓展更大的市场空间，尽快适应全球经济格局的结构性变化；在食品、医药、能源、数据中心等对国民经济和民生保障具有重大影响的关键领域，按照全国一盘棋，建立更加均衡化、更具弹性的供应链网络，系统性改进国内经济的稳健性，提高抵御各种外界风险的能力。

第12章　“技术集群”的战略性布局是实现地区共享增长与共同富裕的关键路径

在国家多项区域战略的推动下，我国区域经济的空间布局不断优化，各地区的发展动力显著增强、分工合作日益深化。但在新一代技术变革、中美贸易摩擦、美国对我国技术的遏制、全球供应链在新冠疫情之后的加速重构和发展阶段的转变等诸多国内、国外因素的综合影响下，我国区域协调发展面临着更多的不确定性和新挑战。如何通过区域经济空间布局的优化，加快破解区域经济发展中出现的新矛盾、新约束，推动更多地区在新一轮技术革命和新的全球竞争格局中塑造新的发展优势，为国家高质量发展培育更多的新动力源，是未来区域发展要全力解决的重要问题。本章节讨论的视角将切换到新时期国家“创新驱动发展和共同富裕”的战略总体目标，针对各地区在高质量转型中遇到的新问题、新矛盾，来探讨我国生产力布局优化的重点和政策思路，也是从国家宏观发展的战略目标解构新时期生产力布局的优化。

12.1　区域经济高质量发展需要破解的若干瓶颈性问题

从推动我国高质量发展的转型需求来看，当期区域经济布局中的突出问题和主要矛盾并非产业同构或者地区之间缺乏分工合作，而是在新一轮技术变革中，部分地区传统比较优势不断被弱化，缺乏参与新经济体系分工的能力；劳动力、技术、金融资本、数据等高质量发展的要素在空间上“错配”，导致地区分化加剧、原有的产业分工合作在经济转型过程中面临着“解锁”的风险，制约经济增长新动力的形成。

12.1.1 新冠疫情之后全球供应链分工的调整以及各国在新技术领域的竞争，我国深度参与全球产品和技术供应链的地区面临着前所未有的挑战

自2019年，美国通过加征关税、出口管制等各种措施限制我国的进出口。全球新冠疫情暴发之后，美国、日本、韩国、德国等发达国家出于本国供应链安全、技术竞争等因素又纷纷加速供应链布局的调整。从我国不同地区参与全球供应链的情况来看，大约60%的进出口集中在广东、江苏、上海、浙江和山东等沿海地区。如表12.1所示，按照境内目的地和货源地来比较各地区的对外贸易依存度（进出口总额占GDP的比重），2019年我国超过1/3的地区贸易依存度高于20%，这些地区的GDP之和占全国的比重达到55.4%。上海、广东和天津等地贸易依存度都已超过了60%。广东出口占其GDP的比重接近于50%。在全球供应链分工深度调整和向外转移的过程中，这些地区的发展将受到更显著冲击，长期依靠国际市场形成的优势能否维持存在着较大的不确定性。

表12.1　　2019年我国各地区对外贸易依存度

目的地货源地	>80%	60%—80%	40%—60%	20%—40%	10%—20%
进出口/GDP	上海	广东、天津	浙江、江苏	辽宁、山东、福建、海南、重庆、北京、广西	
进口/GDP			上海、天津	广东、辽宁	江苏、山东、北京、海南、广西、浙江、福建、新疆
出口/GDP			广东	浙江、上海、江苏、天津	福建、山东、辽宁、重庆

资料来源：根据《中国统计年鉴》（2020）计算。

相比全球产品供应链和生产网络体系的调整，近期以美国为主的技术策源国对我国实施的技术遏制，对区域经济的影响更加深远。2018 年，我国高技术企业技术获取和技术改造经费支出中，16% 是用于引进技术（包括消化吸收的经费支出），与购买境内技术的经费支出比约为 0.6∶1。以医疗仪器设备及仪器仪表制造业和电子及通信设备制造业两个高技术行业为例，引进技术的占比分别为 22.7% 和 18.9%，均超过了购买境内技术的支出比重。从国内技术链的布局来看，技术引进的始源地主要集中在广东、北京、上海等少数发达地区。如 2018 年广东在电子及通信设备制造业中引进技术的经费支出占全国的比重达到 82.3%，北京在医疗仪器设备及仪器仪表制造业中引进技术的经费支出占全国的比重为 72.0%（见图 12.1）。各地区技术获取来源的结构也非常不均衡，上海、天津两地引进技术占比都超过了 50%。随着各国在高新技术领域竞争的加剧，不仅是这些地区引进技术成本提高的问题，更大的风险将来自国外技术封锁导致国内技术供应链中断，更多地区因无法获得必要的技术而出现结构升级的停滞。

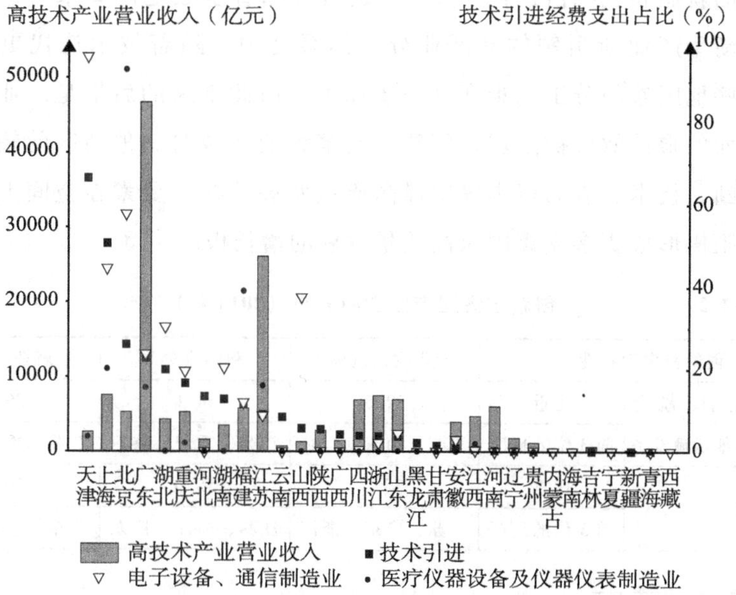

图 12.1　2018 年不同地区高技术产业技术获取经费支出的比较

资料来源：根据《中国高技术产业统计年鉴》（2019）和《中国科技统计年鉴》（2019）计算。

12.1.2 创新密集型产业在空间上高度集聚，部分地区在国家高质量发展转型过程中难以参与到新的经济分工体系中

我国向高质量发展转型发展的过程中，创新密集型产业将成为驱动经济增长的核心动力。2018 年，我国 8 个创新密集型行业（分类见表 12.2）[①]的从业人数占全部制造业就业的比重已超过 40%，主营业务收入的比重也由 2013 年的 35.0% 提高到 39.4%。[②] 由于创新型产业对人力资本、基础设施、产业配套等要求都相对较高，在空间上具有更高的集中度。如表 12.2 所示，比较的 8 个创新密集型行业中，无论是用营业收入、利润，还是就业衡量的行业集中度（CR3）均超过 30%。其中，计算机、通信和其他电子设备、电气机械和器材两个行业的集中度最高，用从业人数衡量的行业集中度（从业人数规模最大的三个地区所占比重之和）都超过了 60%，行业利润的集中度也高于 50%。但同期我国还有过半数的地区在这两个行业部门中的就业和利润占比低于 1%。这就意味着多数地区尚未有效地参与到以创新型产业所引领的新产业分工体系之中。随着技术迭代更新的加快，这些地区参与分工的难度进一步加大。由此带来的后果是产业创新在区域层面的乘数效应被削弱，创新活动聚集的区域对其他地区的辐射带动效应中断，技术、人力资本等支撑高质量发展的核心要素在空间上进一步错配，阻碍形成更多支撑国家高质量发展的增长极。

表 12.2　　创新密集型产业空间分布（2018 年）

创新密集型行业		营业收入（%）	利润（%）	就业（%）
铁路、船舶、航空航天和其他运输设备	比重	32.6	44.1	39.5
	前 3 位的地区	江苏、山东、广东	江苏、重庆、陕西	江苏、重庆、浙江
仪器仪表	比重	56.2	55.9	56.1
	前 3 位的地区	江苏、广东、浙江	江苏、浙江、广东	广东、江苏、浙江

---

① 指 29 个制造业大类中研发经费投入强度排名前 8 位，并且均超过全国制造业平均水平的行业。

② 资料来源：第三次和第四次全国经济普查数据。

续表

创新密集型行业		营业收入（%）	利润（%）	就业（%）
专用设备	比重	41.3	43.6	46.9
	前3位的地区	江苏、广东、浙江	江苏、广东、湖南	广东、江苏、浙江
医药	比重	32.2	34.6	28.6
	前3位的地区	江苏、广东、浙江	江苏、山东、广东	山东、江苏、河南
计算机、通信和其他电子设备	比重	58.1	57.4	61.0
	前3位的地区	广东、江苏、上海	广东、江苏、浙江	广东、江苏、浙江
电气机械和器材	比重	55.4	55.2	61.8
	前3位的地区	广东、江苏、浙江	广东、江苏、浙江	广东、江苏、浙江
通用设备	比重	44.6	46.3	48.6
	前3位的地区	江苏、浙江、广东	江苏、浙江、广东	江苏、浙江、广东
汽车	比重	30.0	37.4	32.6
	前3位的地区	上海、广东、江苏	上海、广东、浙江	江苏、浙江、广东

资料来源：根据第三次和第四次全国经济普查数据计算。

创新密集型产业在空间上的高度集聚不仅造成地区之间经济发展水平的差距扩大，还导致产业聚集地区交通、住房等各种社会成本的攀升。根据住建部与百度地图联合发布的《2020年度全国主要城市通勤监测报告》，北京、上海、深圳、广州等超大城市平均通勤半径已扩大到38千米，平均通勤距离为9.3千米。长三角、珠三角等创新密集型产业聚集区域的房价收入比多数都出现了明显上涨（见图12.2）。在所比较的43个大中城市中，5个城市的房价收入比超过了伦敦。深圳、东莞涨幅最为显著，2010—2019年，涨幅分别为65.8%和83.1%，深圳已成为全国房价收入最高的城市。[①] 创新密集型产业集聚带来的高成本必然会通过人工成本、企业经营成本等各种形式间接转嫁到企业的创新成本之中，降低国家创新资本投入的整体利用效率，不利于创新密集型产业长期稳定发展。

① 资料来源：Wind数据库。

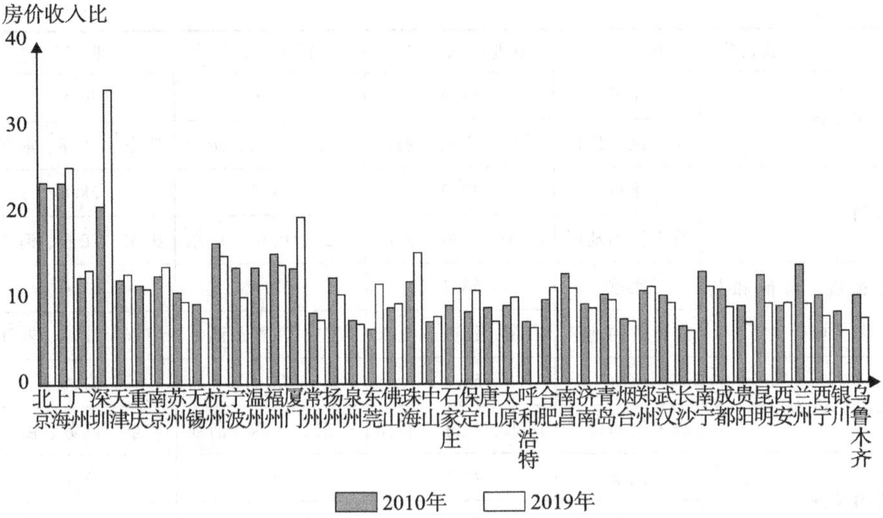

图 12.2　2010 年和 2019 年 43 个大中城市房价收入比的比较

资料来源：Wind 数据库。

12.1.3　就业质量的区域分化与人口老龄化的加剧，导致部分地区经济增长动力减弱，消费增长的潜在空间缩小

由于技术替代、发达地区产业结构高级化等因素的影响，我国劳动力结构和就业质量在地区间出现了比以往更显著的分化。2018 年，北京、上海两地的就业人员中本科以上学历所占的比重都超过了 1/3，北京最高，已接近40%；同比有6 个省份尚不到6%。云南、四川、广西、辽宁等地区却出现了不同程度的下降，高技能人才向发达地区集聚的趋势非但没有减弱，反而进一步增强。由此带来的是地区之间工资收入水平的差距扩大，2018 年我国省级层面城镇就业人员平均工资的绝对差距比 2010 年扩大 2 倍之多。行业内的地区差距就更加显著，金融业、信息传输、计算机服务和软件业、租赁和商务服务业等行业内平均工资的相对差距已接近于 4 倍。由此造成部分地区的发展进入“低工资、低就业、低消费”的恶性循环之中，无法在新的经济体系中形成更高附加值的增长点，增长动力进一步萎缩。

人口结构的变化与就业市场的分化是“十四五”期间影响我国区域发展最重要的内部因素。2018 年，我国有 20 个省份 65 岁及以上老年人口占人口总数的比重超过了10%，分别比2016年和2011年增加4个和12个；山东、上海、重庆、四川和辽宁等地区的老龄化水平都在15%左右，已接近于美国（2018年，同比为15.8%），但即使是发展水平最高的上海，其人均GDP也仅相当于美国的35.7%。尽管技术进步会在一定程度上减弱人口老龄化对地区经济增长的影响，但其对地区财政收支和消费市场潜力的影响不容忽视。

12.2　“技术集群”是应对区域发展新挑战、助力国家高质量转型的战略支点

技术集群是以特定技术为核心，由研发机构、大学、技术型企业、初创企业、专业服务机构等在一定空间范围内集聚，通过“技术关联”而形成的“集群”。更多是由中央/联邦政府主导，自上而下推动形成的，通常在国家发展中承担着新兴前沿技术创新、培育经济增长极等重要的战略任务。目前，“技术集群”已成为发达国家在新一轮技术革命中推动新兴前沿技术发展的主导模式。国际上最典型的就是美国硅谷的“信息技术集群”和德国慕尼黑的“生物技术集群”。我国经济发展正面临着全球产业分工体系的深度调整、新的贸易保护、发达国家更加严格的技术封锁等诸多挑战，需优化生产力的空间布局，充分挖掘不同区域的创新潜力，尽快在一些关键技术领域实现突破，带动形成更多具有可持续增长动力的增长极。在此背景下，在国家层面选择若干战略性区域，聚焦新兴前沿技术实施“技术集群”培育具有重要的战略意义。

12.2.1　实施“技术集群”培育战略是我国应对新兴技术创新长期挑战的必然选择

相比第二次技术革命，新一代技术模块化、集成化、层级化的特征更加显著，技术的研发与制造呈现出高度一体化，技术与产业的边界也已高度融合，技术创新的复杂度已超出以往任何时期。例如，半导体芯片技术的创新不仅涉及电子技术领域，同时与物理、数学等基础研究领域，以及

材料、纳米制造、能源、算法等工程领域也密切相关，5 纳米芯片技术的突破主要是由于紫外线光刻、蚀刻和薄膜沉积等纳米制造技术的突破。正是由于新兴、前沿技术内在创新逻辑的改变，以及新技术与产业高度融合的趋势，对创新资源的布局、组织模式、创新生态的需求完全不同于传统工业化时期。

从发达国家的经验来看，更多国家选择了“技术集群”的模式，即将新兴技术的创新融入国家生产力布局、增长极战略之中，以“技术”为战略核心，整合不同部门/行业、不同地区的创新资源、产业资源，在区域层面进行全要素一体化的布局设计，在空间上构建既具有规模效应、又具有集群效应的创新发展生态。根据美国信息技术创新基金会（ITIF）一项研究的测算，软件公司在 1 英里空间范围内的溢出效应是 2—5 英里范围内的 10 倍左右。[①②] 长期以来，我国资源配置都是以行业或部门为基础分散式配置，地区之间又存在着以经济增长为导向的短期竞争行为，对新兴技术和前沿技术的创新、转换的效率和区域之间的扩散都形成了严重制约，迫切需要创新发展思路，着眼于国家更长远发展，将“技术集群”作为国家生产力布局优化的战略重点，推动更多地区的经济发展转向以技术创新为核心驱动力。

12.2.2 实施“技术集群”培育战略有利于带动更多地区结构转型，避免陷入中低技术“陷阱”

从近几年各地区的经济转型情况来看，高技术产业对 GDP 的贡献仍存在较大差距。本书用高技术产业的营业收入与 GDP 之比粗略估算了各地区高技术产业对经济发展的贡献。[③] 2018 年，全国 31 个省份中有 5 个地区超

---

① 资料来源：Mohammad Arzaghi，J Vernon Henderson. Networking off Madison Avenue. Review of Economic Studies 75，No. 4（2008）：1011 – 1038.

② Stephen Ezell，Scott Andes. Localizing The Economic Impact Of Research And Development：Policy Proposals for The Trump Administration And Congress. Report of ITIF& Brookings Institution，December 2016.

③ 由于缺少高技术产业增加值的统计数据，本书用高技术产业营业收入与 GDP 之比粗略估算其经济贡献，仅用来比较各地区高技术产业的发展，不代表其实际贡献值。

过了20%，广东最高为48.1%；河北、吉林、云南、甘肃等9个地区低于5%。与2015年相比，有15个地区高技术产业的营业收入与GDP之比下降，不仅出现在中西部欠发达地区，江苏、上海、山东等高技术相对发达的地区也出现了明显下降，如江苏下降近10%。由此可见，我国多数地区经济增长仍是依靠传统产业，即使是经济发展水平较高的地区也未实现技术创新驱动的结构转型，有些地区甚至还未参与到创新型产业的分工体系之中，陷入中低技术陷阱的风险仍较为突出。

各地区研发投入对经济增长的拉动作用也亟须提升。本书对各地区在2012—2015年和2016—2019年两个阶段研发经费投入对GDP的边际效应进行了比较发现，整体上并未得到明显改进，四川、陕西、甘肃还出现了不同程度的减弱。进一步对各省研发强度与高技术产业对GDP的贡献进行拟合分析，2015年至2018年，两者的相关性也没有明显提高，研发强度对高技术产业增长的边际效应还呈现出减弱的趋势（见图12.3和图12.4）。其原因主要有以下两个方面：

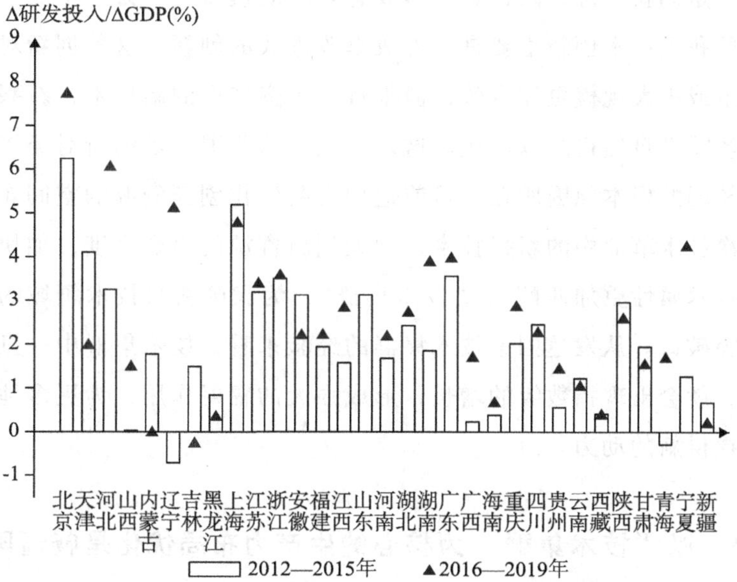

图12.3　2012—2015年和2016—2019年研发投入对GDP边际效应的比较

资料来源：国家统计局网站。

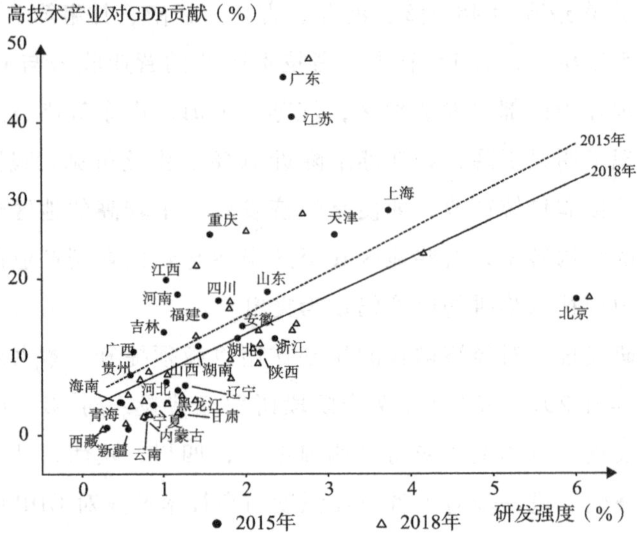

图 12.4　研发强度与高技术产业对经济贡献的相关性分析

资料来源：2016 年和 2019 年《中国高技术统计年鉴》。

一个是创新资源分散，难以形成有效的规模效应；另一个更为本质的原因，即我国技术创新主要是一种效率改进式的创新。这种创新对于降低生产成本或扩大规模更加有效，但很难产生突破性的新技术，新兴产业和新的市场需求自然也难以形成。这是造成目前我国技术创新对经济发展带动作用较弱的根本原因所在。目前迫切需要优化创新资源的空间布局，聚焦第三次技术革命中的新兴技术，加大创新资源的整合力度，加快培育与新一代技术属性更加匹配的“技术集群”，为我国新兴技术领域的创新寻求新的突破口。从发达国家技术集群的经验来看，技术集群中一旦形成技术突破，就会出现指数级的增长，形成强大的辐射作用，为更多地区的转型发展提供新的动力。

12.2.3　以“技术集群”为核心的生产力布局优化是畅通国内循环，构建新发展格局的必然选择

在新一轮技术革命的影响下，我国地区之间的发展进入了加速分化的

技术性周期。新一代技术无论是初期的研发还是后期的转化应用，相对于传统工业化技术而言都具有更高的门槛，不仅需要更多资本的投入，对基础设施、劳动力的知识技能、公共服务水平、制度环境等方面也都有更高要求。对于经济发展水平相对较低或者传统产业所占比重较高的地区而言，发展实际上进入了一种技术能力“萎缩”的状态。这种基于发展能力的区域分化，如不及时加以控制，整个空间结构的失衡将进一步加剧，导致整个国家的产业链、创新链、价值链出现中断，无法形成有效的循环体系。技术水平相对较高的先发地区，其技术和产品也将由于缺乏在国内循环的基础条件，更倾向于选择出口，对国内欠发达地区经济发展的辐射带动作用愈加减弱。

从近 20 年国内货物和服务流动的空间格局来看，2017 年我国货物和服务净流出的省份已由 2000 年的 16 个地区减少到 7 个，主要集中在江苏、浙江、广东、上海、北京等地区，而中西部欠发达地区多数都是净流入（见图 12.5），单向循环的格局非常明显，反映出我国区域发展中供给体系已经出现失衡，而这种失衡暗含着我国部分地区在此轮技术革命驱动的经济转型中已经落后。因此，需要把握全球新兴技术和新兴产业发展的重要窗口期，加快推动中西部地区“技术集群”的布局。这不仅有利于形成新的增长动力，也有利于在欠发达地区创造更高质量的就业，提高区域整体收入水平，为进一步畅通国内循环提供有力支撑。

12.3　在国家层面进行技术集群战略性布局的总体原则与基本标准

从我国向高质量发展转型的战略需求，以及应对错综复杂的国际竞争形势来看，“技术集群”应当在国民经济中优先承担两大战略功能：一是引领新兴、前沿技术领域的创新，为我国参与全球分工塑造新的竞争优势；二是培育更多具有可持续增长动力的技术型增长极，构建更具活力、更加均衡的区域发展新格局。鉴于此，我国技术集群的布局应坚持以下原则和标准。

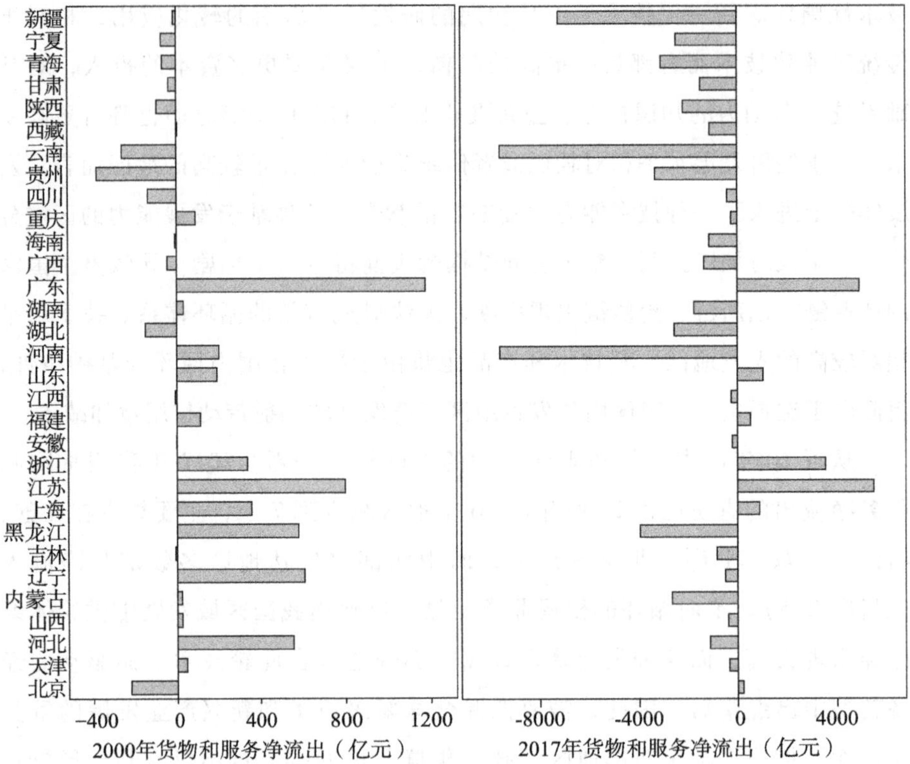

图 12.5 2000 年和 2017 年各地区支出法 GDP 中货物与服务净流出规模

资料来源：国家统计局网站。

12.3.1 总体布局宜采用“混合匹配模式”

该模式指“政府选择 + 市场竞争”与“大平衡 + 小集聚”。具体含义如下：“技术集群”重点针对的是新兴技术和前沿技术，需要长期大规模的资本投入，技术创新的风险和不确定性也非常之高，并非企业或某个地区所能承担的功能，需要中央政府根据国家发展战略的总体需求来确定技术的优先领域和区位选择的基本标准，然后在符合标准的地区中通过有限范围内的竞争加以确定。技术集群的目标之一是为国家高质量发展培育更多的新增长极，区位选择应着眼于国家未来发展的战略需求，弱化对地区现有基础条件的要求，更加重视四大区域板块和国家级城市群之间的平衡。在现代基础设施体系不断完善和经济社会数字化水平快速提高的发展背景下，有更充分的条件将“技术集群”布局于“非优势”地区。考虑到新技术创新的复杂性和应对国际竞争的要求，在创新资源有限的条件下要适当控制数量，以确保每一个技术集群都能够保持明显的规模优势。如德国在20世纪90年代中期布局生物和医药技术集群时，联邦政府仅选择了3个地区（即慕尼黑、莱茵内卡三角区和莱茵兰）。

12.3.2 技术集群的战略布局需超越传统经济增长的目标，聚焦于新兴、前沿技术，以国家战略为目标导向

区位选择的具体标准包括：(1) 优先满足新兴技术和前沿技术创新和相关产业发展对区域自然条件的特殊要求，如新能源技术、量子计算对能源需求和环境容量的要求较高，优先布局在资源富集、环境容量相对较高的地区。(2) 以国家规划的主要城市群作为重点区域，优先在城市群的外围地区布局，至少在一小时城市圈之外，降低技术集群培育的综合成本。(3) 优先人口规模和经济发展水平处在中等层级的地区，拓展新兴技术辐射的广度和密度。(4) 由于某些新兴技术的需求在农村地区，如针对农业的生物技术、分布式能源或通信网络技术，有必要将农村地区纳入技术集群的空间布局之中，实施城乡一体化的生产力布局优化。

满足上述标准之后，再综合考虑不同地区的创新潜力（如人均专利水平、创新密集型产业的比重、大学、科研机构的数量、理工科人才等）。本书分别构建了地区辐射指数（=人口规模×0.5+人均GDP×0.5）和地区创新潜力指数（=每万人专利申请数×0.4+高等学校数×0.4+在校学生数×0.2），各指标数据均进行0—1标准化处理。对281个地级及以上城市评估结果如图12.6所示，可以作为技术集群空间布局选择的参照。其中，地区辐射指数排名前10位的城市是上海、北京、重庆、深圳、广州、苏州、无锡、南京、鄂尔多斯和成都等；地区创新潜力指数排名前10位的城市是广州、北京、武汉、郑州、南京、上海、成都、苏州、西安、杭州等。

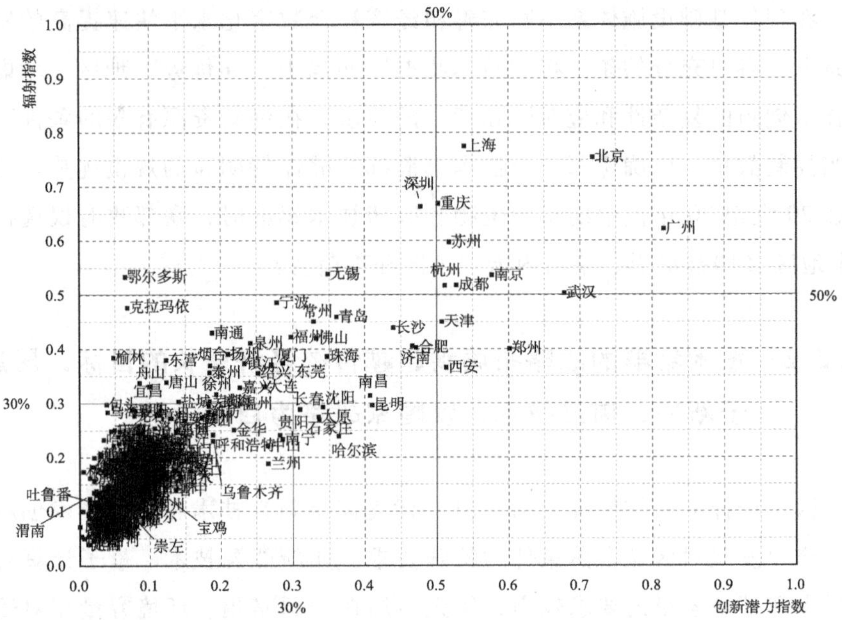

图 12.6　地级及以上城市创新潜力指数和辐射指数的比较（2021 年）

资料来源：根据《中国城市统计年鉴》（2022）计算。

12.4　以技术集群为核心推动生产力布局优化的战略举措

在新的全球竞争形势下，我国区域经济空间布局的优化需要超越传统工业化阶段生产力布局的思路，不能将其简单归于效率与公平的目标导向，应立足于新技术革命背景下产业变革的新趋势，在战略层面要服务于国家经济增长动力的转换和现代经济体系的构建，在国家安全层面要兼顾到创新能力的整体提升和国内产业链、供应链、技术链的安全。

12.4.1　突破传统生产力布局的思路，以“技术集群”为引领构建与新产业变革相适宜的区域经济布局

在传统工业化阶段，区域经济布局更多是基于各地区自然资源的禀

赋、地理区位条件等传统比较优势，按照传统产业的发展需求而形成的纵向分工布局。在第四次工业革命背景下，农业、制造业、服务业与新一代技术体系深度交叉融合，制造业的服务化、服务业的数字化等趋势不断增强，整个产业体系已突破传统产业的边界，投入要素的需求结构、生产组织模式、市场交易方式等都出现了深层次的变化。鉴于此，本书建议以“技术”作为未来区域经济布局优化的着力点，通过“技术集群”的构建来突破传统产业垂直分工的旧有格局，促进新的产业分工、技术分工与区域分工的融会贯通，进而建立与新经济体系相匹配的空间布局。

12.4.2　在国家层面推动“技术集群”战略性布局的顶层设计，为国家高质量发展培育更多“动力源”

我国实现高质量发展的关键是要形成以创新密集型产业为核心的区域经济增长动力系统。如上文所述，创新密集型产业具有更强的空间集聚性，与传统产业空间规模集聚的性质完全不同。创新型产业的集聚实质上是基于技术在空间上形成的一种自然垄断，很容易导致地区之间技术创新扩散渠道的中断和国家整体创新体系的碎片化，不利于国家整体创新能力的提升。因此，要尽快在国家层面推动“技术集群”的战略布局，将其作为带动更多地区创新型产业发展的催化器，形成更多支撑高质量发展的“增长极”。“十四五”时期可优先在武汉、西安、郑州、成都、沈阳、兰州等大学、研究机构相对集中、腹地范围又比较大的地区，重点针对新材料、重大技术装备、生物医药、信息产业等关键技术领域，在这些中心城市的外围地区加快布局建设基础研究、应用创新、生产制造一体化的技术集群。区位选择建议在1小时经济圈以外，这样有利于扩大核心区域技术创新的辐射范围，促进核心区域与其他地区的深度融合。同时相对分散的空间布局也有利于提高国家技术供应链的整体韧性。

12.4.3 以共享经济发展和公共服务均等化为核心来构建区域协调发展新机制，为推动形成高质量发展的区域经济布局奠定基础

在人口老龄化和经济活动数字化的大背景下，我国地区间就业质量和收入的分化在近中期已成为难以逆转的趋势，并且各地区经济增长动力的转换也是一个长期过程，转换的时序也不一致。在区域经济布局优化调整的过程中需同步创新区域协调发展的机制。具体包括：加快建立以城市群或大功能区为主的统计体系，引导各地区突破行政区壁垒，基于新的供应链和价值链分工形成一体化发展新机制。以城市群为政策单元，建立与财政支出责任相匹配的财政收入核算与分配的协调机制，保障各地区基本公共服务供给能力的均衡；提高公共服务的智能化、数字化水平，推动各地区数字化公共服务标准的衔接与互认，以及地区间公共服务平台的贯通，避免形成新的数字化壁垒。加快对口援助机制的创新，在教育、医疗、养老、技术服务等领域探索建立跨区域共享的新机制，切实提高公共服务均等化的水平。

12.4.4 以构建“技术集群”发展生态为核心加快完善相关政策，优化劳动力、资本、技术等要素的空间配置

构建“技术集群”是我国实现高质量发展区域经济布局的关键路径。应加快完善相关配套政策，系统性地引导人力资本、数据、金融资本、技术等要素的空间配置，创造有利于技术集群发展的生态条件。包括在“技术集群”的战略性区域，实施更积极的人才扩张政策，紧跟全球研发强度较高的行业和相关基础技术领域（如生物技术、半导体、新材料等），扩大高校相关专业的培养规模。以“技术集群”的建设为平台，在相关区域积极探索试点引进国外“高精尖”人才，为国外高层次的专业人才研发、讲学、投资创业提供更多的政策支持。针对特定“技术集群”设立区域高

质量发展基金，倾斜性布局一些重大研发项目和研发基础设施，同时利用贴息贷款、新设备（包括云计算、大数据分析等软件）投资的税前抵扣和高层次人才所得税减免、能源价格补贴、住房等倾斜性政策，扩大政府投资的示范效应，引导更多社会资本的流入。

12.5 数字化时代实施区域性技术集群培育战略的若干建议

在国家层面推动“技术集群”的战略性布局，不仅是应对全球新技术竞争挑战的迫切需要，更是面向国家现代化发展提高可持续发展能力、构筑新竞争优势的战略途径。技术集群的培育是一个长期过程，需要在政策支持、资源的协调与配置等方面创新思路，为其发展提供更有效的制度环境。

12.5.1 探索建立以“技术集群”为整体的政策“沙盒”，为其发展创造更加包容的政策环境

技术集群针对的是新兴或者前沿技术，在发展的过程中不仅存在诸多不确定性因素，有些新兴技术还需要新的制度支撑，如生物技术对生物信息数据的采集、无人驾驶技术的测试等。技术集群成功与否在更大程度上取决于“创新生态”的构建。建议将“技术集群”作为一个区域性整体来设计相关的政策包，打破传统上基于行业部门或市场主体的政策边界，如研发支出的税收减免政策扩大到技术集群内部的所有主体，尤其是中小型技术初创企业；针对技术集群整体实行统一的政府采购、能源补贴政策等。

12.5.2 在国家层面设立技术集群专项发展基金，为技术集群的发展构建长期稳定的资本投入机制

为了更好发挥技术集群对区域高质量发展的带动作用，培育更多技术型增长极，需要优先将技术集群布局在非优势地区。但这些地区发展水平、财政能力、配套基础设施等方面的确存在差距，需要中央层面给予更

大的支持。建议在国家层面针对不同技术集群的特点设立两大类专项发展基金，一类用于改善技术集群所在地区的基础设施（包括数字基础设施、研发基础设施）、公共服务水平、劳动力技能培训等领域的专项基金；另一类用于激励研发主体聚焦更加前沿、风险相对较高，但对于国家长期竞争优势的塑造具有更高影响力的技术领域。此类基金的规模要更大、投入周期在5—10年以上。可以通过入股国家技术集群专项发展基金、企业中长期债券等形式引导社会资本参与国家技术集群的培育战略。

12.5.3 建立更有效的共享机制，拓展技术集群的空间辐射网络

尽管技术集群的布局集中在少数地区，但技术集群布局的最终目标还是要带动更多地区经济增长动力的转型。因此，需要在不同技术集群之间、技术集群与所在地区和其他地区之间建立技术扩散的辐射网络。以我国地区之间对口援助机制为基础，通过跨地区合作投资、创新基础设施开放共享、建立技术研发和知识产权的战略联盟等形式，鼓励不同地区融入技术集群的发展中；弱化以专利数量、经济增长等短期绩效评估指标对技术集群进行竞争性评价，促进技术、人力资本、知识产权、风险资本等要素在不同技术集群之间更加畅通地流动，以此提高我国技术供应链与产业供应链融合的深度和广度，释放技术集群的创新生态效益。

第13章　美国“技术”为导向的重大生产力布局规划与政策借鉴

2022年9月，美国拜登政府颁布了《美国援助规划法案》（American Rescue Plan Act，ARPA）中的区域项目清单（Build Back Better Regional Challenge，以下简称BBBRC区域项目）。由联邦政府设立10亿美元资助基金，在24个州布局建设21个区域联合体。这并非一般性的区域扶持项目，实质上是美国在前沿技术产业领域推行的一个空间布局战略，是美国自20世纪80年代以来，在联邦政府层面推动实施的最具影响力、涉及范围最广的区域项目。尽管其实施效果还有待进一步跟踪，但美国作为一个在全球具有领先优势的技术强国，其空间布局的总体方向和思路值得我们关注，一些政策机制方面的设计对我国重大生产力空间布局的优化，构建区域发展新格局也具有重要参考意义。

13.1　美国BBBRC区域项目的总体思路与关键性的政策机制设计

BBBRC区域项目是美国2021年3月通过实施的《援助规划法案》中规划的三类区域项目之一。该项目提出的背景是疫情之后美国经济如何实现更快、更好、更安全复苏，核心目标是提升美国在关键技术产业领域的国际竞争力和领导力，维护国家的经济安全和供应链安全。本书对该项目的整体设计，以及最终确定的21个区域共同体建设的规划方案进行了对比分析，[①] 需重点关注以下两个层面的内容。

13.1.1 美国 BBBRC 区域项目规划设计的总体思路和实施流程

在美国《援助规划法案》中，BBBRC 区域项目的功能定位是“培育建设具有全球竞争力、领先地位的关键技术产业区域共同体、应对美国未来新挑战”。项目的选择和空间布局分为两个阶段（见图 13.1）。

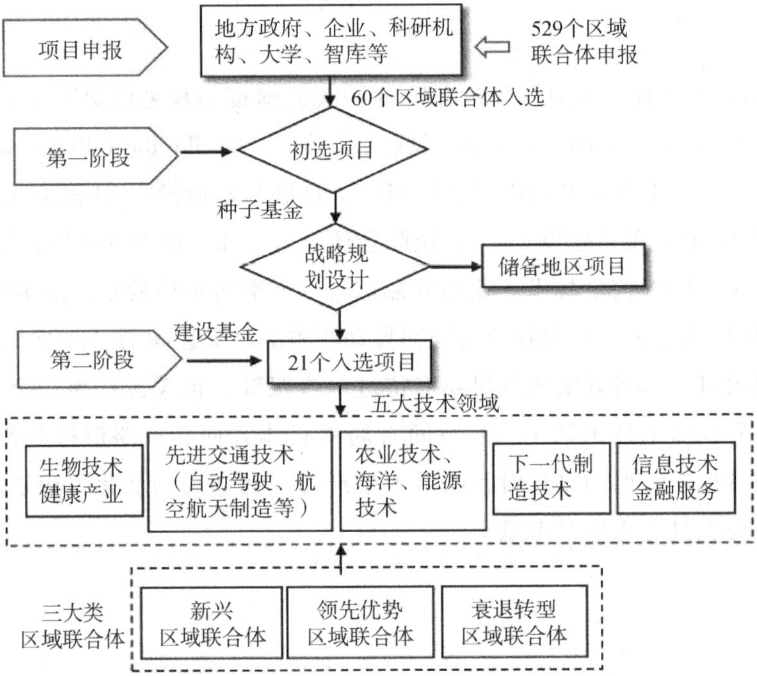

图 13.1 美国 BBBRC 区域项目的总体设计

第一阶段是项目初选，申报主体可以是州市县等不同层级的地方政府，也可以是高校、科研机构、产业组织或其他非营利组织，但必须组成跨行政区的区域联合体。项目初次筛选的首要标准是其技术产业方向是否属于美国国家战略急需的关键技术领域，是否符合国家战略安全利益。如果申报区域同时符合国家经济萧条区的标准，则转入另一类区域援助项

① 相关美国 BBBRC 区域项目的资料均来自美国商务部经济发展局（EDA）网站公开资料，下同。

目。共有60个区域联合体通过初选进入第二阶段（初选比例约为11.3%）。

第二阶段是由联邦政府按照每个项目50万美元的标准设立种子资金，用于支持初选的60个区域联合体进行更详细、更全面的战略规划设计。考虑到不同地区发展水平、组织协调和战略规划能力的差距，联邦政府还会对相对落后地区提供相应的技术援助。目的是为所有地区创造更公平的竞争“机会”。通过对区域联合体的区域影响力、基础优势条件、相关技术产业领域的前景、可持续性和公平性等方面的量化评估（见专栏13.1），最终确定了21个区域联合体，其他未入选的39个项目将作为联邦政府的储备区域项目。

专栏13.1　美国BBBRC区域项目第二阶段项目筛选标准

美国BBBRC区域项目由投资审查委员会（简称IRC）根据如下11项标准确定，每一项标准的权重相同：

（1）区域影响——项目能够在多大程度上响应新冠疫情对地区经济带来的冲击，包括长期的经济复苏、经济多样化以及对未来还可能出现的流行病或其他对不确定性影响的响应能力；

（2）区域资产——支持该地区经济发展和竞争力提升的集群可预期资产，如已有资产和项目可获得的资源资产的优势；

（3）行业领导力——集群行业领导力的优势，包括私营部门主导的创新、劳动力发展战略是否有利于提高全球竞争力；

（4）可持续性——项目的可持续性，包括项目在多大程度上显示了区域利益相关者（私人、公共和非营利实体、社区等）的支持，包括地区正在进行或规划之中的投资项目；

（5）公平——设计的项目在多大程度上阐明了利益共享（包括城市和农村），虽然不是必须，但美国经济发展局（EDA）鼓励项目向历史上被排斥的人口、少数民族和妇女等相关群体的利益倾斜；

（6）可行性——相关配套项目的可行性；

（7）萧条程度——项目所在地区经济状况，包括新冠疫情对该地区经济的影响；

(8) 区域投资——项目配套基金的可行性，以及获得额外资源支持的能力，如慈善或公司捐款等；

(9) 就业和经济增长——项目促进本地区经济增长、工资收入增长、就业创造等方面的可行性，包括该项目是否创造具有良好福利、高薪的就业机会；

(10) 劳动标准——申请者是否以及在多大程度上将强有力的劳动保护纳入项目的执行之中；

(11) 美国经济发展局（EDA）的投资优先事项——项目在多大程度与优先投资事项相匹配，优先那些包括多个投资优先事项的项目。

资料来源：根据《美国援助规划法案》(American Rescue Plan Act, ARPA) 中的区域项目 Build Back Better Regional Challenge 的相关资料整理。

从技术层面来看，21个区域联合体主要集中在五大关键前沿技术产业领域：(1) 生物技术和健康产业；(2) 先进交通技术；(3) 农业、资源和能源技术；(4) 下一代制造技术；(5) 信息技术和金融服务业，覆盖了农业、制造业和服务业三大部门（见表13.1）。从区域联合体布局的区域类型来看，既有已拥有技术领先优势、经济发展水平相对较高的地区，如位于加州的"未来食物技术共同体"，也有位于铁锈地带、经济亟须转型的地区，如密歇根州的"底特律全球交通技术中心"，还有一些属于发展初期的新兴技术区域联合体，如西弗吉尼亚州阿巴拉契亚"气候技术联盟"等。每一个区域联合体在国家整体发展战略中承担的主体功能也都有所侧重和分工。概括起来，主要有五个方面：[①]

表13.1 美国以技术集群为导向的21个区域联合体

序号	区域联合体	关键技术产业领域
1	阿拉斯加海产养殖业集群	农业技术、海洋经济
2	加州未来食物技术创新共同体	农业技术、食品供应链安全

① 资料来源：American Rescue Plan: Build Back Better Regional Challenge Awardees Fact Sheet, www.eda.gov/arpa/build-back-better.

续表

序号	区域联合体	关键技术产业领域
3	新罕布什尔州生物制造集群	再生组织的生物制造技术
4	西弗吉尼亚州阿巴拉契亚气候技术联合体	清洁能源技术、煤炭产业转型
5	密歇根州全球交通技术中心	自动驾驶、新能源汽车
6	西纽约先进制造业集群	下一代先进制造技术
7	南达科他州山地平原联盟	金融技术创新
8	佐治亚州 AI 制造技术共同体	传统行业中的人工智能技术
9	路易斯安那州氢—未来技术共同体	氢能源、可再生能源技术产业
10	密苏里州路易斯科技三角区	生物科学、地理空间和先进制造技术产业
11	俄克拉何马州塔尔萨地区先进交通技术走廊	自动驾驶和无人驾驶航空技术
12	内布拉斯加州心脏地带机器人集群	农业机器人技术
13	北卡罗来纳州生命科学制造技术联合体	生命科学制造技术
14	俄克拉何马州生物技术创新集群	生物制药技术
15	佛罗里达州半导体产业集群	专业化半导体技术
16	俄勒冈州木材联盟	木材制造、森林生态可持续技术
17	宾夕法尼亚州西南地区新经济共同体	中小企业机器人推广、AI 相关的劳动力培训
18	纽约州新能源共同体	新能源电池、储能技术
19	得克萨斯州西德克萨斯航空航天和国防技术联盟	航空航天和国防制造
20	弗吉尼亚州先进制药技术集群	先进制药技术
21	堪萨斯州南堪萨斯航空制造技术联盟	增材制造、智能制造

资料来源：作者根据美国商务部经济发展局网站（https：//www. eda. gov/funding/pr - ograms/american - rescue - plan/build - back - better/finalists）相关资料整理。

（1）重构美国的竞争力。尽管美国正在持续从新冠疫情中恢复，但对于许多美国人来说，疫情不只是新的经济冲击，还摧毁了他们的社区，工资收入降低，当地的产业被摧毁。BBBRC 项目是对那些长期投资不足的地区投资 10 亿美元，以促进这些地区的经济繁荣和全球竞争力的提升。如布局在纽约州南部地区的纽约州新能源共同体，将利用纽约州立大学宾汉姆顿分校在锂离子电池技术方面的创新资源，培育发展先进的能源存储供应链，支持国家清洁能源的转型。

（2）赋能地方领导力。由公共机构、个人、政府部门等组成地方社区的领导者，共同构建适合本地区经济发展未来的蓝图。BBBRC 项目鼓励这些地区的领导者，以重要的战略产业为核心组建跨区域联盟，通过竞争获得实现其发展愿景所需要的资源，并优先考虑这些地区的投资需求。如南达科他州山地平原联盟（CDFI），利用北达科他州、南达科他州、怀俄明州和蒙大拿州部落社区的优势，通过发展地方金融产业，来改善本地区获得资本的能力。

（3）支持服务供给不足的地区。BBBRC 项目入选的地区充分体现了美国经济发展局（EDA）选择投资优先地区时所坚持的首要原则——“公平”。这些区域联盟/共同体在战略设计时面临的重要挑战是要确保那些历史上被排除在外的少数群体、妇女等能够从本项目中受益，还要让他们成为联盟领导中有实施意义的成员。如北卡罗来纳州生命科学制造技术联合体，通过将入门级培训范围扩大到全州 10 个社区大学，以及由北卡罗来纳州中央大学主导，与该州黑人学院（HBCU）和历史悠久的美国印第安大学共同开发新的培训课程，使得这些地区的人们能够在生物技术领域获得更多就业机会。

（4）加强创新和劳动力等领域的投资。BBBRC 项目重点投资技术开发和劳动力培养计划，要确保所有技能水平的劳动力都能从创新中获益。通过投资专门从事未来技术的研究机构与劳动力发展组织之间的合作战略，以及在创新密集型行业中引入竞争，引导这些行业更多使用创造就业的技术而不是替代就业的技术。如在加州中央山谷，由中央山谷基金会领导的未来食物技术创新共同体，正在加快该地区农业领域的技术整合，以提高现有农业生产率水平和工作质量，同时推动更具弹性和可持续的食物生态系统。

（5）加速经济转型。虽然有一些地区成功实现了从低工资部门向高工资部门的转型，但通常需要经历一代人的转型周期。其中的一个原因就是转型必需的经济发展投资往往是单独进行，可获得的资源太少。BBBRC 项目要在 5 年一个投资周期内加大关联项目的投资力度，促进更多地区集群发展。如位于路易斯安那州大新奥尔良的未来氢联盟（H_2TheFuture），项目投资将跨越技术开发、劳动力培训和关键基础设施建设等不同领域，开发具有成本竞争力的绿色氢能源，加快本地区重工业的低碳化，在清洁能源领域创造更多新的就业机会。

与美国传统区域项目相比，近期实施的 BBBRC 区域项目在整体规划思路上有四个较为突出的变化：一是空间布局理念的变化。该区域项目改变了过去通常基于地区发展现状、静态比较优势的布局理念。区位的选择更强调面向未来前沿优势的塑造和国家经济安全、供应链安全的整体均衡布局，这一转变有利于抑制在新一轮技术革命和新兴技术产业发展中地区差距被进一步扩大。相对平衡的空间布局也有利于提高国家整体经济的韧性。二是空间布局主线的变化。该区域项目突破了美国传统上以“产业分工”为主线的生产力布局，构建了以“技术 + 产业”为主线的一体化布局。这种技术导向的布局方式不仅更好地适应了未来技术产业发展的趋势，也有利于同时提升地区的技术能力和生产能力，形成基于技术创新的经济增长新路径。三是空间布局基本原则的变化。该区域项目在全过程确立了“公平”优先的基本原则，改变了传统区域项目通常坚持的两类原则——针对萧条/落后地区的“补偿性”原则，或者是创新资源布局的“效率”优先原则。调整的目的是要为所有地区创造平等、公平的发展机会，在更大空间范围内共享新技术产业发展的“红利”。四是区域项目组织模式的变化。改变了传统区域项目以“地方政府 + ”的组织实施模式，构建了由多个利益相关主体组成的跨地区“区域联合体”。在联合体中发挥主导作用的机构既可以是地方政府，也可以是科研机构或其他利益主体。这样更有利于发挥不同主体在项目建设过程中的相对优势，增强联邦政府资金和政策资源对社会资本的杠杆引导作用。如密歇根州的“底特律全球交通技术中心”就是由底特律区域合作基金会作为该区域联合体的主要协调机构，有效避免了地方财政能力对项目实施的限制。

13.1.2 美国 BBBRC 区域项目中关键性的政策机制创新

在传统区域项目的实施过程中，普遍会面临地区之间竞争与公平如何平衡，不同地区不同部门政策资源的协调，关键技术或产业方向的选择上如何协调政府与市场的关系等问题和矛盾的制约。在美国 BBBRC 区域项目中，对上述问题进行了一些政策机制上的改革创新。

一是通过“结果”导向、有条件的竞争机制来加强空间布局过程中效率与公平的平衡。在传统生产力空间布局过程中，效率与公平统筹似乎很难同时兼顾，更多情形下政府会倾向于选择“效率”优先。相对落后地区很难与先发地区竞争，区域差距也因此不断扩大。为此，美国 BBBRC 区域项目在“公平优先”的基本原则上，引入了“结果”导向的新竞争机制。主要包括：（1）在项目选择阶段实行有条件的竞争机制，包括为相对落后地区提供技术援助，面向国内、国际市场和技术需求为不同地区设定差异化的“目标”要求；（2）按照不同技术领域进行空间布局，每个技术领域只确定一个区域联合体，每个区域联合体的绩效考核只针对“结果”目标，不进行横向竞争性考核；（3）建立了以“需求”为基础的成本分担和资金分配机制。即联邦政府在基金分配上充分考虑不同地区财政收入、投融资能力的差异，以及不同区域联合体的差异化需求。落后地区区域共同体建设的成本可由联邦政府全部承担，而其他地区联邦政府最多承担80%的直接成本。

二是在联邦政府层面明确不同类型资金、政策整合统筹机制。重点包括：（1）每个区域联合体只能承担联邦政府层面一种类型的区域项目，如果联合体内某个地区还同时享有其他类型的地区援助项目，统一合并到 BBBRC 区域项目之中；（2）该项目支持的区域联合体中，如果项目主体同时承担了教育、科技、环保、住房等领域的联邦政府基金资助项目，一般情况下建议合并到本项目统一协调，以确保不同项目目标的统一，避免部门之间的不一致，降低政策协调的成本；（3）区域联合体内部的跨地区、跨部门的协调由各个联合体自主确定，但主导协调的机构和协调运行机制需在项目申报阶段，作为资格性的前置性条件加以明确。

三是在区域联合体的运行机制上，建立了以市场需求为导向、多利益相关体共同合作、共担风险的运行机制。以往美国联邦政府推动的区域项目，包括技术中心、国家实验室的空间布局，政府更多发挥了挑选“赢者”的主导功能，也同时承担了主要风险。在 BBBRC 区域项目运行中，改变了这一运行机制，调整为由政府、技术研发机构、企业、金融机构、风投机构等存在紧密利益关联的主体，基于对技术方向、产业前景等各方面达成的共识，以完成国家战略任务和市场需求为目标，组成跨区域的战略联盟，建立统一的资源投入、项目协调、合作的制度，共同运行区域联合体。跨区域联盟中不同利益主体的资金在不同领域的投资各有分工，如地方政府将近70%的投资资金用于人才开发，而州政府大约40%的投资用于研发和商业转化（见表13.2）。这种模式实际上是基于共同利益驱动的战略联盟运行机制，更有利于在地区之间建立起新技术产业发展的网络生态，增强不同资源的协同效应，缩短从技术研发到商业化转换的环节，可以在前沿技术领域更快地形成先发竞争优势。

表13.2　区域联盟/共同体中不同主体投资资金的分配（所占比重%）

	人才开发	研发与商业化	基础设施	企业/资本	治理
申请者	24.6	28.6	25.0	14.5	7.3
州	25.1	39.0	12.4	16.7	6.7
地方政府	69.1	1.5	5.7	22.7	1
其他	32.7	15.9	16.2	18.2	17

资料来源：布鲁金斯研究报告，*The Future Of Place - Based Economic Policy：Early Insights From The Build Back Better Regional Challenge*，Joseph Parilla，Glencora Haskins，Mark Muro，November 2022.

13.2 美国BBBRC区域项目对我国重大生产力布局优化的启示与政策借鉴

我国未来的经济社会发展也面临着一些与美国相同的新挑战，如全球前沿技术领域的竞争、低碳经济的转型、国内地区差距的扩大和供应链安全等。重大生产力布局的优化是应对这些挑战的重要战略举措。美国BBBRC区域项目为前沿技术产业空间布局提供了一种可借鉴、可参考的典型模式。

13.2.1 我国重大生产力布局的重点应尽快转向以关键性、战略性“技术”要素为导向

传统生产力布局通常是以自然资源或生产要素为核心，而此次美国实

施的 BBBRC 区域项目是以技术要素为核心进行的空间布局。这标志着生产力布局核心要素的改变。在“技术”已成为未来全球经济竞争第一要素的背景下，技术的空间布局不仅是解决某个地区经济增长的问题，更是国家在前沿领域塑造竞争优势的战略性布局。我国应充分借鉴美国经验，重大生产力的布局要尽快从“生产”要素转向“技术”要素。实现这一转变的关键是要从未来市场需求、保障国家经济安全和供应链安全的角度识别出具有关键性、战略性、亟须突破的技术领域，而不是宽泛意义上的“技术”。在此基础上，可依托现有重大区域战略平台，按照不同技术领域、均衡布局的思路启动跨区域联合体的建设。由此推动地区之间形成以区域联合体为支点，技术合作为连接的发展新格局。

13.2.2 未来生产力的布局应更加重视“公平”的原则，为实现各地区共同富裕的发展目标奠定基础

区域差距加速扩大已成为各国、甚至是全球在数字化转型过程中的突出问题。如果在新兴技术驱动的转型发展中，仍坚持效率优先的布局原则，相对落后地区便很难获得新的发展机会，区域差距不仅不会缩小，还会进一步扩大。美国以新兴前沿技术产业为核心的 BBBRC 区域项目，涉及美国 24 个州 801 个县，其中 136 个是持续贫困县，其空间布局的思路和原则为我国生产力布局提供了一个重要启示，即效率和公平在空间布局中并非二选一的政策目标，通过一些地区导向型的政策工具和协调机制的创新，完全可以同时实现。从我国发展阶段和共同富裕的发展目标来看，生产力空间布局也应更加重视公平的原则。需要指出的是，区域间的“公平”并不是简单地在地区之间平均分配资源，而是发展机会和结果导向的“公平”。

13.2.3 加快完善区域之间的竞争机制，更好地平衡生产力布局中地区竞争与市场导向的关系

在向以技术、创新为核心动力的经济转型过程中，地区间零和竞争的弊端越来越突出，不仅影响区域经济发展的正常秩序，还提高了国家整体经济转型的财政成本和社会成本。美国 BBBRC 区域项目通过一些协调机

制上的改革，较大程度上避免了地区竞争带来的资源“内卷”，对我国具有两个方面的借鉴：一是从美国的经验来看，生产力布局中“市场导向”就是面向未来市场需求而进行技术产业方向选择的路径。“市场导向”不一定需要地区间竞争。二是我国应尽快构建面向“结果”的区域竞争新机制，尤其是基础设施、新技术产业等重大生产力领域的布局，更需要减少地区之间的横向竞争，避免过度追求短期竞争目标，引导地区能够集中资源加强长期发展能力的建设，着力在关键技术领域培育具有前沿性、可持续的竞争新优势。

13.2.4 加强专业化区域经济数据平台、决策工具的建设，为我国重大生产力布局的优化提供高质量的数据支撑

从美国 BBBRC 区域项目决策的全过程来看，无论是技术方向、布局区位的选择，还是项目筛选、区域联合体规划方案的制定、资金分配、绩效评估和风险识别等各个环节都是基于大量的数据分析判断，这正是得益于美国对区域经济长期系统的监测。目前我国在此领域还存在较大差距，可借鉴美国经验，加快解决我国区域经济数据不完备、不可比、时效性低的突出问题。除了政府统计部门对不同层级地区的常规统计指标之外，可以发挥区域性智库、研究机构的专业优势，建立更加专业化的区域数据平台，用于对不同地区的技术能力、经济发展能力，地区之间的经济联系进行长期系统的监测评估。加强不同地区不同领域数据来源、采集标准和统计口径的协调一致，如战略性新兴产业、先进制造等，提高地区之间数据的可比性；基于国家公共利益的角度，消除数据流通的壁垒，打通不同数据来源之间的流通路径；利用数字化技术，提高区域数据采集的时效性，为我国在生产力布局中的问题识别、趋势研判提供及时、准确的数据支撑。

[illegible]

[illegible]，为我

国家大生产力布局的优化提供高质量的数据支撑

[illegible]

第四篇

共享增长与繁荣导向的重大区域战略转型

制定实施区域发展战略一直是我国一项重要的治国之策。从20世纪60年代大规模工厂内迁、“三线建设”，到改革开放之初的两个“大局”，允许一部分地区先富起来，再到21世纪初的西部大开发、中部崛起、东北老工业基地振兴等一系列区域战略的实施，在国家不同的发展阶段都发挥了重要的作用。党的“十八大”之后，国际国内发展环境条件都发生了重大改变，我国经济发展进入到创新驱动的高质量发展转型的关键阶段。在此背景下，针对新的时代变局、新的区域发展问题和国家的战略需要，又先后实施了京津冀协同发展、黄河流域生态保护和高质量发展、长江经济带、长三角一体化等重大区域战略，为我国构建高质量发展新格局、实现共同富裕的现代化发展目标奠定了坚实基础。在对我国新时期重大区域战略展开分析之前，需要从国家整体发展的角度对区域发展战略的内涵和一些关键问题做一个简要的论述。

区域性战略规划的发展与国家治理能力的现代化紧密相关。欧洲大约是在20世纪20—30年代引入，作为一种推动区域一体化的制度，用来引导不同部门和地区经济活动，这与欧洲国家中央集权的传统体制有关。[①] 20世纪70年代，为应对全球石油危机、人口转型和经济波动，美国政府开始越来越重视区域性的战略规划。20世纪80年代初期，美国各界都积极呼吁州和地方政府在本地区的发展中引入企业常用的战略规划方法。[②③] 不同国家引入区域战略规划的目的也有所不同。如二战后，日本在国家层面制定空间战略规划，是将其作为一个强有力的政策工具推动国家的结构转型，而德国区域战略规划的主要目的是加强国内各州之间经济发展的协调。[④]

国内对于区域发展战略的研究也很多。如已故系统工程领域的资深专

---

① MASTOP J M. National Planning: New Institutions for Integration (paper presented at the twelfth annual conference of AESOP), Aveiro, Portugal, 22 – 25 July 1998.

② Eadie D C. Putting a powerful tool to practical use: the application of strategic planning in the public sector. Public Administration Review 43, p 447 – 452, 1983.

③ Kaufman J L, Jacobs H M. A public planning perspective on strategic planning. Journal of the American Planning Association 53, p 21 – 31, 1987.

④ Alterman, Rachelle (ed). National – Level Spatial Planning in Democratic Countries: An International Comparison of City and Regional Policy – Making. Liverpool University Press, Liverpool, 2001.

家王慧炯教授，1986 年在中国系统工程学会年会上发表论文，从系统工程的角度提出了区域发展战略的内容和制定原则，指出区域发展战略应是从经济、社会与政治角度，探讨区域的功能、结构及该区域当前及长远发展的运转情况及与全局相联系的规律性的学科，它必需与部门、全国及更大区域范围进行相互的联系，[①] 并结合中国国情讨论发展战略与政策的层次关系。[②] 另一位区域经济领域的专家王一鸣，曾在国家发展改革委（原国家计委）工作多年，1989 年在《经济社会体制比较》上发表文章对区域发展战略中的一些理论问题进行了论述，提出：

区域经济发展战略必须建立在经济体制基础之上，否则将成为空中楼阁。依据的经济体制不同，制定出的区域经济发展战略也将不同。在目前条件下，我国区域经济的发展战略应该以计划与市场相结合的经济体制为制定依据，既要发挥计划手段的调节作用，又要考虑到市场经济的要求。计划手段主要用于区域经济的宏观调节和控制，确定产业结构比例。国家应在全面考虑各地区的优势、劣势和全国经济发展的需要后，确定各区域基本的产业结构，防止全国一窝蜂地发展某些行业、某些产品。另外，还可以有计划地批准成立有限的经济特区，实行特殊的经济政策，以便更有效地引进外资，生产高技术产品和国内短缺产品，用于出口和出口替代。但是经济特区不能太多，毕竟特区实行的政策非常特殊，不可能在全国普遍推广，相反，太多的经济特区将冲击非经济特区的经济。

市场调节主要调节微观经济，调节计划管理的极少数商品价格之外的其他商品价格和商品的供销状况，以及调节区域经济。各个经济区域要立足于商品经济，适应商品经济的要求，在竞争中求生存、求发展。[③]

上文提到了一个重要观点，即区域发展战略需建立在经济体制基础之上，并要计划与市场相结合。这是确保区域发展战略的科学性、可实践性

---

① 王慧炯，李泊溪．系统工程与区域发展战略——政策科学初探［C］．中国系统工程学会．发展战略与系统工程——第五届系统工程学会年会论文集．学术期刊出版社，1986：6.

② 王慧炯，李泊溪．“2000 年的中国”的系统研究［J］．系统工程理论与实践，1984（02）：15－23.

③ 王一鸣，邓亚平．区域经济发展战略中的几个理论问题［J］．经济社会体制比较，1989（06）：60－62＋59.

的基本出发点。区域发展战略的制定和实施需要明确两个最为基础的关键性问题：一是“区域”的空间范围确定。包括行政边界和非行政边界两种划分方法，不同的划分需要不同的资源配置能力，而这一能力的大小在很大程度上取决于国家的经济体制。二是资源分配的标准。实施不同层级、不同类型的区域战略（包括产业投资项目、基础设施建设等），需要在不同空间对有限的资源要素进行分配。这不能完全、也不可能全部依靠“市场”，需要基本的分配“标准”，如经济标准、社会标准、环境标准等，哪些要素的分配需要市场决定，哪些要素的分配需要政府干预，这都取决于国家所实行的经济体制。反过来，区域战略也要引领推动经济体制的改革，以适应经济社会发展中不断出现的各种变化。两者之间的匹配关系相对于在复杂的区域发展系统中从一个稳态向另一个稳态的进化。任何一方的滞后，或者不同频，都会直接影响到区域和国家的经济发展。

综合国际国内区域发展战略的实践来看，区域发展战略在国民经济发展中承担的功能主要是战略目标的“平台载体”和跨部门、跨地区的政策协调机制。可以从两个方面来理解其功能：

一是“区域”是整个国民经济的组成部分，国家的发展目标，无论大与小、长期或短期，最终都要落在不同的空间，也就是一个一个的“区域”平台之上来加以实现。区域发展战略虽然称其为“区域”的发展战略，事实上包含着国家宏观经济社会发展的目标、战略导向、政治、文化、国家安全等各个层面的因素考量，反映的是在国家整体制度框架下一个地区发展的基本方向和原则，具有“红绿灯”和路标的指引作用。二是从区域问题本身来看，在前面的章节已讨论过，它形成的原因并不在“区域”，而是国家在发展进程中一些“问题”集中到了某些地区（可以是城市、农村或者城市群、大都市区，或因某种联系构成的区域），显现出的“症状”因地区不同而不同，可能是经济方面的问题，也可能是社会、文化、政治、生态环境等领域的问题，同时还关系到不同利益主体的发展诉求。解决这些区域问题需要各领域的政策，也需要中央政府和不同层级地方政府的政策。在各国的实践中，这些政策之间总是或多或少地存在着各种各样的“壁垒”，每一项政策目标之间也不会完全一致，在实行过程中就需要借助一个“平台”，来发挥“协调、平衡”的作用。这是区域发展战略应具备的最基础功能之一，即整合各领域的政策，平衡不同的利益诉求，并促进各项政策的有效“落地”。

概而言之，区域发展战略是国家通过“区域”的战略解决发展问题的一种地区导向型的方法和路径，也是国家面向未来实现整体经济繁荣、可持续发展的空间治理方法和制度框架。比利时鲁汶大学城市规划学教授 Albrechts L，作为一个城市发展战略设计的实践者，将区域发展战略定义为：利益相关者基于未来共同愿景，在共享利益的基础上，通过不同层级空间的组织，开发共同资产、解决复杂发展问题的行动方案，是由公共部门主导推动社会空间重构的过程，对未来经济活动的空间分布具有广泛而深远的影响。① 这一概念的阐释更有助于我们理解如何制定和设计区域发展战略。

区域发展战略与区域政策共同构成了国家区域发展的四梁八柱。经合组织（OECD）在2020年的一份研究报告中，通过对OECD主要国家区域政策实践经验的总结，对区域发展战略和区域政策的内涵进行了区分：②

区域发展战略是实现特定区域目标的长期计划。它将不同政策部门的战略汇集在一起，并加以协调统一实施，目的是促进该区域生产率、经济和社会福利水平的增长，增强区域的吸引力。区域战略的实施依赖于整合许多其他的要素，包括各个部门的政策（如教育、经济发展、就业、住房、创新、土地利用、交通、福利等）、区域和地方政府的政策责任分担，以及来自私营部门和公民的支持。区域发展政策则是为了实现区域发展战略中的目标而采取的一致性、达成共识的行动方法和路线。政策可能会随着新政府的变化而改变。因此，政策周期往往比战略规划的时间范围更短。战略和政策这两个术语在实践过程中经常交叉使用，但它们的目标（愿景与阶段性目标的设置、指导行动与决策制定相对

① Albrechts L. Strategic (Spatial) Planning Reexamined. Environment and Planning B: Planning and Design, 31 (5), 743 – 758, September 2004.

② OECD (2020), The Future of Regional Development and Public Investment in Wales, United Kingdom. OECD Multi – level Governance Studies, OECD Publishing, Paris, https: //doi. org/10. 1787/e6f5201d – en.

应）和时间框架（长期与短期或中期）上显著不同。

区域发展战略和区域发展政策的有机组合就构成了国家空间治理中的总体架构。在工业化时代，区域发展战略和政策的基本导向多是以“经济”增长的目标优先，对社会、环境问题的响应实际上是一个次优目标。进入数字化时代，地区发展机会的不平等、收入差距、环境公平等问题更加复杂，直接关系到国家“共同富裕”战略目标的实现。需要区域发展战略对社会问题做出更及时、更有前瞻性的响应，在国家人口、社会的结构转型、收入分配等领域发挥“再平衡”的重要作用。1977年，波兰区域经济学家安东尼·库克林斯基（Antoni Kuklinski，欧洲区域和地方经济研究中心的创始人，他提出的有关区域规划和经济增长极的思想曾经对我国20世纪90年代的区域规划和区域政策产生了非常重要的影响①），在其编辑的《区域政策和规划中的社会问题》一书中，就前瞻性地讨论了区域规划中的社会公平和区域公平的问题，对于我国思考和推动区域战略的转型具有重要的参考价值（见专栏1）。

专栏1　区域规划与社会公平

规划（plan）涉及社会组织问题。它本质上是规范性的。在所有社会科学中，只有经济学发展出了规范理论。这对于涉及结构转型的规划变革是不够的：经济学的规范方法仅限于在既定的社会组织和制度框架背景下分析边际变化。此外，经济学对于冲突的解决所给出的唯一方法就是基于完全竞争市场的价格机制。该机制的功能犹如在神话般的情境中运行，并不能有效解决那些与特权和收入分配有关的最主要、最困难的社会冲突问题。

在区域规划的背景下，规范性要素通常由区域间的公平作为长期需求来表示。然而，区域间的公平不需要，经常也不会转化为区域内或人际的公平，这是实现社会公平过程中最为相关的问题。这并不是

---

① Antoni Kukliński (editor). Growth poles and growth centres in regional planning [M]. The Hague, Mouton press, 1972.

说对人际公平的关注必然会被区域规划者排除在规范性判断之外。但对于规划者而言，社会公平的确不同于相对于其他地区可以用物质来衡量的进步。此外，区域规划者在项目选择中的判断，可能更多受到不同地区在获得国家资源方面的竞争影响，而不是维护区域公平的迫切需要。

资料来源：*Social Issues in Regional Policy and Planning*, Antoni Ku - klinski, 1977.

总之，成功的区域发展战略既需要对过去、目前的区域问题有所响应，也要面向未来的中长期发展目标；既要关注经济的增长、生产率的增长，也需要重视社会问题、福利水平的改进，还有环境、国家安全等多个领域的问题。鉴于此，本书这一部分的内容，将根据我国新发展阶段的总体特征和未来数字化转型中可能出现的新问题区域和新的区域问题，选取了四大类具有典型区位特征的区域战略来讨论，分别是超大规模城市群、流域性的区域发展、后工业化地区的转型和相对落后/贫困地区的发展等。这四类区域也是数字化时代实现区域协调发展和全面现代化进程中需要重点关注的战略性区域。

第14章　京津冀协同发展：世界级城市群发展的探索

伴随着交通、数字技术的发展，全球城市之间的联系越来越紧密，城市群或大都市区在全球经济中的影响力不断增强。例如，2020年，伦敦、巴黎、东京占英国、法国和日本GDP的比重分别为29%、31.6%和33.1%（2018年），相当于本国经济总量的1/3左右，韩国首尔大都市区的占比更高一些，占本国GDP的比重将近一半。[①] 可见，超大城市群（大都市区）已成为当今世界区域经济格局中非常重要的空间单元，在全球经济竞争格局中的战略意义已超过以往任何时期。与此同时，超大城市群所面临的环境、交通、住房、收入分化等问题不是"突出"，而是在"恶化"。IQair发布的《全球空气质量报告（2022年）》统计的116个首都城市中有33个城市（包括北京）空气PM2.5的浓度是世界卫生组织健康指南阈值的5倍以上，新加坡、巴黎、柏林等经济发展水平高、地理条件更好的城市，空气PM2.5的浓度也都达到该健康指南阈值的2—3倍。因此，城市群、大都市区的治理在数字化时代已演变成为全球性的区域问题。在此背景下，京津冀作为世界级的超大规模城市群和国家政治中心（首都）所在地，实施京津冀协同发展战略在整个国家区域版图中的战略意义不言而喻，同时该战略对于数字化时代各国探索超大城市群的可持续发展路径也具有重要的理论和实践价值。

自2014年我国实施京津冀协同发展战略以来（见专栏14.1），京津冀在交通一体化、生态环境治理、首都非核心功能疏解等方面的成效正在显

① 数据来源：OECD城市和大都市区数据库。

现。由于技术变革、地缘政治、新冠疫情，以及国内经济结构数字化、服务化的转型等多种因素的影响，京津冀区域内部的发展差距尚未明显缩小，区域内相对落后的河北地区，在产业转型、公共服务质量等方面取得了明显进步，但整体经济发展的质量还需进一步提高，个别城市在结构转型中出现经济衰退的风险依然存在。实现三地协同发展的战略目标面临着更复杂的新挑战，需要根据新的发展条件，动态调整优化政策的着力点，释放出更强的政策协同效应。

专栏 14.1　京津冀协同发展战略提出的背景与战略要求

2013 年，习近平总书记先后到天津、河北调研，强调要推动京津冀协同发展。

2014 年 2 月 26 日，习近平总书记在北京考察工作时发表重要讲话，全面深刻阐述了京津冀协同发展战略的重大意义、推进思路和重点任务。强调京津冀协同发展是个大思路、大战略，要通过疏解北京非首都功能，调整经济结构和空间结构，走出一条内涵集约发展的新路子，探索出一种人口经济密集地区优化开发的模式，促进区域协调发展，形成新增长极。

2015 年 4 月 30 日，中央政治局会议审议通过《京津冀协同发展规划纲要》。

推进京津冀协同发展，是一个巨大的系统工程。要紧紧抓住疏解北京首都功能这个“牛鼻子”不放松，高质量推动北京城市副中心规划建设，强化生态环境联防联治，促进基本公共服务共建共享。建设雄安新区是千年大计，要保持历史耐心和战略定力，坚持“世界眼光、国际标准、中国特色、高点定位”的理念，尊重城市开发建设规律，合理把握开发节奏，稳扎稳打，努力将雄安新区打造成为贯彻新发展理念的创新发展示范区。

资料来源：(1) 京津冀协同发展领导小组办公室负责人就京津冀协同发展有关问题答记者问，中央政府门户网站（www. gov. cn），2015 - 08 - 23。

(2)《习近平经济思想学习纲要》人民出版社 2022 版，第 95 页。

14.1　后工业化发展的新阶段，京津冀协同发展面临新的矛盾和问题

进入后工业化发展阶段，区域发展的宏观经济环境出现了转折性变化。经济社会的数字化转型也对区域经济增长的范式、要素空间配置的路径带来了颠覆性的影响。在这一“大转型”的背景下，京津冀地区之间短期出现差距扩大，是一种正常的区域现象，但它也侧面反映出该区域的协同发展出现了新的矛盾和问题，需要新的政策创新。本小节的内容重点从宏观经济周期、要素跨区域协同的动力与要素增值空间三个方面展开分析。

14.1.1　宏观经济进入低速增长的新周期，京津冀区域中心城市的协同带动能力有所下降

从经济增长的周期来看，在2002—2012年，京津冀三地都保持着较高的经济增速，而地区间的相对差距（人均GDP最大与最小值之比）在此期间也一直表现为缩小的趋势。2012年之后，这一趋势出现转折，略晚于京津冀三地经济增长减速的时点。2016年之后，在经济持续低增长的情况下，加上2019年延续至2022年的新冠疫情对经济带来的冲击，地区差距扩大的速度比2010—2015年明显加快。2019年，该区域13个城市之间人均GDP的相对差距一度扩大到近20年的最高值。2022年，相对差距扩大的趋势有所缓和，降至5.3，相当于2001年的相对差距水平（见图14.1）。京津冀区域内相对差距的缩小，与河北经济转型加快有关，但也与北京、天津经济增长减慢有一定的关系。因此，需要将京津冀区域的发展置于国家和国际整体的经济发展环境之中，辩证地认识和分析当前京津冀区域差距所表现出的相对变化趋势，从更深层次来探讨京津冀地区协同发展的问题。

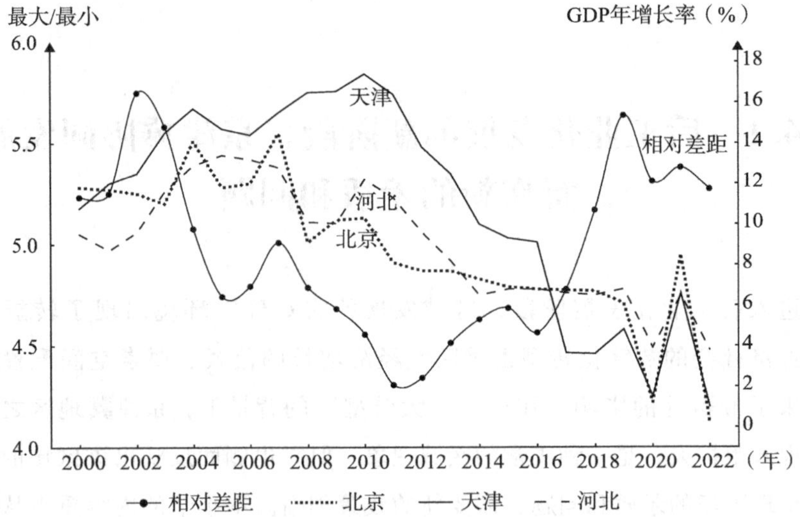

图 14.1　2000—2022 年京津冀区域内部的相对差距（左轴）

资料来源：根据 Wind 数据库、国家统计局网站相关数据计算。

扣除 2019 年和 2020 年疫情对经济增长影响较大的两年，2010—2018 年，京津冀三地的经济增长分别下降 3.6 个、13.8 个和 5.7 个百分点。随着经济增长的持续减缓，2021 年京津冀整个区域 GDP 占全国的比重相比 2015 年下降约 12%（见图 14.2）。区域内三大中心城市，除北京之外，其余两个中心城市——天津和石家庄，在全国 GDP 中的比重也有所下降。天津的占比由 2015 年的 2.3% 降至 2020 年的 1.4%。石家庄作为省会城市，GDP 占比降至 0.6%，低于同期沈阳、长春、郑州等省会城市的占比水平。2022 年仍延续了这一下降的趋势，京津冀区域地方生产总值（GDP）占全国的比重从近 20 年的最高值 10.5% 降至 8.3%。中心城市经济规模增长缓慢、比重下降，意味着其内在的外溢需求降低，对区域内其他非中心城市的规模辐射带动作用必然减弱。从这一层面上看，如果没有京津冀区域协同发展战略的实施，京津冀区域内部可能出现比当前更显著的差距扩大趋势。

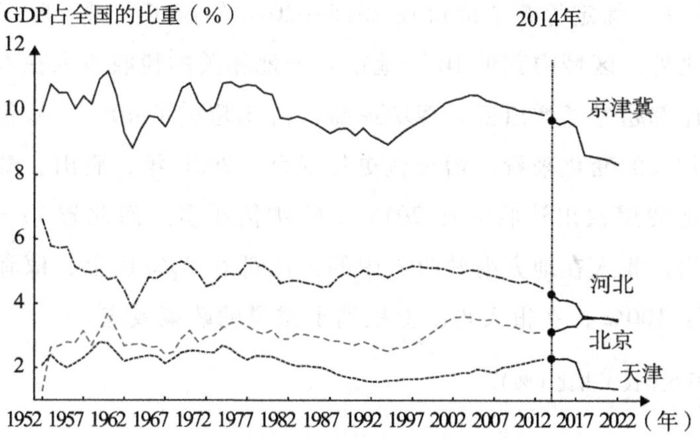

图 14.2　1952—2022 年京津冀 GDP 占全国的比重

资料来源：根据 Wind 数据库、国家统计局网站相关数据计算，全国数据为 31 个省份 GDP 之和。

14.1.2　京津冀区域财政收入的来源越来越依赖于“土地”要素，对其他要素跨区域协同配置的增值空间形成了“挤压效应”

由于经济增长压力不断加大，再加上产业数字化、服务化转型对传统税基的影响，京津冀地区财政收入的来源结构出现了重要变化。从传统三大主体税种来看，由于减税政策、传统制造业企业利润下降、服务业受疫情冲击等多重因素的影响，增值税收入增长明显下降，2020 年京津冀区域内多数地市为负增长，在地方财政收入中的占比也明显降低。降幅最大的是廊坊，由 2015 年的 42.9% 降至 2020 年的 16.0%。所得税（企业所得税和个人所得税之和）受基数较低效应的影响，虽然有一定幅度增长，但主要集中在北京、天津两地，在地方财政收入中的占比没有明显提高。2015—2020 年，北京所得税占比基本维持在 30% 左右；天津的占比由 2015 年的 12.8% 提高到 21.5%；而河北省 11 个地市均在 10% 以下；南部邢台、衡水两个地市已降至 5% 以下（见图 14.3）。所得税对地方财政收入的增长并没有形成明显的拉动效应。

传统税收收入增长空间不断缩小，导致地方财政对“土地要素”的依赖性变得更强。如图 14.3 所示，从各地区与土地相关的直接税收收入来看①，石家庄、保定等5个地市在2015—2020年翻了一番。除了北京、天津、承德之外，区域内其他10个地市与土地相关的税收收入在本地财政收入中的占比都超过了增值税，廊坊最高，占比超过了40%。从各地区国有土地出让收入的变化来看，增长就更加显著。2020年，唐山、秦皇岛两地的国有土地使用权出让收入比2015年的4倍还多。河北省11个地市中，国有土地出让收入在地方财政收入中的占比都在70%以上，邯郸、邢台两地已超过了100%，在很大程度上抵消了减税的政策效应。

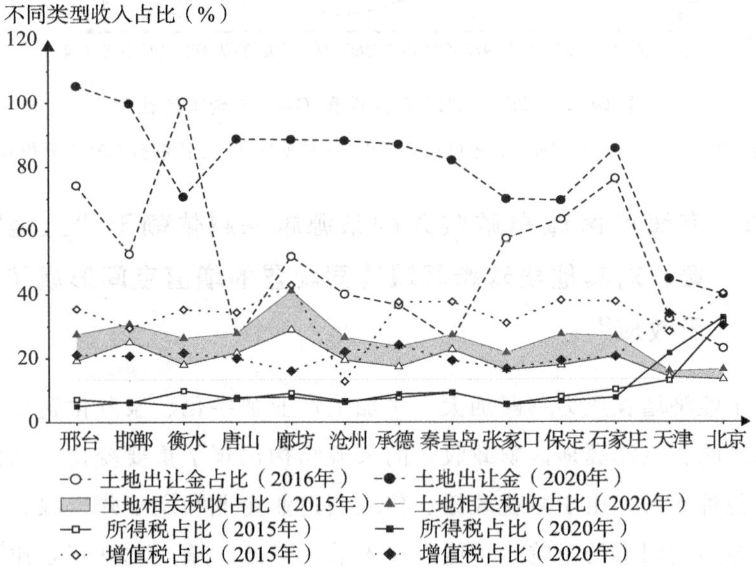

图14.3 2015年和2020年京津冀区域主要城市财税收入结构的变化

资料来源：根据Wind数据库、相关地市统计年鉴的数据计算。

注：土地出让金数据为各城市2016年和2020年数据，衡水为2017年和2020年数据。

实施区域发展战略，带动土地溢价升值，满足基础设施投资、经济转型过程中的资本需求，对于加快落后地区发展具有一定的积极意义，短期来看也是必要的。如果土地过度“溢价”，就会导致本地区经济活动的土地成本上升，这一成本又会转嫁到创新、住房、公共服务等经济社会的各个领域，要素跨区域配置可获得的增值收益空间被挤压，整个区域

① 主要包括房产税、印花税、城镇土地使用税、土地增值税、耕地占用税、契税等。

的协同发展无法形成内在的驱动力，区域之间的发展差距自然难以得到有效控制。

14.1.3　京津冀区域"去工业化"趋势明显增强，地区之间基于传统生产要素分工合作的基础减弱

在新一代技术进步和国家后工业化阶段经济结构转型的推动下，京津冀地区已显现出明显的"去工业化"趋势。2020 年，该区域工业增加值占全国的比重由 2012 年的 8.7% 降至 2020 年的 6.5%；制造业就业占全国同行业就业的比重也明显下降，由 2012 年的 8.8% 降到了 2020 年的 5.9%。①从该区域内各地市的发展来看，以 2015 年为节点，对 2010—2015 年和 2015—2019 年两个时间周期内地区产业结构的变化进行比较，可以发现如图 14.4 所示的趋势。

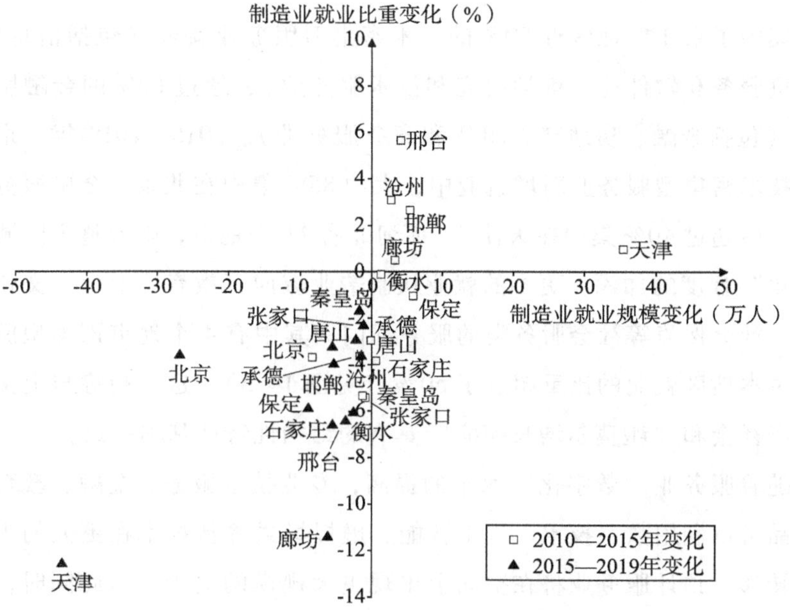

图 14.4　京津冀区域 13 个主要城市制造业就业的变化

资料来源：2011 年、2016 年和 2020 年《中国城市统计年鉴》。

① 数据来源：根据国家统计局网站数据计算。制造业就业数据为城镇单位就业数，下同。

2010—2015 年，京津冀区域 13 个主要城市中，5 个地市的制造业就业规模、在本地区就业中的比重同时出现下降，北京作为区域内去工业化最早的城市，制造业就业的降幅也最大；其他地区虽然制造业就业占比下降，但规模还保持着增长的趋势，只是相对减少，尚未出现明显的去工业化。2015 年之后，京津冀区域“去工业化”的速度明显加快，范围也已扩大到整个区域。至 2019 年，整个区域制造业就业总规模减少超过 1/3。所比较的 13 个主要城市的制造业就业全部是“双下降”（指规模和占比），北京、天津在此期间制造业就业规模分别减少 29.1% 和 39.2%。这一变化趋势与技术进步带来的制造业生产率提高有关，但也充分说明北京、天津两个中心城市的产业结构已经高度“服务化”，制造业向其他地区疏解转移的空间越来越小。

从京津冀区域各地市服务业的发展来看，无论是传统服务业还是知识密集型的服务业，在空间上都出现了比制造业更大规模的集聚。2019 年，北京集中了京津冀地区近 80% 的技术密集型服务业就业（包括信息传输、计算机服务和软件业、科学研究和技术服务业）、超过 60% 的金融服务业就业（包括金融、房地产、租赁和商务服务业）。2015—2019 年，京津冀地区技术密集型服务业新增就业中，大约 85% 集中在北京，金融服务业新增就业中超过 40% 集中在天津。① 而河北省 11 个地市，随着整个区域“去工业化”程度的加深，更多的就业从制造业流向了教育、卫生、文化公共管理、社会保障等社会服务类的服务部门，其中有 4 个地市该类型服务业就业占本地区就业的比重超过了 50%（见图 14.5）。这一趋势与上文有关后生产社会和“鲍莫尔增长疾病”具有的结构性特征基本一致。

随着服务业“数字化”水平的提高，专业技术服务、金融、教育等服务产品可以利用数字技术、人工智能、虚拟场景等新技术在更大的市场范围内转移，预计服务业将在空间上出现更大规模的集聚。与此同时，制造业“服务化”的趋势也在增强，随着云计算、企业上云普及的范围不断扩大，必然带来制造业价值链在地区之间分工的重构，高附加值环节在无政

---

① 数据来源：根据 2016 年和 2020 年《中国城市统计年鉴》相关数据计算。

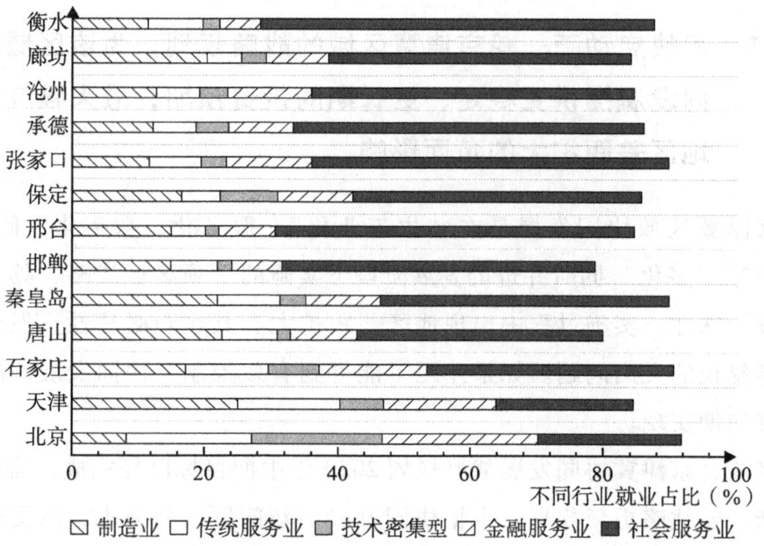

图 14.5　2019 年京津冀主要城市分行业就业的占比

资料来源：《中国城市统计年鉴》（2020）。

策干预的条件下也一定会向人才、创新要素等富裕的地区集聚，相对落后地区的发展可能进入新的发展困境，并可能出现低端锁定或者“无财富”“无利润”的增长，自动化、智能化水平提高之后，还可能出现“无就业”的增长。这将是京津冀地区在数字化新时代实现产业协同发展要面临的重要挑战之一。

14.2　调整政策着力点，以更大的改革力度推动京津冀协同发展

新一轮技术革命和经济社会的数字化转型从根本上改变了京津冀协同发展的基础条件和底层逻辑，当前出现的一些矛盾和问题表明，传统区域政策可发挥协同作用的空间趋于减弱。在新的发展阶段，对于京津冀这样一个具有世界规模、全球影响力的超大城市群，无论是需要协同的要素，还是推动协同的政策工具都需要加快创新。

14.2.1 尽快启动新一轮京津冀区域的战略规划，为该区域的协同发展提供更稳定、更长期的投资预期，最大程度降低地区差距扩大的负面影响

京津冀区域协同发展是在“去工业化”、服务化、数字化、低碳化、老龄化等“多化”同时并进的发展阶段下实施的一项区域战略，具有高度的阶段特殊性。实施过程中出现地区差距扩大有其客观必然性，但也是一个不能忽视的突出问题。如果差距不能得到有效控制，协同发展的战略目标很难如期实现。

目前，京津冀协同发展战略规划 2020 年中期目标已经完成，需要尽快启动新一轮战略更新规划。根据协同发展的新问题、新需求，从更长的规划周期明确该区域发展的远景目标，如纽约、伦敦、东京的大都市区战略规划中都已明确到 2040 年、2050 年的远景发展目标。这样更有利于给市场投资以更长期、更确定性的预期。前期在要素市场一体化、公共服务、投融资等领域实施的阶段性试点政策，要在综合评估的基础上尽快在整个区域推广实施，从制度层面稳定社会预期，避免部分地区因短期的发展困难而出现要素过度向外流出，尤其是较高技术或知识水平的人力资本，一旦形成规模性的流出就很难逆转，形成连锁反应，使经济增长的基本面受损，引发类似于东北地区的经济衰退。

14.2.2 加快从传统生产要素的协同向“技术、数据、碳”等新经济要素的协同转变，构建新的京津冀区域协同发展机制，为区域协同发展创造新的增值空间

随着经济结构服务化、数字化转型的深入，京津冀地区需要协同的要素已不再局限于传统生产要素，经济活动增加值在地区间的分配机制也已改变。前期实施的地区间税收分享、横向转移支付、土地溢价等协同政策工具，已很难发挥有效作用。这也是现阶段京津冀地区差距未得到有效控制的原因之一。建议国家层面要针对数字化时代京津冀地区协同发展的新诉求，尽快建立以技术、数据、碳等新要素为核心的协同发展新机制。

重点包括：加快探索利用大数据、人工智能、算法等数字技术在经济社会管理中的应用，建立技术赋能的区域发展决策机制。以北京建设全球数字经济标杆城市为依托，建立京津冀“数据”要素一体化治理机制，畅通数据要素跨区域的循环路径，建立数据驱动的协同增长新机制。以京津冀智慧城市群的建设为平台，积极探索利用数字货币，在技术↔数据↔碳等新要素之间建立共享、开发利用与要素交易的区域循环机制，创新地区间要素的供需关系，形成新型发展生态圈，创造出更大的协同发展新空间。

14.2.3　利用数字化、低碳化转型的新契机，加快推动新兴技术产业在空间上的前置性协同布局，为河北相对落后地区创造更多的发展机会

京津冀地区之间经过近几年的产业协同发展和北京的功能疏解，在传统产业领域可协同的空间越来越缩小。未来京津冀区域的产业协同要逐步改变以往“疏解”或“承接转移”的发展思路，以新兴技术产业、创新创意产业为重点，向相对落后的河北地区进行前置性的布局和投资。这对于在数字化时代缩小京津冀地区的发展差距极为关键。

首先，要对区域内的数字基础设施、绿色基础设施、公共文化设施等进行一体化布局，将绿色空间、数字空间纳入传统生产消费空间规划体系之中，搭建与京津冀新技术产业协同布局更匹配的底层框架。其次，要把握冬奥会的新发展契机，加快推动京张文化创意产业走廊的建设，释放冬奥会遗产的潜力；利用“碳达峰碳中和”的发展契机，加快推动低碳技术产业（如绿色建筑材料、新能源设备等）向京津冀地区的老工业城市布局，用新技术赋能其传统生产能力的优势，形成京津冀协同发展战略的新支点。最后，利用碳交易、区域性的绿色债券、京津冀创新创意产业基金等金融政策，低碳技术为核心导向的企业所得税、个人所得税减免政策，积极引导新技术领域的初创企业向经济衰退风险较大的地区布局，推动形成新要素驱动的经济增长新动力，防止地区差距进一步扩大。

第15章 老工业城市转型发展的新机遇：在数字经济新分工体系中寻找突破口

老工业城市的转型是世界各国区域发展中的一类典型问题。美国的铁锈地带、底特律、波士顿，以及德国的鲁尔地区、英国的曼彻斯特等地，都和我国东北地区一样，同属于工业转型问题区域。这些地区在转型过程中普遍出现了制造业部门的就业大幅下降、人口减少等现象。如英国东北部制造业部门的就业在1996—2022年期间减少了51%，[①] 美国铁锈地带钢铁、汽车和橡胶行业就业比重从1950年的75%降至2000的50%。[②] 以波士顿为例，1920—1980年，波士顿的人口从75万人减少到56万人，占美国总人口的比重从0.7%降至0.25%。除了人口减少之外，这些地区多数都经历了较长的转型周期。如德国鲁尔地区大约经历了25年才实现转型，美国波士顿从工业城市转变为高科技城市也用了20多年的时间。[③]

经合组织（OECD）在2019年的《工业化转型中的区域》报告中，从五个方面概括了工业化转型地区所具有的共同特征：（1）拥有较长期的传统（碳密集型）制造业的工业遗产；（2）劳动力职业技能相对传统，缺乏面向未来的技能；（3）在一些相对成熟行业中拥有较高水平的知识生成和扩散体系；（4）在一系列技术领域拥有较高质量的技术/知识基础设施

① ONS (2022), Workforce Jobs by Industry (SIC 2007). Seasonally Adjusted (dataset), Official UK Census and Labour Market Statistics, Office for National Statistics.

② Alder S, D Lagakos, L. Ohanian (2014). The decline of the U. S. Rust Belt: A macroeconomic analysis. CQER Working Paper, No. 14 - 05, Center for Quantitative Economic Research.

③ Edward L Glaeser. Reinventing Boston: 1630—2003. Journal of Economic Geography, Oxford University Press, Vol. 5 (2), pages 119 - 153, April 2005.

(如大学、科学园);(5)生产投资机会主要来自传统工业领域。[①] 我国东北地区和中西部一些传统老工业城市伴随着我国经济整体向工业化中后期阶段转型,在地区发展过程中也出现了同样的问题。本书以东北地区为重点,对老工业城市如何把握数字化时代发展的新机遇加快发展转型进行探讨。

2003 年,我国开始实施东北振兴战略(见专栏 15.1),在国家多项政策支持下,东北在工业化转型发展中遇到的一些结构性问题得到了阶段性缓解,但该区域板块人口规模下降,部分城市经济增长新动力不足的局面尚未根本改变。2020 年,东北三省的常住人口比 2010 年减少约 1100 万人,相当于 10% 的人口净流出;[②] 辽宁、黑龙江两地 GDP 增长降至 1% 以下,吉林相对高一些,也仅为 2.4%。[③] 当前,东北地区所遇到的转型问题不仅是传统制造业衰退带来的,还与新的技术进步、全球数字化转型所带来的产业变革密切相关,相当于新老问题、新旧矛盾交织在一起。正因如此,东北地区在数字化时代实现结构转型所需要的条件与传统工业化时期截然不同,一些传统政策工具的有效性明显降低亟须创新,需要以一种新的、更加系统化的发展思路,以东北地区发展生态系统的全方位转型为着力点,力求在全球数字经济的新分工体系中为东北地区新一轮的振兴发展谋划新的突破口。

专栏 15.1 东北振兴战略的背景和总体要求

◆ 2003 年 10 月,中共中央、国务院发布《关于实施东北地区等老工业基地振兴战略的若干意见》。

◆ 2014 年 8 月,国务院出台了《国务院关于近期支持东北振兴若干重大政策举措的意见》。

◆ 2016 年 4 月,中共中央、国务院发布《关于全面振兴东北地区等老工业基地的若干意见》。

---

① OECD (2019), Regions in Industrial Transition: Policies for People and Places, OECD Regional Development Studies, OECD Publishing, Paris, https://doi.org/10.1787/c76ec2a1-en.

② 数据来源:根据第七次和第六次全国人口普查数据计算。

③ 数据来源:Wind 数据库。

◆ 2023 年 10 月 27 日，中共中央政治局召开会议，审议《关于进一步推动新时代东北全面振兴取得新突破若干政策措施的意见》，明确要牢牢把握东北在维护国家“五大安全”中的重要使命，牢牢把握高质量发展这个首要任务和构建新发展格局这个战略任务，统筹发展和安全，坚持加大支持力度和激发内生动力相结合，强化东北的战略支撑作用。要以科技创新推动产业创新，改造提升传统制造业，积极培育战略性新兴产业和未来产业，增强发展新动能。要发展现代化大农业，提高粮食综合生产能力，加强粮食稳产保供。要加强生态保护，树立增绿就是增优势、护林就是护财富的理念，积极发展林下经济、冰雪经济，筑牢北方生态安全屏障。要加快发展风电、光电、核电等清洁能源，建设风光火核储一体化能源基地。要加强边境地区基础设施规划布局建设，积极发展特色产业，促进兴边富民、稳边固边。要大力发展基础教育，加大对东北高校办学支持力度，提高人口整体素质，以人口高质量发展支撑东北全面振兴。

资料来源：摘选自中国政府网公开的文件。

15.1 数字化转型背景下传统政策工具难以适应东北地区结构转型的新要求

自 20 世纪 90 年代东北经济增速下降以来，“东北问题”引发了广泛讨论。主流观点将其归因于国有企业和重化工业比重过高、人口老龄化、制度环境、营商环境等方面的因素，而采取的应对政策也主要是针对上述因素，最典型的就是重大项目投资、加大创新资源的投入、减免税收、财政补贴等。这些政策对东北地区经济增长新动力的形成有一定作用，但政策效果与预期目标之间还是存在着一定的差距，不能完全匹配适应数字化时代发展的新要求。

15.1.1　倾斜性投资政策对东北地区经济增长具有短期拉动效应，但并未充分转换为该地区可持续的增长新动力

针对东北地区倾斜性的基础设施投资和重大项目投资，一直是我国振兴东北经济的重要政策措施。如图 15.1 所示，2003—2013 年，辽宁、吉林和黑龙江三地固定资产投资中隶属于中央项目的投资额，占全国的比重均在 13%以上，2007 年和 2008 年都接近 20%。在此期间，三地固定资产投资完成额的年均增长率分别为 35.9%、37.8%和 33.6%，相比东北振兴战略实施之前的 10 年（1992—2002 年）分别高出 19.7、13.2 和 18.7 个百分点，既明显高于广东、江苏、浙江等东部地区同期的增长速度，也超过了部分经济发展水平更低的西部地区，如云南、四川等地。

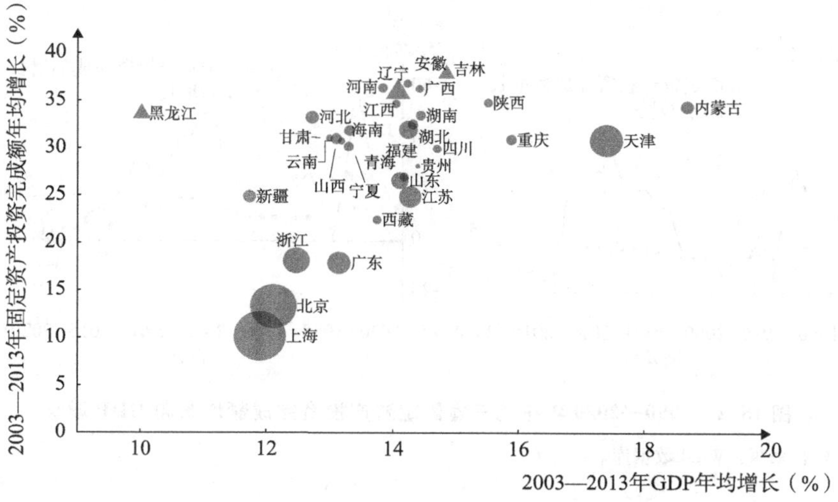

图 15.1　2003—2013 年各省 GDP 和固定资产投资完成额的年均增长率

注：圆圈大小代表各省 2003 年的人均 GDP，▲代表辽宁、吉林和黑龙江的数据。

资料来源：根据国家统计局网站相关数据计算。

这些倾斜性的资本投资对稳定东北地区的经济增长确实发挥了重要作用，也带来了短期的经济景气。东北三省在 2004—2013 年 GDP 年平均增长速度均超过了全国平均水平。但随着全国经济增长进入新常态，东北地区的经济再次减速，即使在 2014 年和 2016 年又实施了一轮振兴政策的情

况下，增长速度还是出现了比 20 世纪 90 年代更大幅度的下降（见图 15.2）。可见，政策性投资并未充分转换为该地区可持续的增长动力。经济增速的下降又影响到该地区资本的回报率和市场预期，政策性投资对社会资本投资的杠杆作用减弱，导致投资总体水平下降。2019 年，辽宁和吉林固定资产投资实际到位资金均为负增长，分别为 -2.7% 和 -13.1%。

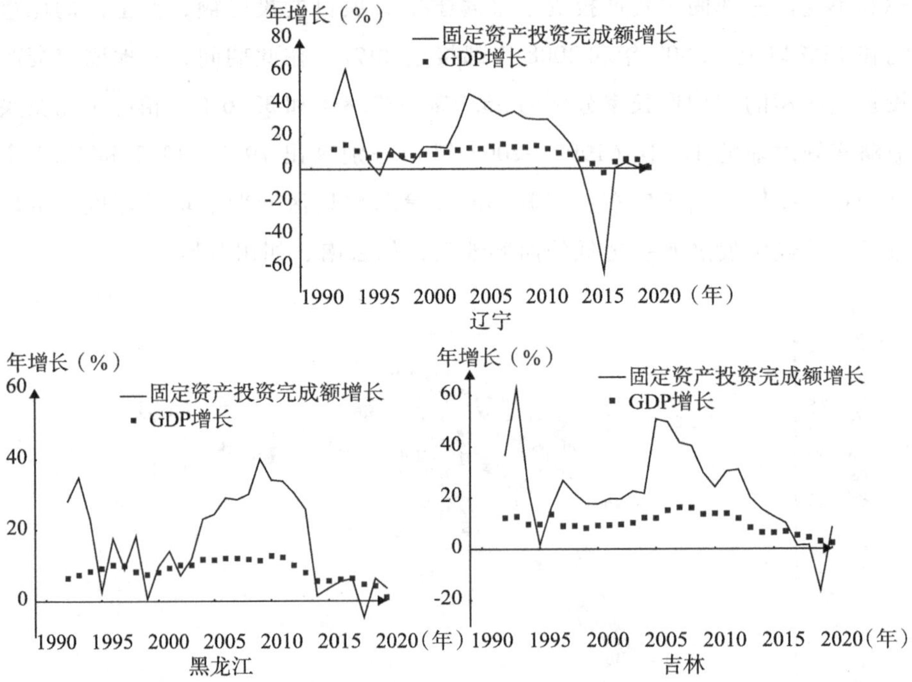

图 15.2　1990—2020 年东北三省固定资产投资完成额增长和 GDP 增长

资料来源：Wind 数据库。

15.1.2　加大创新资源投入提高了东北地区创新的基础能力，但创新对本地区经济增长的驱动作用与政策预期存在较大差距

为加快东北地区的经济向创新驱动发展的转型，尽快形成以创新为核心动力的增长路径，国家先后在该地区布局建设了空间环境地面模拟装置、综合极端条件实验装置、航空遥感系统等国家重大科技基础设施，18 个国家工程研究中心、14 个国家工程实验室、116 个国家地方联合工程研

究中心。[①] 研发经费中政府投入的资金规模显著增长，2019 年，辽宁为 134.6 亿元，与浙江的规模相当（136.3 亿元）；吉林为 85.7 亿元，超过了福建的规模（83.8 亿元）。从基础创新指标上看，东北地区的创新能力的确得到了提升。如：辽宁、吉林和黑龙江三地万人拥有的有效发明专利的数量，分别由 2009 年的 1.4 件、0.8 件和 0.7 件提高到 2019 年的 9.7 件、5.5 件和 6.5 件；三地技术市场的交易额（技术输出与技术吸纳成交金额之和）占本地区生产总值（GDP）的比重也分别由 2007 年 2.5%、0.3% 和 1.1% 提高到 2019 年的 5.3%、3.8% 和 3.0%。[②] 但从创新对东北地区经济增长的拉动作用来看，政策效果并不理想，创新能力的提升并没有充分转换为本地区有效的生产力。辽宁作为东北地区创新投入规模最大、创新能力相对较强的省份，在 2015 年之后，因经济不景气，由技术净流入转变为技术净输出地区。2019 年，该地区技术输出交易额是其技术吸纳交易额的 1.6 倍（见图 15.3）。相对于其他地区，东北地区的技术承接能力也在降低。2019 年，黑龙江技术流入的交易额占全国的比重仅为 0.6%，比 2016 年减少 33.8%。表明东北地区产业升级依然缓慢，创新资源的投入并没有充分转换为本地区有效的技术需求和经济增长。

从东北地区高新技术企业的发展来看，创新对整个区域经济发展的带动作用仍处在较低水平。2019 年，辽宁、吉林和黑龙江高新技术企业盈利水平（净利润与总收入之比）分别由 2010 年的 9.5%、9.5% 和 7.4% 降至 4.1%、7.8% 和 4.3%。同期，高新技术企业对本省 GDP 的贡献（企业净利润占 GDP 的比重）均在 2% 以下，低于江西、湖南、湖北等中部地区；高新技术企业对本省财政收入的贡献（企业上缴税费占地方财政收入的比重）与东部、中部地区的差距就更加显著，辽宁在东北三个省份中最高，为 12.8%，大约相当于江苏省 30% 和广东省 50% 的水平，低于同期西部省份陕西的水平（见图 15.4）。

---

① 资料来源：国家发展改革委，“十四五”规划编制和发展改革工作系列丛书——《实施区域发展战略》，北京：中国计划出版社，2020。

② 资料来源：专利数据来自《中国科技统计年鉴》（2010 年和 2020 年），技术市场的数据来自《中国火炬统计年鉴》（2008 年和 2020 年）。

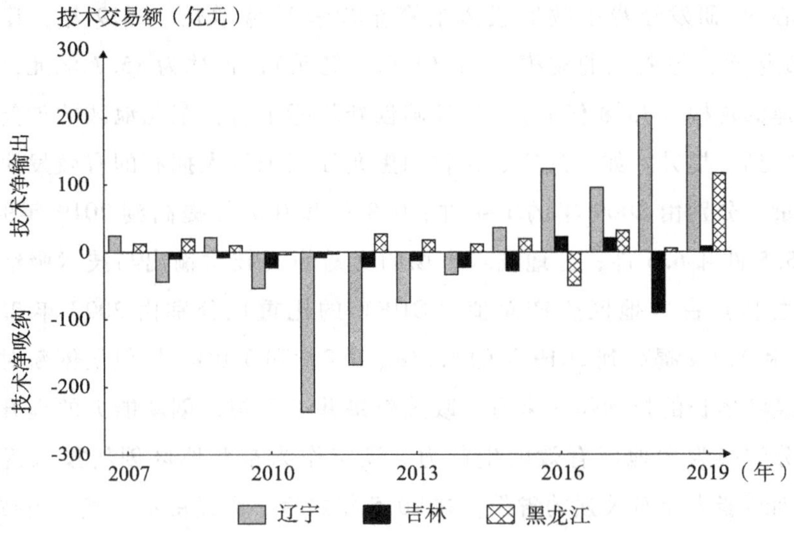

图 15.3　2007—2019 年东北三省技术市场交易额（输出—吸纳）

资料来源：《中国火炬统计年鉴》（2008—2020 年）。

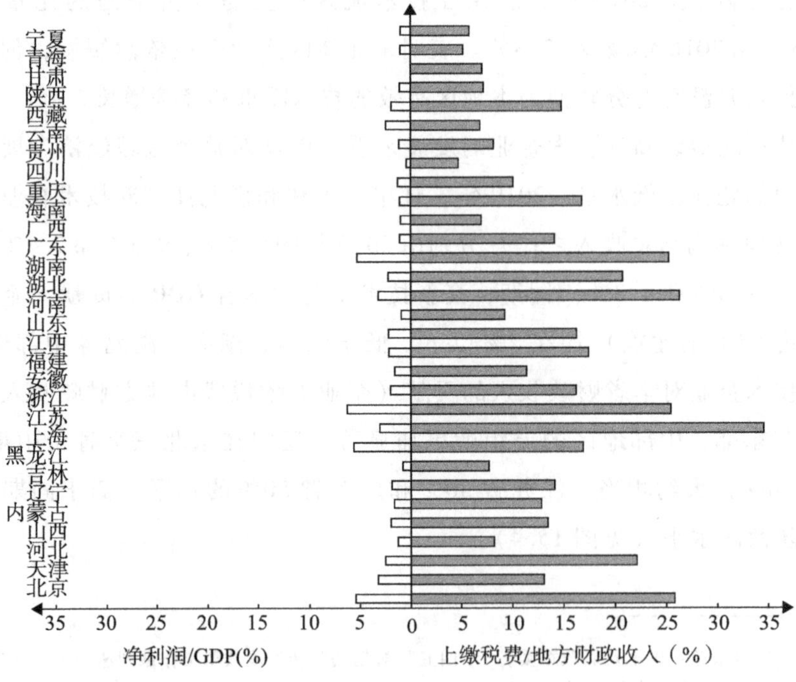

图 15.4　2019 年各省高新技术企业对本地区经济和财政贡献的比较

资料来源：《中国火炬统计年鉴》（2020 年），Wind 数据库。

综上所述，以往针对东北地区的倾斜性固定资产投资、创新资源的投入和重大项目的布局并没有按照政策预期充分转换为有效、可持续的增长动力，还有改进的空间。造成这一现象的主要原因是工业化向数字化转变过程中，政策作用的环境和内在逻辑出现了根本性变化。新一代数字化技术的进步和现代基础设施的发展，产品、技术、资本等要素跨区域流动成本显著降低。东部经济发展水平较高的地区领先数字化转型，产业规模集聚的成本在智能制造、人工智能、大数据等技术进步的推动下不断降低，产业组织模式加速向“平台化”演变，在地理空间和数字化空间内形成了强大的网络集聚效应，导致地区之间的产业链分工和价值链分工更加扁平化。东北地区，虽然在政策推动下某些要素领域形成了一定政策优势，但这种优势往往是短期的，相对于数字化水平领先的发达地区所具有的网络集聚优势，几乎算不上区域“比较优势”。此外，东北地区原有的优质要素，如技术、资本、服务化的产品等，在数字化技术的支撑下，可以无任何壁垒地转移到其他经济活动更活跃的地区。这正是一些传统政策工具难以有效推动东北地区结构转型的根本原因所在。

15.2　创新政策工具，加快推进老工业城市发展生态系统的全面转型

在全球数字化转型的大背景下，需要重新认识东北问题形成的内在原因和逻辑。顺应数字化时代产业变革和产业空间布局的演变趋势，以新的政策思路和新的政策着力点，推动东北地区的经济发展全面深入地融入国家数字经济的分工体系，加快形成新兴技术为基础的增长路径。这是实现东北振兴的关键之举。

15.2.1　东北振兴的政策思路要由传统工业化向数字化转变，在数字化转型中寻找新一轮东北振兴政策制定的“基点”

每一次技术变革都会带动地区经济发展的转型逻辑，每一次转型内在

机制的不同也会引发不同的转型问题。目前东北地区所出现的问题，诸如投资率下降、国企比重高、人口外流、营商环境等，更大程度上是东北地区转型滞后所造成的“结果”，并非是制约其转型的“原因”。如果以这些“结果”作为政策的出发点，非但不能解决其转型的问题，还会进一步将该地区的发展锁定在已经成熟的产业或者技术领域。东北之所以出现这样的“问题”，根本上是由于其产业升级没有跟上新一代技术的进步。因此，新一轮东北振兴必须要跳出传统工业化思维，在数字化转型中寻求振兴政策的新“起点”。需要强调的是，东北地区的振兴是一个区域发展现代化的过程，其目标不是要“追赶”某个发展水平更高的地区，相对于其他地区的发展也不是简单的竞争关系。东北振兴的政策需要考虑该地区的发展诉求，更要从国家数字化转型的大趋势和空间布局的整体优化进行一体化设计，这样才有利于东北地区突破传统增长路径的制约，建立与数字经济相匹配的发展生态。

15.2.2 加快改进东北地区的创新生态系统，将新兴前沿技术集群的培育作为新一轮东北振兴政策的先行举措

从过去两轮东北振兴政策的实施经验来看，未来东北地区的经济发展不必拘泥于传统要素或者资源条件，尤其是要克服传统工业化时期“比较优势”观念的限制。要面向新一轮技术革命，对标人工智能、机器学习、智能制造、生物技术等新兴前沿技术发展所需要的条件，采取更有针对性的政策加快新技术向东北地区的扩散，尽快形成以新一代技术为基础的发展路径。具体包括：以新兴前沿技术集群为核心建立一体化的区域创新政策体系，改变传统支持创新的政策路径，着力改进区域创新生态系统，而不是单一政策补贴某类创新活动，要为各类创新在东北地区的转换和扩散创造更广阔的空间。基于东北振兴的总体战略规划，加快布局一些具有明确技术导向的技术集群培育项目，如以智能网联技术为核心的新一代汽车产业集群，以智能制造、物联网等技术为核心的高端装备制造业集群等，并设立长期的创新发展基金加以扶持。以技术集群为平台带动东北地区的

发展嵌入全球数字经济的技术分工和产业分工体系，推动该地区的发展尽快升级到更前沿的技术产业领域。

15.2.3　把握数字化时代区域分工演变的一般态势，建立多层次跨区域协调机制，加快东北地区基于新生产要素形成新的网络化分工格局

由于数字化技术所具有的“网络”特性，要素空间布局呈现出大城市的规模集聚与中小城市功能分工细化的叠加趋势，地区之间的发展将出现更显著分化。而东北地区既包括粮食主产区、生态屏障区、边境地区，也包括一些对我国经济安全具有重要影响的能源富集区、重大技术装备和优质创新资源集聚区。在新一轮东北振兴过程中，需要建立更完备的协调机制，在进一步增强中心城市网络集聚优势，改进地区间功能分工效率的同时，也要促进不同类型区域的共同富裕。可借鉴京津冀、长三角等地区一体化发展的经验，推动哈尔滨、沈阳、长春、大连等大城市与周边二三线城市制订统一的空间发展规划，建立跨行政区的税收分成和一体化投资机制，利用数字技术建立公共服务资源的共享机制等。对接国家生态安全、能源安全、粮食安全、供应链安全等战略需求，加强不同要素在整个东北地区的统筹配置。除了传统经济要素之外，还需要将生态产品、生态服务、绿色能源、数据、碳等新型要素纳入区域发展的一体化布局之中，避免各地区围绕新要素和新兴产业的过度竞争，引导地区之间从传统产业的垂直分工转向基于国家总体安全和数字经济的水平功能分工。

15.2.4　加强各类振兴政策的协同和制度创新，为东北地区实现创新驱动的转型构建更适宜的发展生态

东北地区的振兴实际上是区域现代化发展的过程，既涉及不同类型区域的发展，也涉及不同行业和部门政策的调整。加强政策层面的协同，为东北振兴战略构建更高质量的发展生态，是东北振兴战略成功的关键因

素。产业生态系统是由两个或多个共享资产和创造价值的商业实体之间形成的有机合作网络。该网络的功能要超越单一功能的生产生态或者创新生态系统（指在新产品开发和创新方面进行合作的组织，如研发机构、生产商、金融投资机构、市场渠道等），需要立足于全球新一代以数字技术为底层的制造网络，面向工业 5.0（工业 4.0 的升级版，详见专栏 15.2）来构建跨行业、多元化的发展生态系统、平台生态系统和当地企业生态系统。①

专栏 15.2　工业 5.0 的内涵和功能特征

“工业 5.0”概念超越了对现有资源开采、生产和消费所驱动的传统经济增长模式或狭窄的技术范围，而是转向基于减少或者转向可持续、循环和可再生的新消费形式来创造价值，实现更加公平的繁荣。

工业 5.0 更强调人类的进步和福祉，实际上并不代表技术上的变革，而是将工业 4.0 的方法置于更广泛的发展背景下，为工业生产的技术转型提供了再生、可持续的方向，以实现人类—地球可持续的繁荣，而不仅仅是为了股东的利益进行价值提取。其具有以下 6 个方面的功能：

（1）工业 5.0 为产业发展提供了一个兼顾竞争力和可持续性的发展框架，是工业转型的潜在支柱。

（2）工业 5.0 强调可持续性和韧性的技术替代治理模式。

（3）工业 5.0 通过数字技术装备赋能劳动力，倡导以人为中心的人机交互技术。

（4）工业 5.0 为产业转型提供了环境友好型的技术路径。

（5）工业 5.0 扩大了企业在整个价值生态系统中的责任。

（6）工业 5.0 引入指标监测工业生态系统在福祉、韧性、可持续性等方面的进展。

资料来源：ESIR Policy Brief No. 3，Industry 5. 0：A Transformative Vision for Europe Governing Systemic Transformations towards a Sustainable Industry，10 January 2022.

① Komninos N. Transformation of Industry Ecosystems in Cities and Regions：A Generic Pathway for Smart and Green Transition. Sustainability 2022，14，9694. https：//doi. org/10. 3390/ su14159694.

重点包括加强创新、空间规划、基础设施、人才、财税、产业投资等政策的协同，将创新投入作为东北振兴的战略投资项目，以任务导向型的创新来带动东北地区产业的多元化和高端化。聚焦未来数字化产业发展的新需求，加大数字基础设施投资力度，并与产业项目、公共服务资源进行空间一体化布局，改进东北地区内外的数字化连通性，为形成集群网络化的区域发展新模式奠定基础。完善相关政府采购制度，针对原产地为东北地区的关键装备、新能源、新材料等技术密集型产品，在不降低技术、环保、质量等标准的前提下，加大政府采购力度，并允许一定比例的溢价，在国家层面扩大该地区高新技术产品的有效市场需求。新一轮东北振兴政策要更加注重该地区绿色能源、气候生态等方面在数字化时代的新优势，加大对东北地区生态产品/服务、数据和碳等新生产要素跨区域交易的支持力度，尽快提升该地区集聚配置新生产要素的能力，为该地区发展以数字技术为基础的新产业、新业态创造有利条件。

第16章　黄河流域高质量发展：流域经济的绿色发展

河流是人类文明不可或缺的条件之一。就河流的长度而言，在世界排名前十的河流中，与古代世界最发达的几种文明联系在一起的只有尼罗河、长江和黄河。黄河和长江是地球上距离最近的两条大河，在两个流域产生的文明萌芽相互呼应，汇聚到当时自然条件更优越的黄河流域，形成早期的中华文明。[①] 黄河是一条与中华文明、中华民族息息相关的大河，但黄河也并非“安河”，自古就有“大禹治水”。据历史文献记载，在1949年以前的3000年间，黄河下游决口泛滥至少有1500余次，较大的改道有二三十次。[②] 为此，黄河流域的治理与开发利用一直是我国治国理政中一项重要的工程。2021年，我国基于新时期流域发展的内外环境条件和国家高质量发展的新要求，制定并实施了《黄河流域生态保护和高质量发展战略》，开启了黄河流域治理发展的新篇章（见专栏16.1）。本书将从黄河流域经济发展和水资源统筹配置（详见第17章）两个维度展开讨论。

专栏16.1　黄河流域生态保护和高质量发展的战略要求

黄河流域是我国重要的生态屏障和重要的经济带，保护黄河是事关中华民族伟大复兴和永续发展的千年大计。要更加注重保护和治理的系统性、整体性、协同性，加快构建抵御自然灾害风险，走好水安

① 葛剑雄，黄河与中华文明［M］. 北京：中华书局，2020.

② 同上。

全有效保障、水资源高效利用、水生态明显改善的集约发展之路。大力推动生态环境保护治理，加快构建国土空间保护利用新格局，保护传承弘扬黄河文化，让黄河成为造福人民的幸福河，推动黄河流域生态保护和高质量发展迈出新的更大步伐。

资料来源：习近平经济思想学习纲要［M］. 北京：人民出版社，2022.

16.1 黄河流域城镇化水平与发展阶段的总体判断

黄河流域流经的9个省（自治区），城镇化水平总体上低于全国平均水平。2019年，整个黄河流域的乡村人口总规模约为1.8亿人，占全国乡村人口的比重近1/3。[①] 随着地区经济发展水平进一步提高，以及农业生产率的改进，预计在未来5—10年，该流域人口向城镇集聚的趋势仍将保持，城镇化也将处在加速发展的阶段。黄河流域的生态环境条件与其他地区相比不仅没有明显优势，还面临着更加严重的水资源短缺、荒漠化、水土流失、地质坍塌、农业面源污染等一些特殊的区域性生态环境问题。在此背景下，如何创新流域城镇化的路径与模式，构建更加绿色的城镇空间体系，是推动黄河流域生态保护和高质量发展迫切需要解决的重要问题。

自2005年以来，黄河流经的9个省区中，内蒙古和山东城镇化率水平（城镇人口所占比重）一直高于全国平均水平；甘肃城镇化率最低，为48.5%（2019年），略低于中低收入国家的平均水平（50.8%）；其次是河南和四川，分别为53.2%和53.8%，与中等收入国家水平相当（52.8%）；位于黄河中游的宁夏、陕西、山西城镇化率约为60%，与全国平均水平的差距已明显缩小，但尚未达到中高等收入国家的水平

① 根据《中国统计年鉴》（2020）计算。

（66.3%）（见图 16.1）。[①]

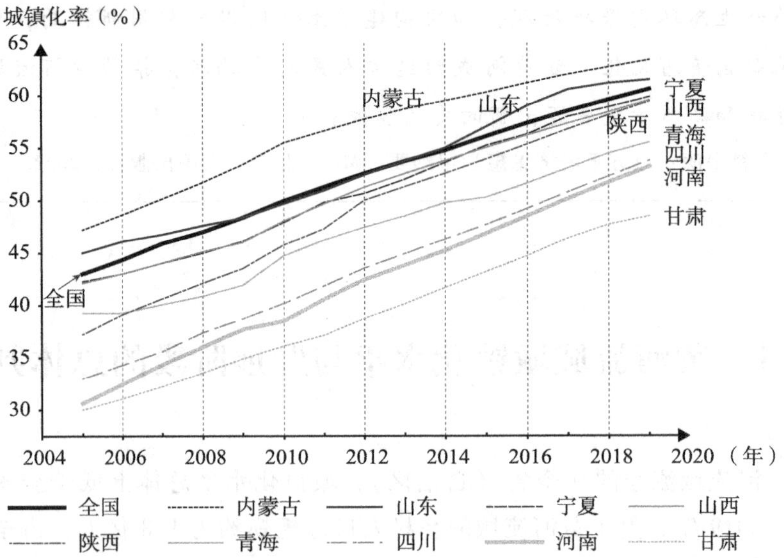

图 16.1　2004—2019 年黄河流域城镇化水平的变化趋势

资料来源：《中国统计年鉴》（2020）。

对全球不同国家人均 GDP 和城镇人口的比重进行非线性拟合。如图 16.2所示，在发展水平达到人均 GDP 大约 1 万美元、城市化水平达到 70%之前，多数国家的城市化都处在快速增长的阶段。按照城镇常住人口计算，2022 年，我国城镇化率约为 65.2%。基于国际一般经验可以初步判断，我国整体城镇化的速度将逐步趋缓。沿黄 9 省区的城镇化率基本处在 60%左右，与国家整体城镇化水平还有一定的差距。从这些地区经济发展水平来看，2022 年，沿黄流域只有内蒙古和山东两地的人均 GDP 水平超过了全国平均水平，甘肃省的人均 GDP 尚处在全国最低水平。在一定时期内，黄河流域的城镇化、工业化都还有较大的发展空间，随着该区域发展条件不断改善和国家各项政策的支持，城镇化总体上还将保持较快的增长速度。

---

① 国家统计局和世界银行。

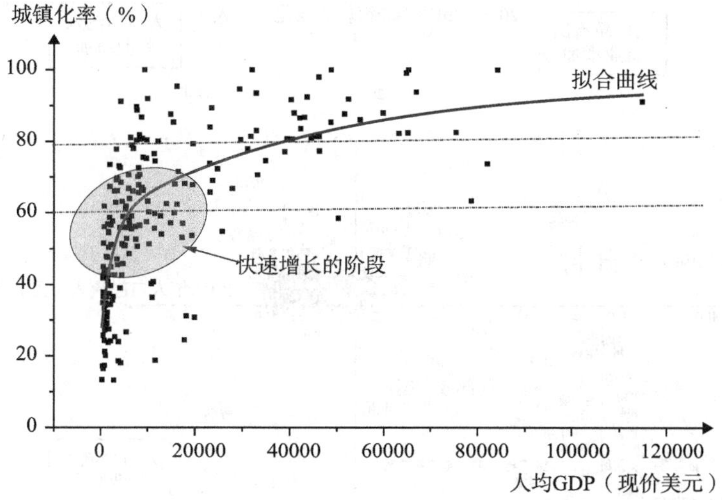

图 16.2　不同发展水平国家/地区城镇化水平的比较

资料来源：世界银行数据库。

16.2　黄河流域城镇化的基本特征与突出问题

本章以黄河流域沿线 8 个省区 60 个主要城市为重点（注：不包括四川省内城市），从人口分布、城市规模、土地利用等方面对黄河流域城镇化的主要特征、区域性的突出问题进行分析。

16.2.1　黄河流域"异地城镇化"的特征显著，中游地区集中出现了人口与就业"双收缩"的城市

如图 16.3 所示，在所比较的黄河流域沿线 60 个城市中，35 个地市常住人口的规模低于户籍人口规模，过半数属于人口净流出地区。甘肃、陕西、河南等省份人口流出的规模和范围更大，几乎除了兰州、西安、郑州等省会城市之外，省内其他沿线城市均为人口净流出。2018 年，黄河沿线地市层面人口净流出的总规模比 2010 年增加了大约 22.2%。由此可见，这些地区的城镇化在某种意义上属于"异地城镇化"，这也是河南、甘肃、四川等黄河沿线地区城镇化率相对较低的原因之一。

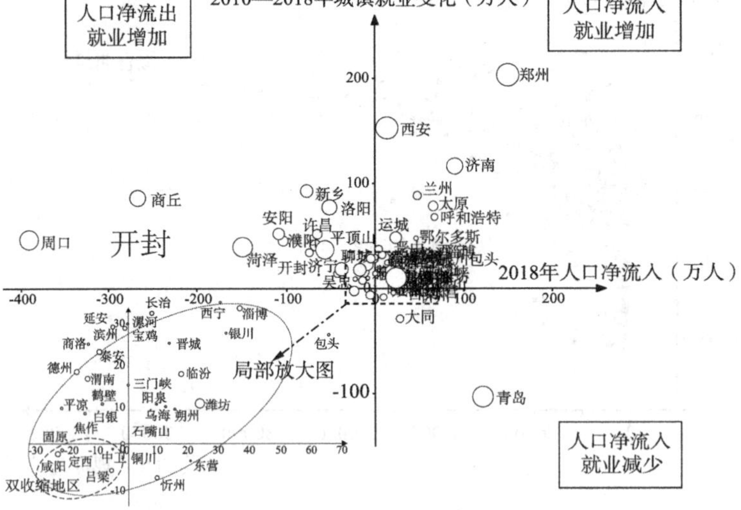

图 16.3 黄河沿线主要城市人口和就业的变化趋势

资料来源：根据 2011 年和 2019 年《中国城市统计年鉴》相关数据计算。

伴随着人口流动和产业结构的深度调整，再加上发展水平更高地区对黄河流域发展水平相对较低地区所产生的“虹吸效应”，这种“异地”城镇化的趋势可能还会进一步加剧，由此便会导致黄河流域城市人口“收缩”的现象愈加显著。2018 年，上述 60 个沿线主要城市中，有 7 个地市（如吴忠、铜川、开封、济宁等）的常住人口规模与 2010 年相比出现了绝对量的下降，即人口“收缩”。部分地区由于结构调整和发展水平的制约，在人口净流出的情况下还同时出现了城镇就业规模的下降，即“双收缩”的现象，集中分布在黄河中游地区的一些传统资源型城市，如山西的吕梁、甘肃的定西、宁夏的中卫等。一些中小城市，如宁夏的固原、陕西的铜川、甘肃的白银、平凉等地市就业增长幅度也非常小，临近于“双收缩”（见图 16.3 中的局部放大图）。对于这些城市，人均 GDP 水平在短期内未出现下降，甚至还因人口的减少而出现“增长”，但这只是统计意义上的，并非真正意义上的“增长”。从发达国家的一些“收缩城市”来看（最典型的是底特律），人口和就业规模同时“收缩”的城市相对于仅是人口规模减小的城市而言，人口结构和地方财政状况恶化的趋势会更加严重，极有可能在区域上形成一种新型的“萧条”地区。

16.2.2 黄河流域已初步形成多中心、多层级的城市空间格局，但城镇化对人口的空间集聚效应还需增强

从整个黄河流域的城镇空间布局来看，已初步形成以Ⅱ型大城市（市区常住人口在100万—300万人）为主体的规模体系。如图16.4所示，2018年，黄河流域该类城市数量为28个，其中市区常住人口为100万—200万人的城市为23个。整个流域中小城市的数量有所减少，同期由2010年的34个降至28个；3个市区人口超过500万人的特大城市，分别为西安、郑州和青岛，在黄河中游和下游地区形成了具有较高首位度的区域性中心。[①] 由于地理条件和生态环境的不同，黄河上中下游的城市空间格局存在显著差异。上中游地区城市的首位度相对较高，总体呈现为单中心的空间结构。如西安常住人口占陕西的比重超过1/5，是陕西省内第二大城市咸阳市常住人口的1.7倍。中下游地区城市的规模体系相对均衡，但城市规模整体偏小，属于低水平的分散性均衡，流域内具有较强辐射影响力的中心城市数量还比较少。从长期来看，这种空间结构不利于更加高效集约的利用流域资源，减少经济活动和城镇化对资源环境的压力。由于城镇空间布局的不合理，黄河流域生态环境与地区经济增长之间的矛盾短期内也很难得到缓解。这是当前黄河流域生态环境治理和高质量发展所面临的结构性约束之一。

随着经济发展水平的提高，黄河流域的人口向大城市集聚的趋势有所增强，但人口密度并未同步提高。2018年，在黄河沿线37个市区常住人口超过100万人的大城市中，近半数城市的人口密度（单位市区面积集聚的常住人口）降低。西宁、西安、兰州、济南等省会城市在人口规模扩大的同时，市区人口密度也都出现了不同程度的下降。表明这些地区城镇化率的提高更大程度上是来自居民户籍身份的就地变更，并没有通过“城镇化”形成更高效率的人口和经济的空间集聚。这种城镇化对改善居民福利、释放经济增长潜能的作用非常有限。

---

① 资料来源：根据2011年和2019年《中国城市建设统计年鉴》计算，市区人口未包括市区暂住人口。

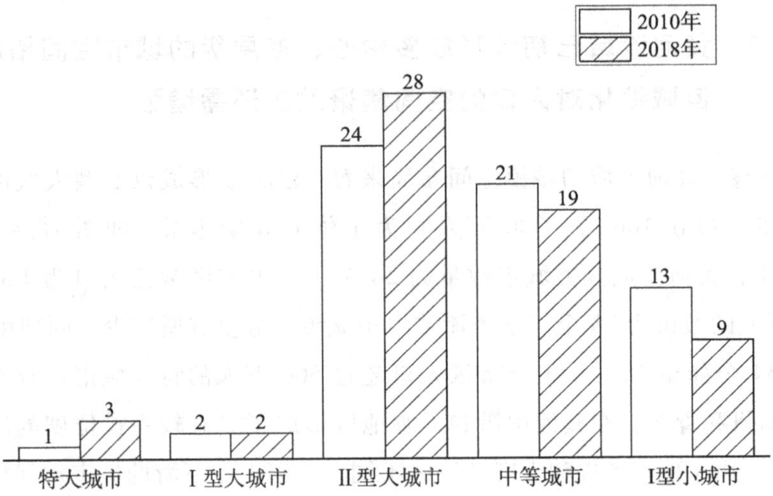

图 16.4　2010 年和 2018 年黄河沿线不同规模城市的数量

资料来源：根据 2011 年和 2019 年《中国城市统计年鉴》相关数据计算。

16.2.3　黄河流域土地城镇化与人口城镇化的进程不够协调，“小城区、大城市”的分散化特征突出

黄河流域沿线主要城市存在一个普遍特征，就是多数地市的城区规模较小，在城镇化水平快速提高的过程中也未显著扩大，即所谓的“小城区、大城市”。2018 年，黄河流域 60 个主要城市的城镇化率平均水平为 58%，但城区人口所占比重的平均水平仅为 25.1%，与 2010 年相比只提高了 2.3 个百分点。如果扣除人口自然增长的因素，城区人口规模在城镇化进程中基本没有变化。这一特征对于山东、河南等黄河下游地区的城市就更加突出，其平均水平相对更低，约为 21.5%。即使对于城镇化率较高的省会城市，如：2018 年兰州城镇化率为 81%，城区人口比重为 51.4%；郑州城镇化率为 73.4%，城区人口比重为 36.8%，两者均存在显著差距。这主要与我国地市的行政区划有关，即地市一般会下辖多个县或县级市（如河南周口市下辖 7 个县、1 个县级市），在体制上推动形成了以县乡镇为主体的分散化的城镇化模式。

从黄河流域主要城市的建成区来看，多数地区建成区扩张的速度要高

于市区人口增长的速度。本书比较了60个黄河沿线主要城市，建成区面积在2010—2018年平均扩大了52.1%，同期市区人口规模平均增长29.8%。人口的城镇化与土地的城镇化在空间上存在显著偏离，形成了以土地驱动的蔓延式城镇化。短期内虽然可以拉动经济增长，但由于未形成要素的规模集聚，公共服务、基础设施等供给成本也因集聚规模效应不足而提高，城市整体功能难以改进。建设用地的过度扩张对流域的生态环境也形成了更大压力。此外，黄河沿线地区多是经济欠发达地区，土地驱动的城镇化会导致其财政过度依赖“土地”，可持续性降低。

16.3　高质量城镇化是黄河流域实现高质量发展的关键路径

黄河流域是涵盖森林、荒漠、草地、湿地等多种形式的综合性生态系统，承担着国家生态安全屏障的战略功能，同时又是我国能源和粮食生产的核心区，对于维护国家的能源安全和粮食安全具有同样的战略地位。因此，该流域的城镇化需要以生态、能源、粮食安全为底线，以全流域“大协同”来推动城镇空间体系的优化，切实转向以“人”为中心的绿色城镇化。

16.3.1　遵循人口流动和区域经济发展的基本规律，理性认识城镇化过程中“城市收缩”的现象

在新一代产业变革和现代基础设施的推动下，人口向大城市或城市群集聚的趋势将在相当长时期内保持，经济活动在空间上也将出现更大规模的网络集聚。在城镇化过程中，部分区域出现城市“收缩”的现象有其客观必然性，政策层面也很难完全避免。重要的是减少因城市“收缩”而产生的负面影响。要在科学评估的基础上，采取更加差异化的城市规划政策，不能所有类型城市均以“人口增长”为基准。对于生态脆弱地区或者资源枯竭、生态环境恶化相对严重的城市应更加积极地认识“收缩”。人口规模的减少为生态恢复性治理创造出更大的空间。对“收缩城市”，

尤其是“双收缩”的城市，政策层面不能简单地进行规模干预，政策重心要置于此类地区居民的社会保障、生态环境的治理方面，提升其产业转型的能力。

16.3.2 加强黄河全流域城镇化的“大协同”，“宜大则大、宜小则小”，建立与生态环境相适宜的城镇空间体系

黄河流域的生态环境条件非常复杂，不同流域面临的生态问题也不完全相同，如上游流经西北黄土高原，是我国水土流失最严重的区域之一。2019年，内蒙古水土流失面积58.4万平方千米，占其土地面积的比重为48.8%，大约1/4属于强烈及以上的流失。甘肃风力侵蚀的土地面积占其总面积的比重超过1/4，45.8%属于强烈及以上的侵蚀程度。[①] 黄河下游是存在重大安全隐患的地上“悬河”区域，同时又是重金属、有机污染物沉积的集中区，农业面源污染的环境问题也非常突出。至今，黄河全流域还有约137.7万因旱饮水困难的农村人口，占全国的比重约为45%。[②] 因此，必需加强黄河全流域的“大协同”。上游地区人口基数相对较少，城镇化应以省会城市为中心，适度发展Ⅱ型大城市，提高人口、经济的空间集中度；中下游地区则要着力构建以大中城市为主体的城市群或城市绵延带，考虑到生态环境的约束，不宜发展人口规模过大的特大城市；下游地区要进一步扩大城市规模，培育更多具有更强辐射影响力的中心城市，构建多中心、网络化的空间格局。

16.3.3 建立全流域一体化协调发展机制，引导区域内人口、资源、资本、生态等各类要素更合理地配置

由于财税体制、土地规划、考核机制等方面的限制，整个流域内要素的流动仍存在诸多限制，是当前制约黄河流域高质量城镇化的根本原因。

---

① 资料来源：《中国水土保持公报》（2019）。

② 资料来源：《中国水旱灾害报告》（2018）。

这就需要从全流域的视角构建一体化协调机制加以引导实现。以水权、碳排放权、森林/草原碳汇等为核心建立全流域生态产品价值实现的一体化机制，推动人口、产业等空间布局的优化。以流域内的城市群或城市绵延带为重点，建立财政能力均等化机制和公共服务成本分担的一体化机制，推动流域之间不同地区功能分工的深化，充分释放“城镇化”对资源要素的空间集聚效应。建立城乡一体化发展机制，拓展和延伸城市功能，改变整个流域点状分散化的城镇化模式，加快实现以“土地”为中心的“城镇化”向以“人”为中心的“城市化”转型。

16.3.4 完善相关配套政策，在更高层面统筹推动黄河流域的城镇化

由于生态、气候等方面的约束，黄河流域部分地区并不适合大规模、就地城镇化，再加上黄河流域农村人口规模基数较大，整体发展水平较低，承担城镇化成本的能力有限。因此，推动“异地城镇化”是实现该流域更高质量城镇化的有效路径之一。这就需要在国家层面完善住房、教育、医疗、社保等领域的相关政策，降低人口跨区域流动的成本，尤其是要采取更有效的政策激励发达地区对黄河流域欠发达地区非就业人口的吸纳。适时调整黄河中下游地区的行政区划，增强中心城市对人口、经济的集聚功能，提高公共服务、基础设施的规模效应，降低城镇化成本。通过财政补贴、绿色金融、专项人才引进、技术集群布局等政策工具，推动生态技术、新能源、数字技术等新一代技术在黄河流域的应用推广，推动该地区农业、工业生产模式的变革，形成以“新兴产业、新型消费”为支撑的新型城镇化；加快推动以智慧能源、智慧城市等为重点的“智慧黄河”建设，减轻城镇化对流域生态环境的影响，创造更高功能品质的城市空间，实现以“人”为中心的高质量城镇化。

第17章　生态优先视角下的黄河流域水资源配置优化

黄河自西向东横跨我国9省区，是西北、华北地区最重要的水源。整个流域涉及大约4.2亿人口和上百个地市经济社会发展的用水，但黄河水资源总量仅占全国的2.7%。与长江经济带相比，大约以长江水资源总量的7.6%，支撑着相当于长江经济带70%的人口。随着沿黄地区城镇化的加快、经济规模的扩大，以及生态恢复紧迫性的增强，对水资源的刚性需求快速增长，水资源供需矛盾日益突出，地区之间对水资源的竞争也将进一步激化。如何科学高效地配置整个流域的水资源对于实现黄河流域生态保护和高质量发展具有至关重要的意义。

目前我国黄河流域水资源的分配是以1987年颁布的《黄河可供水量分配方案》为主要依据，该方案分配的基准是以各地区1980年的用水量为基数。1997年之后在此方案基础上根据黄河年度可供水量的变化和南水北调东线、中线的调水情况进行了动态调整，但基本上属于微调，不能反映各地区经济社会发展阶段性变化后用水的实际需求，更难以支撑新时期黄河流域的生态保护和高质量发展。本章重点从我国未来区域经济发展趋势，以及黄河流域构建高质量空间布局的角度，探讨黄河水资源配置进一步优化的总体思路与对策建议。

17.1　近期沿黄地区水资源利用的主要趋势和结构性变化

2019 年，黄河流域沿线 9 省区人口总规模比 2012 年增加 1361 万人，城镇人口增加 4649 万人；经济总规模（现价 GDP）由 2012 年的 15.6 万亿元增长至 24.7 万亿元；各地区人均 GDP 水平也都显著提高，如山东省人均 GDP 已由 2012 年的 8200 美元增长至 10241 美元。[①] 由于人口规模、经济规模和发展水平的提高，各地区对水资源的需求规模和结构都出现了显著变化。

17.1.1　2012 年之后，沿黄地区工业用水出现结构性下降，生活与生态用水成为拉动流域用水规模增长的主要因素

从用水总规模上看，沿黄 9 省区在近 10 年基本保持稳定，相当于全国用水总量的 20% 左右。山东、河南和内蒙古三地占整个流域用水总量的比重较高，之和超过 50%。伴随着经济增速减缓和结构转型，甘肃、青海和宁夏等地区用水总量相对于 2012 年出现了不同幅度的下降，甘肃的降幅最为显著，约为 11.8%。[②] 如图 17.1 所示，在农业、工业、生活和生态四大用水领域，农业仍是黄河流域最主要的用水领域，占沿线各地区用水的比重均超过 50%。因种植结构、农业节水技术等多方面因素，山东、河南作为我国粮食主产区，农业用水总量相比 2012 年下降约 10%。与上一发展阶段相比，整个黄河流域的工业用水总量出现了结构性的下降，2012—2019 年大约减少 20.6%，但山东、陕西和青海等地工业用水规模小幅增长。

① 资料来源：根据国家统计局网站相关数据计算。

② 本书的历史比较均以 2012 年数据为基础。一是由于 2012 年我国不同领域用水的统计口径调整；二是 2012 年以后我国经济增速减缓，对水资源需求的影响较显著。

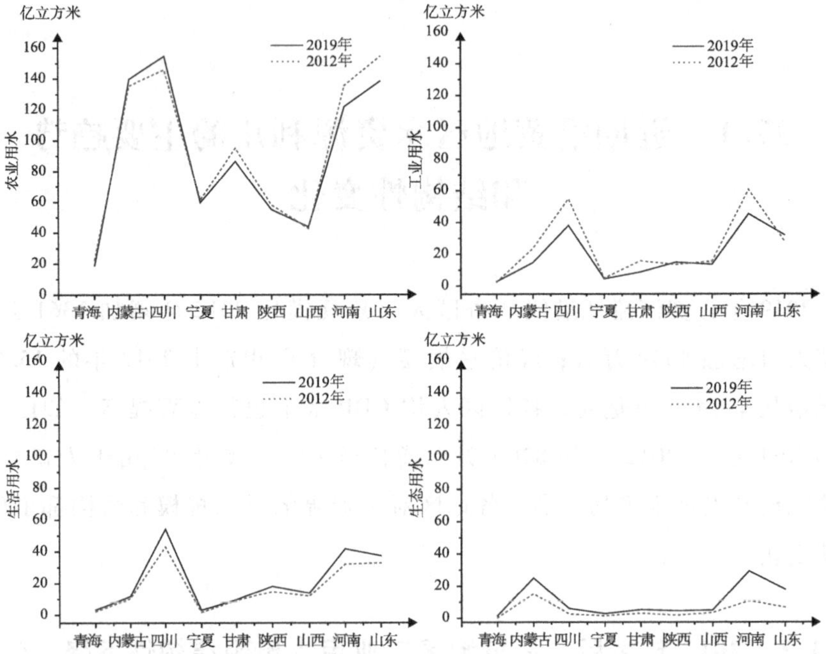

图 17.1 2019 年黄河沿线 9 省区用水结构比较

资料来源：国家统计局网站。

生态用水规模大幅增长是新时期黄河流域用水最为突出的特征之一。青海是整个流域生态用水增长最快的地区，2019 年的生态用水规模是 2012 年的 6 倍之多，相当于其工业用水的一半；宁夏的生态用水已和其生活用水的规模相当；河南、内蒙古和山东等地区的生态用水总量均位列全国前 5 位，三地生态用水之和占全国的比重约为 35.9%。① 同期，生活用水呈现稳中有升的趋势，整个流域中四川、河南增长相对显著，主要与人口规模增大和城镇化水平提高有关。

17.1.2 尽管沿黄地区人均用水量低于全国平均水平，但多数地区水资源开发利用率已超过国际水资源开发的生态警戒线

黄河流域的经济发展水平、城镇化率总体低于全国平均水平，人均用

① 资料来源：根据国家统计局网站相关数据计算。

水量（用水总量/常住人口）相对较低，但由于黄河沿线主要地区多数都属于干旱或半干旱地区，相对于本地区的水资源储量，开发利用率（用水量与水资源总量之比）普遍偏高。如图 17.2 所示，2019 年山东、河南两地分别由 2004 年的 61.5% 和 49.3% 增长至 115.4% 和 141.0%；宁夏的水资源开发利用率近期有所下降，但依然高达 554.7%。山西、内蒙古也已超过国际公认的 40% 的水资源开发生态警戒线。

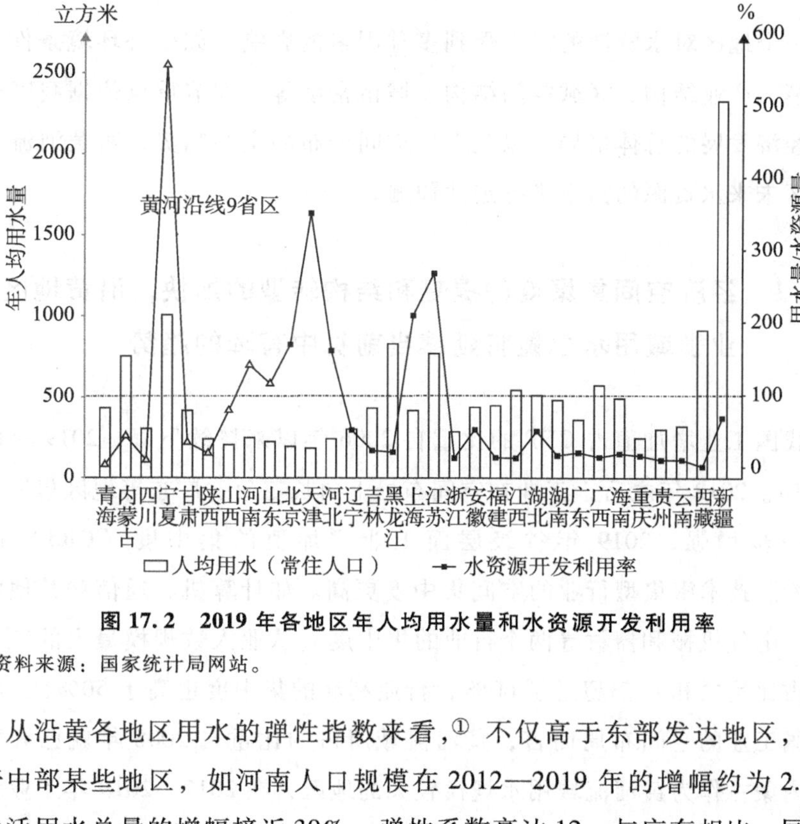

图 17.2　2019 年各地区年人均用水量和水资源开发利用率

资料来源：国家统计局网站。

从沿黄各地区用水的弹性指数来看，[①] 不仅高于东部发达地区，也要高于中部某些地区，如河南人口规模在 2012—2019 年的增幅约为 2.5%，但生活用水总量的增幅接近 30%，弹性系数高达 12。与广东相比，同期人口规模增幅为 8.7%，生活用水总量的增幅约为 8.6%，弹性系数接近于 1。[②] 这与沿黄地区的自然环境条件、城镇体系的空间布局、用水效率等都

① 指地区生活用水增量与常住人口增量之比，该指数越高表明人口增加对水资源需求的拉动作用越强。

② 资料来源：国家统计局网站。

密切相关，意味着人口规模的增长和城镇化率的提高将会给该地区带来更大的水资源压力。

17.2 沿黄主要地区未来水资源需求趋势的基本判断

一个地区对水资源的需求受到多种因素的影响，如生态环境条件、人口规模、产业结构、区域空间结构、城市密度等。本节重点依据我国未来区域经济发展的总体格局，以及人口空间分布的主要趋势，对黄河流域主要地区未来水资源的需求进行定性预测。

17.2.1 经济空间集聚度的提高和结构转型的加快，沿黄地区工业领域用水总量将延续当前稳中有降的趋势

我国工业增加值占 GDP 的比重自 2006 年以来持续下降，2019 年已降至 32%。2012 年之后，工业在空间布局上向长三角、广东等地区集聚的趋势进一步增强，2019 年省级层面工业增加值的集中度（CR5）达到 44.7%。技术密集型行业的空间集中度更高。如计算机、通信和其他电子设备、电气机械和器材等两个行业的集中度（从业人数规模最大的三个地区所占比重之和）都超过了 60%，行业利润的集中度也高于 50%。[①] 相对于全国工业的空间布局而言，黄河流域所占的比重自 2008 年就已开始下降，内蒙古作为黄河流域用水规模较大的地区，在 2012—2019 年工业增加值均为负增长。

从流域内部工业的空间布局来看，山东、河南等黄河下游地区所占比重接近 50%，在新一轮产业空间布局调整中将保持增长的趋势。对于中上游地区，由于多是以采矿业、煤（火）电和中低技术制造业为主，随着国

---

① 资料来源：《第四次经济普查数据》。

家传统能源向新能源的转型、制造业的转型升级以及服务业比重的提高，这些传统高耗水行业的规模将进一步下降。此外，在技术进步的影响下，经济规模扩大对水资源的需求拉动效应也将趋于减弱（见图17.3）。综合上述三方面的因素可推测，沿黄地区未来工业用水规模总体上不会出现大幅增长。

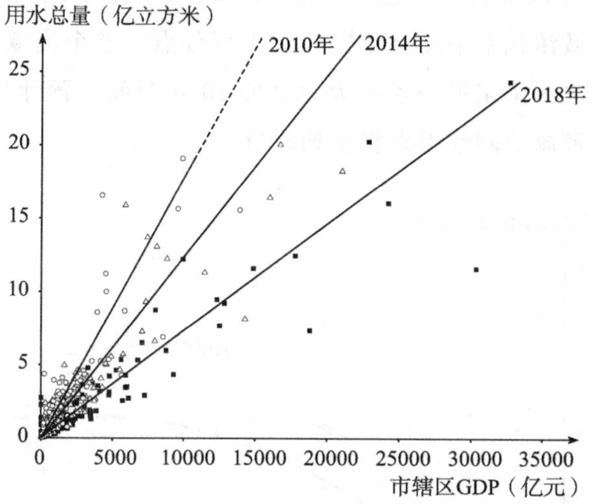

图17.3　地级市层面经济总量与用水需求的拟合曲线

资料来源：根据2011年、2016年和2019年《中国城市统计年鉴》相关数据计算。

17.2.2　城镇化进程的阶段性变化，沿黄地区未来生活用水的刚性需求将进入快速增长期

2019年，沿黄9省区的城镇化率在50%—60%，整个流域城镇人口所占比重为56.9%，尚未达到国家平均水平，整体上处在城镇化快速发展的中后期阶段。[①] 如果参照中高收入国家的平均水平（2019年为66.3%）来估算，[②] 整个流域的城镇人口将增加4000万人。对照我国2010—2018年城

① 详见《生态优先视角下推动黄河流域高质量城镇化的路径与对策》（国务院发展研究中心调研报告2020年第291期）。

② 资料来源：《中国统计年鉴》（2020）和世界银行。

市人口规模与用水量的拟合曲线（见图 17.4），当市辖区人口规模超过1000 万人之后，由于公共服务、生态环境等用水领域的规模效应，用水总量的增长逐步趋缓，人口在 1600 万人左右时用水量接近于峰值，而市辖区人口在 200 万—500 万人时，用水量增长最快，大约每增加 100 万人口，用水规模增加 1 亿立方米（以 2018 年为基准）。随着城镇化水平的提高，黄河沿线地区的城市规模将进一步扩大，将带动用水刚性需求的快速增长。如果按照城镇化率平均每年提高 1 个百分点，整个流域城镇水平提高到目前的中高收入国家平均水平大约需要 10 年时间，预计到 2030 年左右黄河流域对水资源的刚性需求将达到峰值。

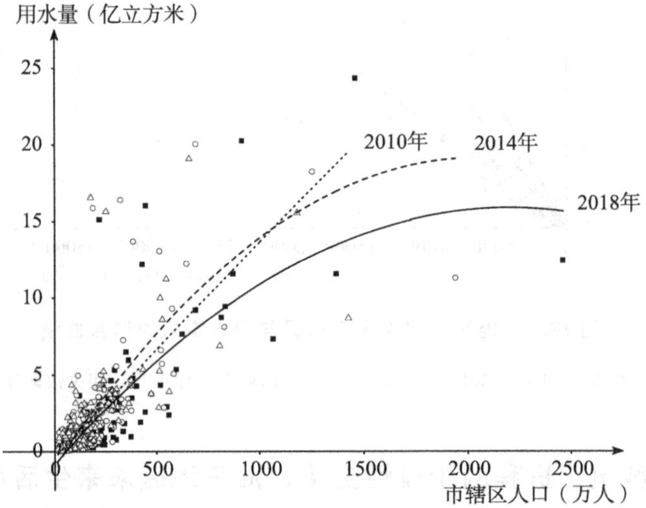

图 17.4　地级市层面人口与用水需求的拟合曲线

资料来源：根据 2011 年、2016 年和 2019 年《中国城市统计年鉴》相关数据计算。

综上所述，无论是从黄河流域各地区的经济发展水平和城镇化阶段来看，还是从流域的生态恢复、流域人口更高品质的生活需求来看，黄河沿线地区对水资源的需求尚未达到峰值，未来 5—10 年生活、生态领域的用水仍将保持快速增长的趋势，水资源需求的空间结构将出现深度调整。

17.3　黄河流域水资源优化配置的总体思路与政策建议

在推动黄河流域高质量发展的过程中，需要把握新时期流域发展对水资源需求的阶段性特征和国家构建区域发展新格局的战略需求，将构建更有效的水资源配置机制作为优先举措，更好地平衡水资源的供需矛盾，从更深层次、更高水平上统筹实现水资源的“经济功能、社会功能和生态功能”。

17.3.1　按照新时期我国黄河流域生态保护和高质量发展的战略需求，进一步明确水资源分配的优先项

目前，我国黄河水资源分配的相关文件中更强调“发挥黄河水资源的综合效益，统筹安排生活、生产、生态与环境用水”，[①] 并未明确水资源在跨区域配置过程中的优先项。这在我国工业化、城镇化初期有其合理性，但随着发展阶段的改变，这一分配原则在实践中很难操作，对各地区的水资源需求缺乏明确标准加以平衡，容易造成水资源分配与高质量发展的需求错配，不利于构建高质量发展的国土空间格局。建议以服务黄河流域生态保护和高质量发展的战略需求为核心目标，在黄河水资源分配中明确“生态修复”优先，以实现“公共利益”最大化为基本原则，为真正实现“生态优先”和“以水定城”“以水定产”奠定基础。

17.3.2　针对黄河沿线地区高质量发展的转型需求和未来黄河流域可供水资源量的远景预测，调整水资源配置的标准

我国已在黄河流域实施全流域水资源动态分配管理，但总体上仍是基

---

① 资料来源：水利部《水量分配暂行办法》（水利部令第32号），中国政府网。

于各地区上一发展阶段的历史用水规模作为分配基准。这种分配方法的弊端随着经济结构的转型日益凸显，既难以维护整个流域水资源分配的公平性，也不利于发挥水资源的约束作用，引导各地区生产生活方式的绿色转型。需要把握当前各地区结构转型升级的政策窗口，加快调整水资源分配的方法。综合各地区生态环境条件、人口空间分布和城镇体系演变的总体趋势，进一步明确沿黄主要地区在国家高质量空间布局中的主体功能（如粮食主产区、水源涵养区、水土保持区、城市化承载区等），以实现各地区主体功能对水资源的需求为目标基准，建立更高水平的动态配置机制。

17.3.3 积极探索应用区块链等信息技术，在黄河流域建立全流域一体化水资源配置的动态管理机制

从我国区域经济格局和城镇体系演变的总体趋势来看，黄河流域在未来的城镇化进程中，既会形成一些更大规模的城市，也会出现更多“收缩城市”。伴随着现代交通基础设施网络的完善，超大规模的城市群或者城市绵延带也将形成，由此带来居民生活和公共服务用水的需求在空间上出现重大变化。今后，需要突破传统以行政区为基础的水资源分配方式，加快利用区块链技术建立全流域一体化、智慧化的动态配置机制，更精准地实现水资源配置的空间平衡。此外，大规模城市或城市群虽然有利于提高水资源利用效率，但对于水生态、城市的防洪排涝、水资源安全保障等方面的压力也会加大，可以通过区块链技术对整个流域的用水量、水质、水流量等建立更高效的一体化监测体系，为在极端应急情况下及时调整水资源的分配提供有力支撑。

17.3.4 加强水资源配置政策与规划、财政、土地等政策工具的协调，更好地发挥水资源配置在推动黄河流域生态保护和高质量发展方面的战略引导和约束功能

新时期黄河水资源的配置不仅要统筹协调不同地区用水的需求，更重

要的是要推动各地区主体功能的转换，为实现新的增长动能提供保障。加强水资源配置政策与其他政策工具的协调性对于在更高层面实现水资源配置的战略功能十分关键。重点包括：水资源的配置要与区域/城市的发展规划相协调，强化水资源对城市规模、产业选择和空间布局的约束性作用，引导人口、经济活动由生态功能区向中心城市集聚，为实现水资源的生态功能拓展空间。对生态修复、基本公共服务、农作物灌溉等具有更高公共利益的用水需求，要加大财政支持力度，为不同类型地区实现主体功能的转换提供政策保障。水资源分配要与水资源的用途管控、土地政策相结合，从源头上控制不合理的用水需求，如在干旱地区违背生态规律，大规模建设单一景观功能或者商业功能的“人工湖”“人工湿地”，引发更严重的用水矛盾。可以借鉴丹麦等国家的经验，加强水资源分配与碳减排目标的融合，在水资源利用和碳减排、生态产品价值之间建立相互关联的一体化核算机制，为促进节水和水资源的循环利用形成更有效的激励机制。

第18章　秦巴山区高质量发展：协同促进经济腹地地区共同富裕发展的新路径[①]

秦巴山脉位于我国陆地版图的中央区域，处于地理“鸡形”版图的“鸡心”位置，是我国南北气候的自然分界区、黄河长江两大流域的分水岭、东部平原区和西部高原区的过渡带。[②] 同时该区域曾经是我国20世纪“三线”建设时期电子、机械等重要工业基地，目前又是长江经济带、中部崛起、西部大开发等多个国家区域战略的重叠区。由于多种原因，该地区总体发展水平仍相对落后。秦巴山区曾经是我国14个连片贫困区之一，涉及河南、湖北、重庆、四川、陕西、甘肃6省市的75个国家级贫困县，是国家脱贫攻坚时期的主战场之一。根据国务院扶贫开发领导小组办公室和国家发展和改革委颁布的《秦巴山片区区域发展与扶贫攻坚规划（2011—2020年）》，至2020年，整个区域要与全国同步实现全面建设小康社会目标。

从国家整体区域版图来看，秦巴山区的发展集成了多重区域特征，如国家重要的生态功能区、内陆经济腹地、贫困地区、生态脆弱区、老工业基地转型区等。对这一区域的研究既有助于理解我国区域政策演变的基本脉络，对思考未来区域政策和区域战略的创新也具有非常重要的研究价值。

---

① 本章节的内容为中国工程院重大咨询项目“秦巴山脉绿色循环发展战略研究（二期）”（2017-ZD-02）。专题《环秦巴山城市地区协同发展战略研究》成果，部分内容在《中国工程科学》2020年第1期发表。为更深入地理解我国贫困地区的区域政策演变，本章节的内容未进行数据更新。

② 徐德龙等著．秦巴山脉绿色循环发展战略研究（综合卷）［M］．北京：科学出版社，2017.12.

本章以环秦巴山区域的四大城市群作为典型案例地区，利用区域内地级及地级以上城市的数据，从经济发展水平、产业结构和空间布局、城镇体系和地区间的关联度等层面，对该区域发展中存在的突出问题进行深入剖析。在此基础上，立足于新时代国家区域协调发展的总体战略布局，从支撑新时期国家发展与安全的新视角，对环秦巴山区域如何实现高质量发展的问题展开深入讨论，为数字化时代我国区域战略的创新，加快经济腹地地区的高质量发展，维护我国发展安全提供决策参考。

18.1　环秦巴山地区发展存在的突出问题

在国家多项政策推动下，该区域在特色产业发展、基础设施、公共服务等领域已取得显著成效。调研中发现，该区域在脱贫和加快发展过程中还存在着一些突出问题，如各地发展各自为政，不同地区、不同行业基于短期利益的发展将完整连续的区域自然环境和生态系统“碎片化”，局部地区人为破坏力已超过生态环境自调节临界水平；区域内水、森林、矿产等资源不合理地开发利用，导致山体滑坡、泥石流和水土流失等地质灾害的风险不断加剧等。这些问题如不及时解决，不仅会影响该区域生态安全屏障的战略功能，也会影响其经济发展的可持续性，甚至可能导致“返贫”。

18.1.1　区域内中心城市的辐射带动作用较弱，与贫困落后地区尚未形成联动协同发展的格局

2016 年，秦巴山区域板块所覆盖的 34 个地级及地级以上城市中，超过 2/3 的地区人均 GDP 低于全国平均水平，最低地市的人均 GDP 仅相当于全国平均水平的 20%。参照世界银行 2016 年根据人均 GNI 水平的分组，该区域板块中既有人均 GDP 超过 12055 美元，达到高收入水平的地区，也

有人均 GDP 低于 3895 美元，尚属于中低收入水平的地区。人均 GDP 的相对差距（最高与最低之比）约为 9.3，大约相当于京津冀（最高/最低约为 4.37）和东北地区（最高/最低约为 4.63）区域内差距的两倍（见图 18.1）。

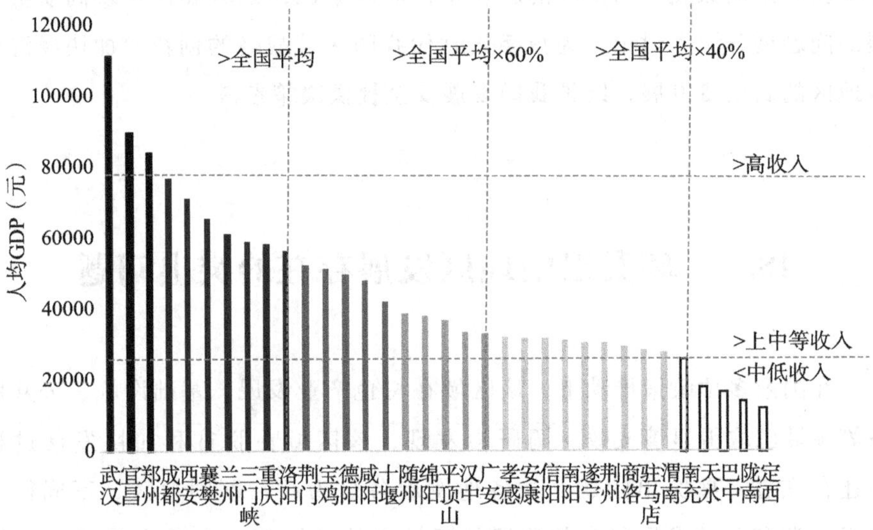

图 18.1　环秦巴山城市地区发展水平比较（2016 年）

资料来源：《中国城市统计年鉴》（2017）。

本节进一步利用人均 GDP、人口规模、人均收入等指标对秦巴山区域板块内的六个中心城市（武汉、郑州、西安、成都、重庆、兰州）与其他地区的经济联系做定量分析（见图 18.2），除了武汉、成都、重庆三个城市与周边地区发展水平有微弱的正相关性之外，其他中心城市都是负相关。表明区域内经济发展水平相对较高的中心城市对其他地区的辐射带动作用非常弱，聚集人口和经济活动的功能并未得到充分发挥。

18.1.2　区域内的产业发展“分散、单一、同质化”现象突出，缺少一体化的规划和统筹布局，难以形成可持续的内生经济增长动力

参照格罗宁根增长和发展中心（GGDC）基于价值链分工的 10 部门产

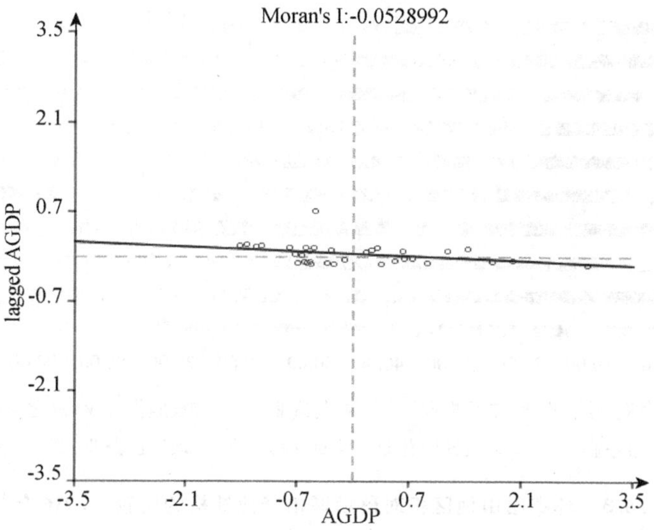

图 18.2　环秦巴山区域内中心城市与其他城市的空间相关性分析

资料来源：《中国城市统计年鉴》（2017）。

业分类方法，[①] 利用分行业就业数据对环秦巴山主要地区的产业发展进行了分类分析。一是区域内发展水平相对较高的六个中心城市（武汉、郑州、西安、成都、重庆、兰州），制造业和建筑业在地方经济发展中所占比重较高，均在 40% 以上；贸易服务业和商业服务业次之，大约在 15%。二是区域内相对落后的地区，教育、医疗等政府服务业和建筑业所占比重相对较高，信阳、安康、定西等地区均已超过 50%，而制造业和运输、贸易和商业相关的服务业所占比重都偏低（见图 18.3），说明这些地区尚未形成对本地经济具有较强支撑作用的支柱产业。

从整个区域的产业空间布局来看，由于资金、技术、人才、基础设施等因素的限制和脱贫目标考核的压力，多数地区更倾向于选择发展那些见效快的初级资源型产业，如矿产资源开发、林木种植和乡村旅游等，在资源禀赋相近的情况下，就形成了高度同质化的发展格局。随着产业规模的

① 10 部门分别为农业、采掘业、制造业、水、电、气等设施供应业、建筑、贸易服务业、运输服务业、商务服务业、政府服务业、个人服务业。由于统计口径与我国不完全相同，本书的数据并未覆盖全部，但不影响总体产业结构的判断。

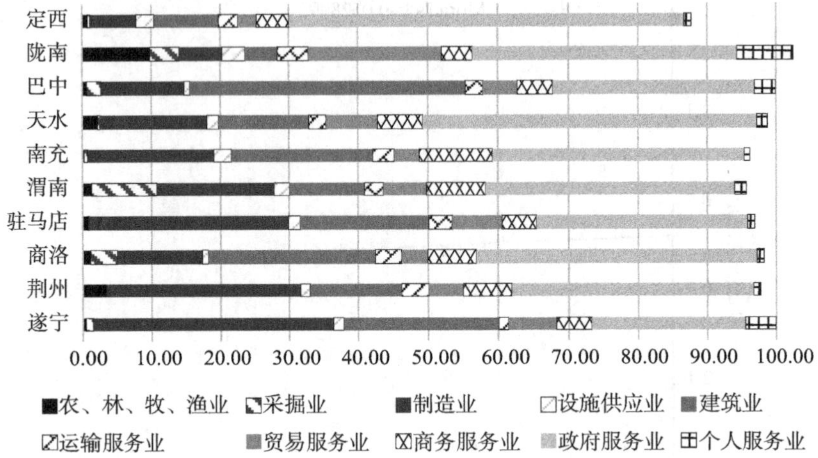

图 18.3 环秦巴山地区相对落后城市产业结构的比较（2016 年）

资料来源：各省统计年鉴相关数据计算。

扩大，相互之间的“零和竞争”不断加剧，导致区域内一些优势资源的价值因无序竞争而被显著压低，难以形成可持续的经济增长动力。

18.1.3 区域城镇体系结构两极化特征显著，中心城市的虹吸效应加剧

从环秦巴山区域的人口空间分布来看，城镇体系结构极为不平衡，在所比较的 34 个地市中，仅有 6 个地市的市区人口占其常住人口的比重超过 50%，25 个地市市区人口的占比都低于 30%，呈现出经济发展水平较高的大都市与发展水平相对落后的“大农村”高度分化的两极体系结构。这种极化的城镇体系实质上是地区发展差距不断扩大所导致的结果，如不及时加以干预，会加剧中心城市的“虹吸效应”，即推动资本、人才等优质资源要素继续向区域内的大城市集聚，而落后地区的发展能力则进一步下降，陷入所谓的“贫困陷阱”。此外，在失衡的城镇体系下，过度集聚的中心城市，生活、居住、交通等社会成本又会不断提高，导致大量人口向外围地区蔓延，就业与居住地的分离趋势加剧，不仅会对长距离通勤交通和生态环境带来较大压力，也会造成地区之间税源和公共服务的供给出现

更为严重的空间不匹配，制约整个区域福利水平的改进。

18.1.4　秦巴山区的发展尚未建立有效的协调机制，基于行政区的发展模式使得秦巴山生态屏障功能被过度“碎片化”，区域生态环境面临着更大的压力

秦巴山作为相对完整的山地生态系统，承担着动物栖息地、水源保护、生物多样性等多种生态功能，而这些功能实现的关键是要保持生态系统的整体性和稳定性。由于整个区域的发展缺少一体化的规划和协调机制，各地区对秦巴山整个区域的战略定位和价值取向也未形成整体的认知和共识。由此导致区域内无论是基础设施的布局建设，还是资源的开发利用，都是以行政区为基础的条块分割式发展。各地区都为了各自的脱贫目标和短期利益，竞相开发各类产业园区、房地产项目，违背自然规律过度超前开发矿产资源和生态资源，交通设施在线位选择的初始阶段就开始竞争博弈，有些不具备条件的地区为了发展工业和城镇化建设，盲目“削山平地”，给整个生态系统都带来了严重的负面影响，整个区域地质灾害、流域面源污染扩散等风险加剧。

18.2　突破一城一地之限，协同推进环秦巴山区的高质量发展

与京津冀、长三角、珠三角等区域板块相比，环秦巴山城市地区不仅区域内部存在更加显著的发展差距，整体工业化、城镇化水平也都相对较低，是我国整个区域发展版图中“塌陷”的凹地。随着国家整体发展阶段向中高收入迈进，每一个相对落后的地区加快发展的诉求都非常强烈。这些地区都处在相同发展阶段，发展条件和发展能力也高度趋同，如果缺乏更高层面的引导，地区之间在资源、产业、市场等各个层面的竞争都会加

剧。由于自身发展能力的限制，这些地区之间的竞争与发达地区的竞争还不同，更集中在资源密集型、附加值较低的初级产业领域。从国际、国内不同地区的发展经验来看，越是在贫困落后相对集中的地区，相互之间的“零和竞争”就会越激烈，竞争的层级越低、负面影响越大。这不仅使得资源要素的整体空间配置效率降低，还会导致生态环境难以实现良好的治理。

秦巴山区域在国家生态安全体系中承担着非常重要的战略功能，如何实现生态环境与经济社会更加平衡、更可持续的高质量发展，是秦巴山区脱贫之后的重要战略任务。因此，环秦巴山城市地区的发展亟须走“协同发展”之路，突破一地一域的行政限制和条块分割，着眼于秦巴山生态系统的整体，系统施策。通过对不同地区在国家层面和区域层面功能定位的优化和细化，使得各地区的产业发展和增长路径更加多元化，地区之间形成更加精细化、差异化的分工协作关系，释放 1 + 1 > 2 的协同发展效应，从而实现更加包容、更加均衡、更加协调和可持续的高质量发展。

“协同”是对传统区域协调发展路径的一种优化，需要对资源要素配置的方式、区域治理的组织方式、区域发展的思路进行全面调整。与其他区域板块相比，无论是从生态环境、自然禀赋条件，还是产业基础、城市体系，环秦巴山地区都具有显著差异，其协同发展需要在不同层面开展新的探索和实践。重点是要推动城市群—中心城市—生态保护区—乡村振兴等不同空间单元、不同层面的联动一体化区域发展模式的变革，促进环秦巴山区域所拥有的生态、区位、创新、人文、历史等各方面优势得以充分发挥，以此带动整个区域板块实现更高质量的跨越发展，成为支撑整个国家发展的新战略性经济区。

18.2.1 在国家层面加强该区域的顶层设计和战略定位

环秦巴山区域地处我国地理版图的中心，具有“承东启西，贯通南北”的区位优势。2020 年实现脱贫攻坚目标之后，需要根据国家区域发展战略的总体要求和新发展阶段的战略目标，将该区域版块的发展重点逐步由“脱贫”转向“更高质量的发展”。这就需要进一步提升其在国家区域发展中的功能定位，除了强调其生态屏障的功能定位之外，更要重视发挥其在国家创新发展和新型城镇化战略中的作用。通过国家层面的顶层设计和战略引导，推动秦巴山区形成“城市群—中心城市—生态保护区—乡村”的一体化协同发展新格局。增强区域内四大城市群（成渝城市群、关中平原城市群、长江中游城市群和中原城市群）和中心城市对人口和产业的承载功能，促进生态敏感地区和那些不适合生活生产地区的人口、产业向外转移集聚，从根本上缓解秦巴山核心区域的生态压力，促进生态空间与生产、生活空间更加平衡、更加优化。此外，环秦巴山地区在人才、产业基础、科研设施、配套能力等方面具有明显优势，尤其是航空、机械制造、新材料等高新技术产业领域的潜在优势突出，通过在有条件的地区布局一些重大项目和适当的政策扶持，有利于释放其创新潜力，成为支撑国家创新发展的新增长极。

18.2.2 从秦巴山“大生态”系统的角度推动环秦巴山区域的生态环境协同治理，构建更加绿色化的生产、生活和城镇发展模式

秦巴山区是多物种、多水系、多地貌和多种气候特征汇集的多元化复杂生态系统，从“大生态”系统的角度来推进该区域的生态环境协同一体化治理，[①] 应将环秦巴山地区作为国家自然资源登记和生态资产管理的试点地区，建立涵盖整个区域板块的自然资源登记监测体系和区域环境监控体系。探索由中央、省和地市三级政府共同出资设立环秦巴山生态专项发展基金，用于统筹本区域的环境保护和污染治理，以确保区域内环境保护与治理一体化能够落到实处。明确各地区在环秦巴山区生态环境治理中的主体责任分工，通过地区间碳交易、绿色金融、生态债券、绿色信贷，建立区域性环境权益交易市场等手段，吸引更多社会资本参与该地区的生态

① 杨瑛娟，杨林凤．秦巴山区生态城镇化发展困境及对策研究［J］．社科纵横，2018，33（12）：58－61.

建设和环境保护，促进区域生态补偿机制的多元化。在国家层面试点探索环秦巴山地区生态资产和生态系统服务量化的管理体系，为进一步探索更加市场化和多元化的地区间生态补偿机制奠定基础。建立环秦巴山区域协同发展管理平台，整合区域内产业发展、国土空间、基础设施、生态、人口等各领域的数据资源，利用大数据技术统一部署决策区域内重要产业项目的空间布局，分区设立产业环境准入标准和产业准入的负面清单，在制度上平衡好生态建设和经济社会发展的关系。立足于国家资源安全保障的战略角度，进一步加强对该区域战略性矿产资源和生态资源开发型产业发展的战略规划和一体化布局。

18.2.3 针对秦巴山区生态环境建设和特色优势产业发展的内在需求，构建“对外便捷快通道，对内漫游可达微循环”的双系统交通体系，为实现整个板块的区域协同发展提供重要支撑

推动环秦巴山地区协同发展的重要目标之一，是要在坚持生态环境底线基础上实现区域内各地区共同发展、共同富裕。这就需要改进区域内的连通性，为先发地区发挥辐射带动作用和后发地区承接辐射打通“双向通道”。鉴于此，环秦巴山区域基础设施布局的优化应重点集中在以下三个方面：一是在现有交通主干网络基础上，以成渝、武汉、郑州、西安四大城市群为枢纽，形成“簇轴”式一体化布局，加强四大城市群与周边低线城市和农村地区的互联互通，着力改变目前单中心辐射型的交通路网体系，带动生态环境脆弱地区、生态保护区和贫困地区的人口向具有较好发展条件和潜力的地区迁移。二是在维护区域生态安全的前提下，依托秦巴山脉现有及规划的交通网，加强交通体系与生态廊道建设的一体化布局，对外打造便捷的快进快出主通道，对内可借鉴阿尔卑斯山、落基山等地区的国际经验，结合秦巴山不同区域不同类型的生态旅游资源，规划建设以步道、骑行和景区专用公共交通等绿色交通方式为主、安全通畅的慢行交通微循环系统，最大限度地减轻对生态环境的影响。

18.2.4　利用信息化技术，在环秦巴山地区试点建立对重点产业和要素资源的数字化监测平台，促进整个区域的国土空间和生态空间利用的最优化

由于秦巴山区地形地貌复杂，生态环境相对脆弱，因此整个区域内适宜城镇建设发展的空间较为稀缺。城镇体系和发展水平失衡，乡村地区“空废化”现象又非常突出，这是秦巴山区未来实现更高质量发展需破解的矛盾之一。除此之外，产业同质化竞争和资源的无序开发利用也是影响秦巴山生态环境质量改进的突出问题。破解这些难题就要立足于整个区域，实施更加一体化的协同发展。可借鉴国际上大都市区治理①以及京津冀、长三角等地区协同发展的经验，成立环秦巴山地区协同发展决策委员会，构建整个区域重大发展决策的协调机制。按照不同地区主体功能定位和比较优势，利用数字化技术建立环秦巴山城市地区“增长联盟”② 和“资源共享平台”，引入大数据分析决策来优化区域内的产业布局，加强区域内部不同地区之间资源要素的统筹利用，促进成都、重庆、西安、郑州、武汉等相对发达的城市与落后地区之间的要素流通。同时要推进不同地区各类产业发展信息数据的公开与共享，积极引导市场投资的预期和决策方向，尽可能减少地区之间的产业同构。利用财政税收、资金资助、人才等差异化的政策，引导要素向特定地区流动，在环秦巴山区域内探索城乡土地一体化的开发利用管理新模式，缓解土地开发利用中的结构性矛盾，引导区域内的核心城市与区域内相对落后地区共建产业园，采取“异地生产、统一经营、共享增长”的模式。加强秦巴山区的发展与“一带一路”倡议以及长江经济带等重大区域战略的融合对接，促进该区域的发展能够更加开放、更深层次地融入全球价值链分工体系之中。

---

① McCann P, Ortega - Argiles R. Transforming European Regional Policy: A Results - Driven Agenda And Smart Specialization [J]. Oxford Review of Economic Policy, 2013, 29 (3): 405 - 431.

② Pike A, Rodríguez Pose A, Tomaney J. Shifting Horizons In Local And Regional Development [J]. Regional Studies, 2017, 51 (1): 46 - 57.

第五篇

数字化时代区域政策的功能定位与政策体系的重构

上面的章节分别从要素→生产力布局→区域战略三个层级，讨论了我国在数字化转型发展的新时代区域发展已经显现或者潜在的一些问题。这些问题不仅存在于经济发展相对落后的地区，经济发展相对领先的地区在新一轮转型中也不可避免地会面临一些新的问题和矛盾。本书在各章节论述中反复强调的一个观点就是，区域政策虽然是针对“区域”的政策，但并非专属于某个地区，因为这些区域政策的影响不只是局限于某个地区。反之亦然，国家整体的发展目标和各类政策最终都要落在“棋盘”之上，需要把各地区放在一个大系统之中进行“谋篇布局”。正如习近平总书记所强调的，“做好区域协调发展‘一盘棋’这篇大文章，不能简单要求各地区在经济发展上达到同一水平，而是要根据各地区的条件，走合理分工、优化发展的路子。不平衡是普遍的，要在发展中促进相对平衡，这是区域协调发展的辩证法”。[①] 系统中的“合理分工”与“优化发展”也是动态、相对的概念，需要从发展的角度，不断更新升级其内在的含义。这一点对于区域政策的设计具有非常重要的意义。

从国际上看，自20世纪80年代末开始，城市和区域研究中出现了一个重要“转折”，地方政府在发展战略的选择上获得了更大的自主权，通常被称为“新区域主义”。这一转变代表着一种“地方发展治理”的新范式。[②] 与20世纪60年代和70年代相反，区域不平等被视为发达国家国内结构转型不平衡的结果。“新区域主义”更倾向于从区域竞争的大背景下解释某些特定的地区经济成功的因素。把这些地区假设为“地方性的生产系统”，例如，意大利的“工业园区”、法国“Milieux 创新园区”，还有美国的“新产业空间”和“高科技综合体”，欧洲的区域创新系统，“学习区”（Learning Regions）等都是新区域主义倡导者最早关注研究的典型地区。对这些地区的研究都集中在一个地区经济社会发展的内生性因素和地区之间的关系上，包括非物质性的因素，如组织、文化、社会关系网络、

---

① 中共中央宣传部，国家发展和改革委员会．习近平经济思想学习纲要［M］．北京：人民出版社，2022.6，p93.

② Martinelli F. （2020） Lost in translation? Regional policy from national strategy to EU competitive framework，Rivista Economica del Mezzogiorno，34 （1/2）：85 - 123.

信任等。这些因素和关系是某些地区形成良性发展路径，甚至赢得全球创新竞争力的关键，也成为其他地区模仿学习的典范。但是，从地区政策的角度来看，每一个地区都有地区性的专属特征，在模仿其他地区发展路径的同时，往往忽视了这些因素，再加上对不同地区在整个国家的经济体系、全球经济体系中的分工地位缺乏有效的分析，导致模仿成功的地区并不多。[①] 之后，各国的区域政策开始向一体化方向转变，即上下互动、多层级、多领域进行整体的规划设计。最典型的就是欧盟的智慧专业化平台，把地区导向型的发展战略和区域的创新、产业等各个领域的发展融合在一起。这是工业化时期，区域政策和区域治理模式在发达国家经历的一些演变。

再回到21世纪，“数字化”“低碳化”“绿色化”等经济社会发展的新动力，犹如20世纪的“工业化”“城市化”，正在影响并改变着每一个地区的发展环境和发展范式，区域发展的基础逻辑也随之改变。数字技术已经改变了传统经济学中生产和消费的内涵、要素的供需曲线、价格机制形成的市场均衡等基本规律或者默认的认识，区域政策要对这些底层逻辑的变化做出更加积极、正确的响应。作为国家宏观管理的政策工具，区域政策的功能需顺应时代的变革，进行“系统的再升级”。

1. 数字经济“底层逻辑”的改变需要重新审视区域政策的功能

区域政策是以“区域经济”为中心的政策工具，讨论区域政策的功能需要回到“经济”的原点。我国最早出现经济一词是隋朝王通《文中子》中的“皆有经济之道，谓经国济民”。这是将经济学称作“经世济民”之学的渊源。有关经济学的定义至今以来最被广泛使用的是英国经济学家昂内尔·罗宾斯（Lionel Robbins）在1932年所给出的，即经济学是一门研究人类在有限的资源情况下作出选择的科学，也被翻译为“研究具有不同用途的稀缺资源使用的学问”。[②] 因为资源的“稀缺”，就产生了资源如何

---

① Martinelli F. (2020) Lost in translation? Regional policy from national strategy to EU competitive framework, Rivista Economica del Mezzogiorno, 34 (1/2): 85 – 123.

② Robbins L. (1935). An Essay on the Nature and Significance of Economic Science. London: MacMillan and Co [Google Scholar].

利用才能效用最大化，以及如何在不同相关主体之间分配的问题。这是经济学研究中最基础的问题，也是政策制定一贯固守的起点。沿着这一经济学的传统逻辑，区域经济要研究解决的问题可归结到“具有不同稀缺性的资源如何在不同区域之间进行分配利用”。

从区域经济的角度看，数字化带来的改变是什么呢？在前面的章节有所论述，概括起来就是两大变化——数据、碳、算法等新要素参与到经济活动之中，另一个就是要素流动性的改变。这两大变化从基础逻辑上改变了数字化时代的区域经济发展。以数据要素为例，它既是重要的生产要素，也是消费品，是否还具有传统意义上的稀缺性，生产消费的供求关系、价格机制、边际成本、边际效用等是否还存在？在数字化的大背景下，至少要素的流动性、产品/服务的流动性，地区之间从生产、消费、流通、分配等领域的分工关系等方面都出现了可直观感受到的变化。无论是地区之间的产业分工还是价值分工，都变得更加复杂交错，区域问题形成的机制和外在表现也随之多种多样。新一代技术革命对区域经济影响的广度和深度都远超上一次技术革命。部分区域政策已难以适应新的技术环境，需要立足科技发展的前沿，把握政策创新的战略窗口，加快构建与新技术体系相匹配的政策体系，充分释放新一代技术进步对区域经济发展的红利，并对技术进步带来的区域性风险加强防范。

（1）强化区域政策引导不同类型地区创新发展路径的功能，为国家拓展新的增长空间。

传统区域政策的重点通常集中在“问题区域”，潜在的逻辑是只有某个地区的发展出现了严重问题，如大规模集中失业、资源枯竭、人口大幅减少等，才需要政府的政策干预。进入到数字化时代，新技术、新产业、新业态都在加速涌现，不同发展水平、不同类型的地区捕捉新发展机会的能力存在显著差异。如果不通过地区导向型政策在宏观层面进行引导，当前一些尚未出现“问题”的区域可能因转型不到位或者不及时而成为新的问题区域。因此，区域政策要进一步拓宽政策边界，对区域经济活动的干预“前置”化，而不是等到出现了区域问题再采取措施。即使是相对领先地区，也要发挥区域政策的战略性引导功能。

（2）强化区域政策在地区之间横向协调的功能，引导数字经济的网络集聚效应在整个国家的经济社会发展中形成“正向循环”。

经济数字化转型对地区之间分工关系的改变最显著地表现为从传统生产消费模式的纵向分工转变为“平台”模式的横向网络化分工。如果用与工业化相匹配的政策调控数字经济活动，就会造成内在的冲突或者政策壁垒。因此，需要利用地区导向型的区域政策，通过地区之间横向的协调，来化解传统政策工具与平台化的数字经济不相适应的“冲突”，避免国家整体经济中出现小范围的“围栏”，影响资源要素在更大空间范围的有效流动和高效配置，积极引导数字经济的“网络效应”转换为带动更多地区发展的“辐射效应”，成为数字化时代各地区“共享增长”的内驱力。

（3）强化区域政策在地区之间的再分配功能，引导数字经济价值分配在地区之间更加公平。

数字化的转型既改变了不同要素在经济“蛋糕”中参与分配的机制，也改变了不同要素的相对权重。如在前面章节讨论过的，技术替代使得更多劳动力无法参与到经济“蛋糕”的分配之中。多数国家国内的地区差距伴随着数字化转型都出现了扩大的趋势，需要发挥区域政策对资源要素在空间上的“再分配”功能，为不同地区创造更加平等的发展机会。区域政策的设计，不能仅考虑基于现状的比较优势，还要面向未来的长期发展，为更多地区提高集聚要素的能力提供政策支持。这是避免在新技术革命出现更严重地区分化的关键路径，也是实现共同富裕、长期稳定繁荣发展的前提条件。

2. 从高质量发展的逻辑思考我国未来区域政策体系的创新

区域政策在实践中经常引起争论，有不少学者认为区域政策对地区经济的干预是无效的，或者认为区域政策只需要为落后地区提供基本公共服务，即所谓的基本公共服务均等化。这其实是一种实现难度非常大的理想化政策，因为地区之间基本公共服务水平的差距不只是“硬件”，更大的差距在于“软件”。对于经济萧条地区，即使投入先进的公共服务硬件，人力资本、技术等高质量要素如果不能同步导入，公共服务的质量几乎不可能得到真正的提高。也就说，经济繁荣是实现基本公共服务均等化的前提条件。当前对区域政策的“认识”，在更大程度混淆了增长和发展的概念，片面地从经济增长的角度定位区域政策的功能。

经济增长是一个比较容易量化感知的概念，一个地区的总产出增加，就实现了“增长”。古典经济学中，生产的理论和增长的理论都是基于可持续性和可变比例定律。通过增加生产要素（劳动或资本），同时保持其他变量不变，假设没有技术变化，产出也会增加，但增长率最终将接近于零。古典增长理论忽视了技术是经济增长的一个重要因素和规模经济。20世纪40年代，“大推动”（Big Push）增长理论非常流行。该理论认为，国家需要通过一个良性循环从一个发展阶段跳到另一个阶段。在这个循环中，对基础设施和教育的大规模投资以及私人投资是促进经济从低生产率阶段向更高生产率阶段转变的关键。[①] 1956年美国经济学家罗伯特·索罗（1987年因经济增长理论获得诺贝尔经济学奖）提出了至今最常用的经济增长模型。该模型假定资本和劳动力的边际回报递减。资本通过投资积累，但由于折旧也在不断贬值，导致资本回报率降低。伴随着人均资本比提高，以及缺乏技术进步，每年新增的资本投资如果等于年度折旧贬值，人均资本和人均经济产出都会保持不变，被称为“稳态”。[②]

经济学家通常认为经济发展是改善人们福祉的政策干预措施，而经济增长是生产率和GDP增长的现象。印度经济学家阿马蒂亚·森（Amartya Sen）将经济增长描述为“经济发展过程的一个方面”。城市经济和发展经济学家卡尔·塞德曼（Karl Seidman）把经济发展概括为“创造和利用物质、人类、金融和社会等各类资产，促进一个地区经济福利和生活质量改进和广泛共享的过程”。[③] 诺贝尔奖获得者卢卡斯曾风趣地解释经济发展和经济增长两个概念的差异，“我们认为（经济）增长和（经济）发展是不同的领域，经济增长被定义为我们已知的内容，而经济发展则是我们不知

---

① KM Murphy, A Shleifer, RW Vishny. Industrialization and the Big Push. The Journal of Political Economy Vol. 97, p. 1003 - 1026, 1989.

② Solow R M. A contribution to the theory of economic growth. The Quarterly Journal of Economics 70 (1) 65 - 94, 1956.

③ Seidman, Karl F. Economic Development Finance. Thousand Oaks: Sage Publications, p. 5, 2005.

道的内容”。[①] 从内涵上看，经济发展是长期经济繁荣、创造更高生活质量的过程，是一个国家实现现代化的过程。

基于上述讨论，可以将区域政策进一步分为两类目标导向，一类是基于经济增长的区域政策，更强调短期经济产出的增长；另一类是基于经济发展的区域政策，强调的是一个地区长期发展能力、居民福利水平和生活质量的改进。美国经济学家道格拉斯·诺斯曾指出，新古典经济学集中于短期资源配置的优化，并不适用于长期、动态变化的经济发展过程。[②] 在实践中，这两类区域政策并不能截然分开，也不必做出“二选一”的选择，而是要形成一个相互促进、相互补充的政策体系，为不同地区的共同繁荣构建一个可持续的发展生态。

2017年，党的十九大报告提出“我国经济已由高速增长阶段转向高质量发展阶段”。高质量发展，就是能够很好满足人民日益增长的美好生活需要的发展，是体现新发展理念的发展，是创新成为第一动力、协调成为内生特点、绿色成为普遍形态、开放成为必由之路、共享成为根本目的的发展。[③] 这是对我国发展阶段转变的重大判断，也是未来区域政策优化的基本出发点。将高质量发展的基本逻辑和内在要求作为优化区域政策体系的基本准则，不仅要关注短期的增长目标，还需要关注“人民日益增长的美好生活需要”。

3. 构建以共享增长和共同富裕为总体导向的区域政策体系

高质量发展将是我国区域发展在相当长一段时期内的目标，其核心是“满足人民日益增长的美好生活需要”。我国区域政策体系的重构应将促进各地区共享增长和共同富裕作为总体导向，政策的中心要从“增长”调整到“发展”。区域政策优化的基本原则是为每一个地区发展潜力的释放、为各类地区的长期繁荣创造更适宜的发展条件。数字化时代的区域政策体

---

① Lucas R E. On The Mechanics Of Economic Development. Journal of Monetary Economics 22 (1) 3 -42, 1988.

② North D C. Government and the cost of exchange in history. Journal of Economic History 44 (2): 255 -264, 1984.

③ 习近平著. 论把握新发展阶段、贯彻新发展理念、构建新发展格局 [M]. 北京：中央文献出版社，2021.8，p.214 -216.

系包括三个支柱：地区发展能力建设、区域机会公平和有效化解区域性风险（见图1）。

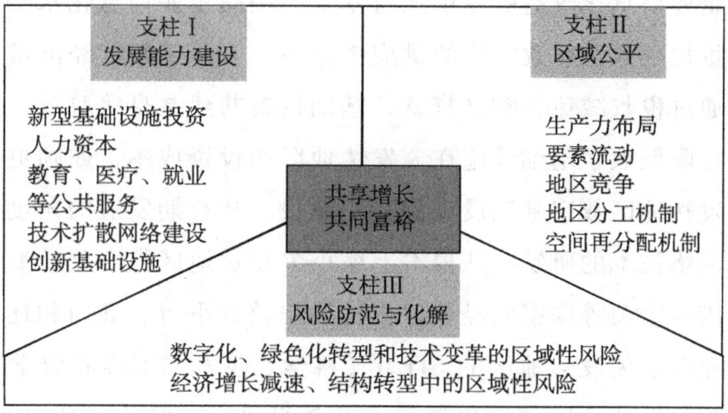

图1　数字化时代区域政策体系优化的总体框架

支柱Ⅰ地区发展能力建设——为不同类型的落后地区定制更有差异化的支持性政策，首先要解决地区之间的数字鸿沟，为更多地区释放发展潜力、实现追赶奠定基础

在新的技术条件下，数字化转型的快慢已成为我国地区经济发展分化的主要因素。经济发展相对落后的地区在企业信息化水平、IT基础设施等方面都普遍落后于相对发达的地区。2022年，广东电子商务销售额最高，占全国的比重超过15%，相当于西部12省（市/自治区）之和的1倍左右。[①] 如果不及时改进欠发达地区推动数字化转型的能力，缩小"数字鸿沟"，在新一代技术的地区功能分工体系之中地区差距将可能被进一步扩大。美国就业智库（UpJohn Institue）的经济学家蒂姆·巴蒂克（Tim Bartick），在研究美国萧条地区发展问题中曾提出，"通过发放补助金，改善基础设施、培训系统和其他商业服务，是在贫困地区创造就业最具成本收益的方式，把钱花在刀刃上至关重要"。[②] 我国针对发展水平相对落后地区的扶持性政策也要从数字化、绿色化转型的大背景下调整政策着力点。

① 数据来源：根据国家统计局网站相关数据计算。

② Bartik Timothy J. Bringing Jobs To People: Improving Local Economic Development Policies. Upjohn Institute for Employment Research, Policy Paper No. 2020-023, 2020.

加大欠发达地区数字关键基础设施的投资力度，改进与发达地区数字化连通性，为新技术的扩散和新产业的辐射建立更加有效的通道；设立欠发达地区企业信息化改造的专项扶持基金，提高企业信息化水平，使其能够更高质量地融入全球数字化的供应链体系，为开拓新的经济增长路径奠定基础。通过税收减免、贴息贷款、基础设施共建共享等政策，创新投资激励机制，降低数字基础设施在欠发达地区的投资成本，鼓励更多社会资本参与欠发达地区数字基础设施的投资建设。从长期发展的角度来看，要加强卫星网络技术的研发，从根本上缩小欠发达地区数字化转型的成本差距。充分借鉴欧美等国家的经验，依托远程教育平台、部门和地区之间的合作，建立覆盖欠发达地区的 STEM（科学、技术、工程和数学）教育培训体系，为欠发达地区创造更高质量的教育机会，既要包括中小学教育，也要包括对就业者“数字化技术”的职业技能升级培训，加快推进劳动力技能的改进和人力资本质量的全面提升，更好地适应新一代技术进步和产业变革的要求。再结合重点产业项目的布局和地区倾斜性的政策支持，为加快欠发达地区的数字化转型创造更有利的“数字生态”。

支柱Ⅱ区域公平——积极探索利用大数据、AI、算法等新一代技术，创新区域统筹模式，为不同地区创造共享发展新机遇

为不同类型地区的可持续发展创造“基础”是新时期区域政策应发挥的重要功能。这实际上是政府如何在不同地区配置要素资源的政策问题，需要综合考虑资源要素、区位、技术、市场、全球经济、政治等方方面面的因素，是一个非常复杂的系统工程。这一有关地区发展的“决策”在多数情况下都具有全局性和长期性的影响，有些影响甚至是不可预期、不可逆转的。在第三次技术革命背景下，大数据分析、算法、数据挖掘、仿真模拟、人工智能等新一代技术都为更加科学地进行区域发展决策提供了重要的技术支撑。我国是一个地区差异显著，区域发展空间格局相对复杂的国家，在区域发展的战略设计、空间规划和政策设计中应更积极引入人工智能、算法等新一代技术，为我国进行更加系统性、战略性的区域发展管理提供决策参考。

推动新兴技术产业在空间上更加均衡地布局。选取若干战略性、关键

性的新兴技术产业进行区域试点，针对不同产业发展所需要的要素条件、行业产品特性与地区的区位、资源、人口、市场等进行多领域多层次的匹配性分析，减少地区之间在产业选择和布局上的盲目性和简单复制，推动产业和产能空间布局的统筹优化。进一步优化医疗、教育、养老等公共服务资源和能源、交通、环境等基础设施的空间布局。顺应我国人口老龄化和劳动力流动的新趋势，增强人口与公共服务资源，产业与基础设施在空间上的匹配性，确保公共资源的供给具有一定的区域规模性，不仅可以显著降低公共服务供给的总成本，还有助于提高公共服务的可及性和共享性；通过基础设施布局的优化，引导新技术产业空间布局更加合理高效，防止产生过度的空间积聚。

建立与数字经济更加匹配的区域分类管理政策体系，拓展区域发展的战略新空间，为支撑国家现代化建设发挥更重要的作用。在工业化发展阶段，我国各地区的发展更多依赖于自然资源要素和地理区位，国家区域政策的管理体系也基本上是以四大区域板块、自然地理空间和行政区为基础进行分类管理。在第四工业革命和数字经济发展的大背景下，数据、人力资本等流动性更强的要素成为支撑区域经济增长的核心，地区之间的联系和分工随着经济体系的开放和全球价值链分工的重构出现了重大变化。区域经济的空间形态也越来越多元，既有超大规模的城市群和大都市区，也有创新、制造、消费、生态等功能性区域。传统上交通闭塞的地区在数字经济时代可能变为区域发展格局中的“交通要道”；边远地区在新的全球价值链分工体系中也可能变为“国际门户”，内陆地区也可能成为“开放前沿”。传统的区域分类管理方式已不合时宜，需要根据数字经济和现代经济体系的内在需求进行适应性改革，从价值链分工、区域创新等功能分工的角度，以城市群、超大都市区/大都市区、全球城市等重要经济区和以特色城市、农村、生态等功能性区域为主体，建立多维、多层级的区域分类管理政策体系，突破行政区和条块分割对区域协调发展的制约，提高区域政策工具的精准性。

支柱Ⅲ风险防范与化解——丰富区域政策工具包，重视发挥非经济政策工具的作用，加强数字化、绿色化等重大转型过程中地区性风险的防范数字化转型对区域经济最显著的影响首先体现在就业形式和劳动力流动性的改变上。线上就业、多雇主就业等更加灵活、弹性的就业形式在新技术推动下不断涌现。以往建立在以单位就业为基础的社会保障体系，包括养老保险、失业保险和医疗保险等，越来越难以适应其变化的需求。需要特别关注的是，在新的技术条件下，一方面人口流动性可能出现明显降低，部分地区就业和转型的潜在风险也在不断加剧；另一方面产业链的功能区域化和价值链分配机制的改变，地区之间的财力差距可能加速扩大。需推动相关领域的改革，建立与新的经济社会发展范式更加匹配的社会安全保障网路，切实有效地防范区域性社会风险。加快研究制定全国统一的居民基本社会保障账户体系，以满足新技术条件下各种形式就业的多层次社会保障需求，提高个人账户的可转移性，尤其是要确保不同类型就业之间的转移。利用大数据分析技术对人口流动、就业的空间分布进行更长期的战略预测，及时优化公共服务资源的空间配置，以“共享”为核心推动新时期地区之间的公共服务均等化。重点加强对中小城市、传统老工业城市、人口净流出地区和老龄化相对较高地区的风险评估和监管，防止劳动力回流或者其他就业风险短时期内向某些地区集中，诱发社会和财政风险。

此外，在新一代技术的推动下，巨型技术企业所形成的市场“垄断”，会导致产业空间集中度的提高，以及税源空间分布“不平衡”的趋势加剧。从长期来看，这些趋势将导致资源要素在空间上进一步错配，不利于经济实现长期稳定的增长，还会导致地区之间福利水平差距的进一步扩大。需要充分把握新技术条件下要素流动的基本趋势，建立更加有效的多层次区域一体化治理机制，在弱化技术性垄断的同时促进各类地区都能享受到技术进步的红利。充分考虑地区之间在税源、人口结构、土地价值和房价等方面存在的差异，建立更加有效的财政能力平衡机制，除了纵向的财政转移支付之外，探索建立区域性的共享税来缩小地区之间人均可支配财政能力的差距。以城市群或者大都市区为基本空间单元，利用大数据、GIS、区块链等新一代技术建立区域协同发展平台，推动区域内土地、技术、创新、公共服务和数据等资源要素的一体化开发与共享，营造更加开放包容普惠的发展生态，促进新技术辐射带动更多地区的发展转型。在基础设施、环境、公共服务等重点领域探索建立区域一体化的金融机制，促进区域内各地区享有相对平等的机会获得金融资本，减轻资产规模小、信贷等级低等因素对欠发达地区融资的制约。通过税收减免、财政补贴、公共研发项目等政策工具，构建地区间协同创新机制，带动更多地区更深层次地参与到新技术创新之中，更有效地引导新技术向相对落后地区的扩散，共享技术创新的成果。

发挥财政杠杆对经济复苏作用的同时，应以更加包容、可持续的增长为导向优化地区间的投资结构，降低局部地区的债务风险。根据国际货币基金组织最新的预测值，2020 年我国总债务额占 GDP 的水平约为 65.2%，而发达经济体的平均水平约为 125.5%，债务水平相比疫情前上涨的幅度也低于多数发达国家的水平。

总体来看，我国在推动经济增长方面还有财政空间。随着经济的数字化转型，数字化资产或者无形资本在投资中占有的比重逐步增多，对总体债务水平也会有更大的缓和作用。进入后疫情发展阶段，我国债务风险防范的重点不在于控制债务的总规模，而是要防范局部地区出现债务风险的集聚。适度调整地方政府的政绩考核目标，避免欠发达地区和结构转型压力较大的地区因短期过大的经济增长压力而大规模举债、过度追求“跨越式发展”；加强重点地区，特别是县域地区地方债务的全周期管理，包括流动性管理和风险的阶段性评估，积极探索利用碳交易、绿色金融等新的金融工具缓解欠发达地区过高的负债率；进一步扩大对欠发达地区教育、医疗、环境和人力资本、创新等领域的投资规模，不仅可以缓解地方债务、环境等风险的集聚，也有利于为欠发达地区的转型创造更加公平的发展机会，进一步缩小地区差距，实现更加包容、公平的增长。

4. 区域政策“前置化”，提高宏观管理政策的区域敏感度

如果将整个国家的发展视为一个由不同地区构成的复杂经济系统，那么区域政策在宏观经济管理中的作用实际上是“逆向工程”的作用，即对区域发展中出现的各种“问题”进行校正，对区域过度集聚、虹吸效应或者内生累积循环效应的反向干预，以实现资源要素利用的最优化，为不同地区的人们创造更高质量的福利。因此，区域政策不应只是一个解决问题和矛盾的政策，而是要“前置”化。即在产业政策、创新政策、投融资等宏观政策实施之前就要有明确的地区靶向，对不同地区差异化的发展需求要能够第一时间响应。

2020 年，南澳大利亚大学教授安德鲁·比尔（Andrew Beer）在其著作《每一个地区都重要：面向有效的地区导向型政策》中，从区域政策的制定、执行、政策目标的选择和政策评估等政策全周期的关键环节，概要提出了决定一国区域政策能否成功的 9 个关键条件/要素：[①]

①需要有明确的政策靶向，即“地方”，充分利用该地区可能获得的全部机会和资源；

②与地方的机构和相关利益主体进行充分的政策沟通，确保每一项针对该地区的政策任务能够有效落实；

③构建稳健、可持续和透明的政策制定和执行程序，强化地区治理机制，充分发挥地方政府在政策制定和执行过程中的作用；

④重视地方在短期、中期和长期不同阶段的价值创造，以及本地区在不同阶段可获得的价值；

⑤需要在中长期发展规划的框架中评估地区发展的业绩；

⑥地区导向型政策应优先向那些在转型过程中受冲击最显著、面临挑战更大的群体或地方提供政策支持；

⑦在快速变革的时代，当前和未来都会出现不同的“问题区域”，当前发展较好的地方产业在未来也可能衰落，地区导向型政策要有足够的动态应变能力；

⑧在地区导向型政策制定的早期阶段，就要明确该政策的定性和定量“产出”和“结果”；

⑨在政策和区域发展战略的设计中，与地方相关利益群体充分沟通，制定合理可行的短期、中期和长期的政策目标，避免过高的政策预期。

---

① Beer A McKenzie, F Blazek J, Sotarauta M, Ayres S. （2020） Every Place Matters: Towards Effective Place – Based Policy, Abingdon: Taylor and Francis.

后记

——现代化新征程中，区域政策研究需要"新思维"

全球经济正在经历来自技术变革、气候变化和各种"黑天鹅""灰犀牛"事件的冲击。美国经济学家罗德瑞克（Rodrik）在其著作《直言不讳谈贸易：如何打造一个明智的全球经济》中曾这样描述当前的剧变——"全球目前面临着另一个颠覆性的剧变、危机和动荡，可以说是资本主义的另一个关键时刻。在仅十年的时间里，全球系统就经历了两次百年一遇的历史性冲击：2007—2008年的全球金融危机和始于2019年末的新冠肺炎"。[①] 过去40多年新自由主义所倡导的发展模式正在受到更广泛的质疑，全球越来越多的经济学家、社会学家和其他领域的专家学者开始倡导无论是国内的政策还是国际政策都需要"新思维"。"新思维"是什么？在国家经济社会大系统之中，这些新挑战、各种"混乱"的问题表现并不相同，而是具有显著的地理特征。解决这些问题的关键就是要因"地""辨症施治"，即国家宏观经济政策要具有足够强的地区敏感度，能够在更深层面"刺激"到不同地区的发展潜力，这样才可能在地区层面形成各类政策工具发挥有效功能的反应机制，实现预期的政策目标。本书强调的观点之一就是在数字化发展新阶段要将区域政策"前置化"，而不是等到宏观政策因缺少地区差异而引发出各种区域问题之后，再利用区域政策去"补救"。

我国区域政策随着发展阶段的改变也在不断地调整优化。解决发展不

---

① Rodrik D.（2018）Straight Talk on Trade：Ideas for a Sane World Economy［M］. Princeton，New Jersey：Princeton University Press.

充分、不平衡的问题是新时期区域政策聚焦的核心问题，满足人民日益增长的美好生活需要、实现全体人民共同富裕的现代化是区域政策的核心目标。因此，区域政策的研究需要更多符合中国国情的“新思维”。笔者从20多年的政策研究经历，以及对我国不同类型地区多年的发展观察，对未来区域政策的研究提出以下几点思考。

区域经济和区域政策的研究需要超越地理区域的概念，从更广阔的视角、从国家发展的全局视野来思考区域发展问题。“区域”是一个复杂的研究对象，不仅是经济发展中的解释变量，也应当是被解释变量。“区域”是构成国民经济大系统的组成部分，区域问题的形成不是某一个地区的问题，而是整个系统中的问题。在区域政策研究中，从一个区域的视角研究经济社会发展问题和从经济学的视角观察一个地区的经济社会发展具有同等重要的意义。例如，东北地区经济出现衰退，不是该地区的简单转型问题，而是与国家发展阶段的转型、其他地区的发展，甚至全球经济分工格局都有密切关系。因此，区域政策的设计在更多情况下需要“亦此亦彼”，而不是“非此即彼”。相较于其他政策，区域政策更需要建立在系统思维、长期战略性的思维之上，以战略眼光看待一个地区的经济需要走向何方，以及需要何种发展能力。在具有非线性特征的经济体系之中，区域政策需要从非经济的视角进行更有效的战略平衡。

数字经济改变了要素的流动方式，经济形态随着数字化、智能化的转型而出现了深层次的改变，劳动力等传统要素在经济活动的功能和作用都出现了颠覆性变化，地区之间的经济分工关系、价值分配关系都变得更加复杂。传统产业增值空间逐步缩小，各地区结构转型的压力明显加大，毫无疑问都会在新技术产业发展中寻找新的增长动力。再加上新一代技术迭代周期更短，市场需求尚未成熟，一旦错过就会面临更大的不确定性。在此情形下，各地自然会尽其所能，基于本地区发展的需要出台各种发展政策。如果这些政策存在内在冲突，或者形成“攀比”，必然会影响国家整体资源要素配置的效率。因此，不同政策工具之间、不同地区的发展政策取向一致性就变得比以往任何时候都重要。这就需要我们更加重视协调性的政策工具。在此，本书引用剑桥大学公共政策教授黛安·科伊尔在《齿

轮与怪物》中讲述的一个经济学小故事——“关门运动”来说明“协调”的重要性：①

冬天走在大街上，会发现许多商店的大门敞开着。许多热量通过门口散发掉。无论从环保的角度还是从商店节能角度来看，这都不是一个好现象。那为什么商家还要这么做呢？这是因为如果每个竞争对手的门都开着，只有自己的门关着，商家就会担心购物的人不进自家商店。这种担心超过了节能减排的意愿。除非其他商店全关门，否则没有一家商店会先关门。这就是一个典型的协调问题。从政策角度看，规定禁止开门更有效，因为商店不能违反规定。

在这个赢者通吃的数字化时代，如何缩小经济发达地区和相对落后地区日益扩大的区域差距，如何确保经济增长产生的收益在地区之间得到更公平的分配，确保生活居住在不同地区的人们能够共同发展、共同富裕是区域政策需要关注的重要问题。地区之间的经济增长越是分化，越是需要以公共利益最大化为出发点，对区域政策的制定进行更深入的思考。凯恩斯曾经说过：经济学家应该像牙医一样“谦虚又能干”，帮助人们矫正生活中的问题，并作出适当改善。美国麻省理工学院（MIT）发展经济学教授埃斯特·杜弗洛（Esther duflo，2019 年诺贝尔经济学奖获得者之一）在 2017 年曾经撰写了一篇题为“经济学家应作为水管工”（The Economist As Plumber）的文章，文中指出：经济学家越来越多地帮助政府设计新的政策和法规，承担着参与政策制定细节的额外责任，应采用水管工的思维。将政策建立在科学家和工程师的基础之上，而不是建立在各种假设之上。②美国另一位经济学家阿比吉特·班纳吉（Abhijit Banerjee）（注：他是杜弗洛的丈夫，夫妇两人和哈佛大学的迈克尔·克默（Michael Robert Kremer）一同获得 2019 年的诺贝尔经济学奖），在《提高援助的有效性》一书中，也表达了同样的观点，“经济学家总是习惯于机器思维，假设机器或者自

---

① 黛安·科伊尔著，田恬译．齿轮与怪兽：数字时代经济学的新议程［M］．北京：中国出版集团，中译出版社，2022.

② Esther Duflo. The Economist as Plumber. NBER Working Paper No. 23213, March 2017, JEL No. AO.

己运行，或者根本不运行，力求找到控制机器运行的按钮”。[①] 区域经济和区域政策的研究是一个交叉领域的研究，需要各种经济“理论”，同时也需要理工科的系统思维和逻辑思维，更需要像“水管工”一样理解一个地区发展的实际情况。这样设计出来的区域政策才能“接地气”，扎扎实实地落地，解决地区发展中各种现实问题。否则，就会变成另一位诺奖经济学家科斯所说的“黑板经济学”。

在当前的区域经济研究中还显现出一种趋势值得思考。由于技术的进步，获取数据的渠道更加便捷，各种形式的大数据被众多经济学家追捧。这些通过各种传感器、网络或者影像等得到的“大数据”，通常都是高度集聚、自相关的。经过数字技术的简单汇总加工之后，便被应用在政策分析中，往往掩盖了事实的真相，还会误导政策的价值判断。英国统计学家戴维·斯皮格霍尔特（David John Spiegelhalter）曾指出了大数据算法在稳健性、统计变异性、隐性算法偏见和透明度等方面存在的问题和挑战。[②] 尽管大数据在某种程度上解决了传统数据分析中样本数量的问题，但采集到的大数据不必然和我们要研究的问题存在因果关系，也可能是一个小概率事件，但被不断重复后就形成了大概率事件。如某个时间搜索的关键词，有可能是单一样本在网络上的重复操作，并不代表任何现实意义。因此，区域政策的研究需要数据的支持，但一定要在明确数据的采集方式，以及数据之间的因果逻辑之后再审慎使用，避免“东向而望，不见西墙”或者“各照隅隙，鲜观衢路”的数据陷阱之中。尤其是在利用大数据算法对给出的结论进行政策判断时，更要充分评估算法中各种现实中不存在的假设条件是否存在政策性偏见，还有数据信息采集、关联模型、机器学习、逻辑推理过程中是否存在可能误导政策选择的隐性“偏见”。

讨论了区域经济和区域政策研究的新思维和研究方法之后，区域研究中还有一个问题要特别重视。区域政策和其他政策工具不同，它本身是一个把不同政策工具“区域化”的过程。在这个过程中通常会特别强调地区

---

① Banerjee A V. (2007). Making Aid Work. MIT Press.

② D. J. Spiegelhalter. The art of statistics: learning from data [M]. Pelican, an imprint of Penguin Books, London, UK 2019.

的差异性，强调政策的地区导向。由此很容易将政策设计误导到另一个“极端”，即政策资源被过度碎片化，降低区域政策整体的有效性。这也是过去区域政策被批评的理由之一。这并不是区域政策自身的问题，而是在政策设计过程中，焦点过于集中在某个地区具体的问题上，对地区之间的关联关系和区域问题的认识缺乏国家宏观视野和更深层面的阐释，以至于地区政策分散于微观层面。解决这一问题的关键是要超越碎片化，建立上下互动、一体化的区域政策框架体系。

总之，新一代技术革命需要我们以新的思维去研究思考区域问题和区域政策的设计。在数字化新时代，政府和市场的关系在重塑，技术对市场机制的影响是政策设计过程中不可忽视的力量，我们需要做出更积极、更主动的改变。在数字世界中，政府与市场的关系、边界是什么？如何判断一项政策好与坏、利与弊？政策的有效性取决于政策目标的选择和设定，正如经济学家科斯在《社会成本问题》中所说，“我们需要把自己也放在手中的天平上，这样才能真正衡量出政策干预的成本和收益”。[①] 区域政策涉及不同要素资源在地区之间的分配，其分配方式和分配机制对不同地区以及生活居住在那里的人们有着非常复杂的影响。区域政策工具的选择除了要考虑经济层面的因素，还要考虑到社会、环境，长期、短期的因素，以及一些隐性的价值判断，不能机械、简单化地将其视为效率与公平的单选题。区域政策的研究也不能只局限于区域问题的解决，更重要的是在“问题”出现之前，预先干预，为国家现代化新征程提供效率更高，相对更快、更有效的政策保障。

2024 年 2 月

① Coase R H. The Problem of Social Cost. The Journal of Law and Economics, VOL 2, 1 - 44, 1960.